すぐに役立つ
フランス語の基本単語集

佐原隆雄 著

ナツメ社

はじめに

　フランスといえば「伝統を重んじる、文化の香り高き国」というイメージですが、EU統合は想像以上の早さで進んでいます。国境などすでになきにひとしく、フランスについても、単一国家としてだけでなく、「EU内の一地域」という視点から眺める必要が出てきました。

　だからといって、フランス独自の伝統は風化などしません。生活習慣や食文化といった、古きよきものを大切にする姿勢は、いささかも揺らいでいないのです。

　本書は、このような観点に立って編まれています。日常生活に必要な単語はもちろんですが、国際関係や新技術に関連した単語も積極的に取り入れました。

　インターネット技術の進歩によって、簡単に外国のサイトへアクセスできる時代です。本単語集を、現代フランスを理解するための手助けに利用していただければ幸いです。

佐原隆雄

もくじ

1章 フランス語の基礎知識

アルファベとつづり字記号 ………………………………… 10
フランス語の発音の特徴 …………………………………… 11
母音の発音 …………………………………………………… 13
注意してほしい文字の読み方 ……………………………… 15
　◆ 注意してほしい母音字の組み合わせ　15
　◆ 注意してほしい子音字の組み合わせ　15
フランス語の文法 …………………………………………… 16
　◆ 名詞の性　16
　◆ 複数形　16
　◆ 女性形　16
　◆ 冠詞　17
　◆ 名詞につくときの形容詞の位置　18
　◆ 形容詞から副詞を作る方法　19
　◆ 前置詞と定冠詞の縮約　19
　◆ 主語人称代名詞　19
　◆ 否定文　20
　◆ 疑問文　20
　◆ Voici(Voilà)～.の構文　21
　◆ Il y a～.の構文　21

- ◆ 直説法複合過去 21
- ◆ 直説法半過去 22
- ◆ 直説法単純未来 23
- ◆ 指示形容詞 23
- ◆ 所有形容詞 24
- ◆ 強勢形人称代名詞 24
- ◆ 直接目的人称代名詞 24
- ◆ 間接目的人称代名詞 25
- ◆ 中性代名詞 25
- ◆ 代名動詞 26
- ◆ 命令法 26
- ◆ 規則動詞 27
- ◆ 不規則動詞 27

2章 コミュニケーション

あいさつ……………34	事柄を表す②………52
人の呼び方……………36	ニュアンスをつける………54
家族……………38	行為を表す①
人……………40	er 型規則動詞……………56
人を表す……………42	行為を表す②
人の性格①……………44	er 型規則動詞……………58
人の性格②……………46	行為を表す③ er 型規則動詞
気持ちを表す……………48	および ir 型規則動詞……60
事柄を表す①……………50	行為を表す④ 不規則動詞… 62

3章 身近な言葉

- 数字①……………………66
- 数字②……………………68
- 季節・月…………………70
- 日にち・曜日……………72
- 時を表す…………………74
- 祝祭日……………………76
- 冠婚葬祭…………………78
- 場所を示す………………80
- 色彩………………………82
- 形・大きさ・質…………84
- 単位………………………86
- 通貨………………………88
- 大陸・国家………………90
- 国名① ヨーロッパ……92
- 国名② その他の国……94
- 国籍① ヨーロッパ……96
- 国籍② その他の国……98
- 都市・地方① フランス 100
- 都市・地方② ヨーロッパ …………………… 102
- 都市・地方③ その他 … 104
- からだ①………………… 106
- からだ②………………… 108
- からだ③………………… 110
- *À propos!* **統合が着々と進んでいる EU** ………… 112

4章 日常生活

生活
- 一日の行動……………… 114
- 家事・育児……………… 116

衣
- 衣服……………………… 118
- 下着・履き物…………… 120

小物・アクセサリー①…	122
小物・アクセサリー②…	124
素材…	126
化粧…	128

食

食事をする…	130
味を表現する…	132
料理名①…	134
料理名②…	136
調理法…	138
野菜…	140
肉…	142
魚…	144
豆・卵・牛乳…	146
果物…	148
菓子…	150
飲み物…	152
調味料・香辛料…	154
飲食店・食料品店…	156
食器…	158
調理道具…	160

住

家の種類…	162
家の中…	164
家の中の設備…	166
家具…	168
インテリア…	170
家電用品…	172
道具・工具…	174

学ぶ

学校①…	176
学校②…	178
学科…	180
文房具…	182

働く

職業・業種…	184
店の名前…	186
パソコン用語①…	188
パソコン用語②…	190
A propos! パソコンや携帯電話は日常生活に欠かせないアイテム…	192

5章 行動・趣味・文化

乗り物
飛行機で①・・・・・・・・・・・・・ 194
飛行機で②・・・・・・・・・・・・・ 196
電車、列車に乗る①・・・・・ 198
電車、列車に乗る②・・・・・ 200
バス、タクシーで・・・・・・ 202
車で①・・・・・・・・・・・・・・・・・ 204
車で②・・・・・・・・・・・・・・・・・ 206
車で③・・・・・・・・・・・・・・・・・ 208
バイク、自転車で・・・・・・・ 210
船で・・・・・・・・・・・・・・・・・・・ 212

行動
銀行で・・・・・・・・・・・・・・・・・ 214
郵便局で・・・・・・・・・・・・・・・ 216
街を歩く・・・・・・・・・・・・・・・ 218
ショッピングをする・・・・・ 220
美容院・理髪店・・・・・・・・・ 222
娯楽施設、アウトドア・・・ 224
スポーツ①・・・・・・・・・・・・・ 226
スポーツ②・・・・・・・・・・・・・ 228
サッカー・・・・・・・・・・・・・・・ 230

旅行
旅行をする・・・・・・・・・・・・・ 232
宿泊・・・・・・・・・・・・・・・・・・・ 234
観光・・・・・・・・・・・・・・・・・・・ 236

文化
友情、恋愛・・・・・・・・・・・・・ 238
映画・・・・・・・・・・・・・・・・・・・ 240
音楽・・・・・・・・・・・・・・・・・・・ 242
楽器・・・・・・・・・・・・・・・・・・・ 244
演劇、ダンス・・・・・・・・・・・ 246
文学・・・・・・・・・・・・・・・・・・・ 248
美術・・・・・・・・・・・・・・・・・・・ 250
趣味、娯楽・・・・・・・・・・・・・ 252
有名人・・・・・・・・・・・・・・・・・ 254

À propos! フランスは人種のるつぼ・・・・・・・・・・・・・・・ 256

6章 自然と環境

気象 … 258	鳥 … 280
自然① … 260	虫、爬虫類 … 282
自然② … 262	動物① … 284
自然③ … 264	動物② … 286
鉱物 … 266	*À propos!* ペットの犬には、
宇宙 … 268	タトゥーが入っている … 288
生物 … 270	
植物 … 272	
木 … 274	
花① … 276	
花② … 278	

7章 病気・トラブル

病気

病院① … 290	けが … 302
病院②（診療科） … 292	診療① … 304
病気① … 294	診療② … 306
病気② … 296	歯科 … 308
病気③ … 298	薬 … 310
病気④ … 300	**健康**
	出産 … 312

健康	314	*À propos!* いつのまにかフランス語に定着した外国語	320
トラブル			
災害	316		
犯罪	318		

8章 政治・経済・時事用語

公共機関	322	職場で	340
政治	324	税金	342
選挙	326	国際関係	344
法律①	328	紛争	346
法律②	330	マスコミ	348
経済	332	宗教	350
金融	334	*À propos!* 略語が同じでも、違う意味のものがある	352
産業	336		
企業	338		

さくいん……………………………………………………………… 353

- ●表紙デザイン　studio materiai inc.
- ●イラスト　小林裕美子
　　　　　　佐藤加奈子
- ●編集協力　（株）文研ユニオン
- ●編集担当　伊藤雄三（ナツメ出版企画）

1章

フランス語の基礎知識

アルファベとつづり字記号

フランス語のアルファベは英語と同じ 26 文字ですが発音が違います。

A a アー	H h アッシュ	O o オー	V v ヴェー
B b ベー	I i イー	P p ペー	W w ドゥブルヴェー
C c セー	J j ジー	Q q キュー	X x イクス
D d デー	K k カー	R r エール	Y y イグれック
E e ウー	L l エル	S s エス	Z z ゼッドゥ
F f エフ	M m エム	T t テー	
G g ジェー	N n エヌ	U u ユー	

◆英語にないつづり字記号

フランス語には、アルファベ 26 文字のほかに、つづり字記号のついた文字および合字があります。この記号をつけることによって、文字の発音や言葉の意味が変化します。慣習的に大文字にはつけないことがありますが、小文字には必ずつけます。

★**accents「アクサン」**:文字の上にそれぞれ「´ ` ^」をつけます。

① **accent aigu** [アクサンテーギュ] é：e の上に「´」をつけます。

例) **café** [カフェ] コーヒー

② **accent grave** [アクサングらーヴ]

à, è, ù：a, e, u の上に「`」をつけます。

例) **crème** [クれーム] クリーム

③ **accent circonflexe** [アクサンシるコンフレックス]

â, ê, î, ô, û：a, e, i, o, u の上に「^」をつけます。

例) **gâteau** [ガトー] ケーキ

★**tréma「トゥれマ」** ë, ï, ü：e, i, u の上に「¨」をつけます。前の母音字から独立して発音します。

例) **Noël** [ノエル] クリスマス

★**cédille「セディーユ」** ç：c の下に「,」をつけます。発音は、サ行 [s] です。

例) **garçon** [ガるソン] 少年

★**合字 œ**：o と e を組み合わせた文字です。

例) **sœur** [スール] 姉妹

フランス語の発音の特徴

フランス語は、ほかの言語に比べて非常にやわらかい響きに聞こえます。フランス語を発音するために知っておいてほしいポイントをあげます。

◆ h を読まない。

h はつづりにあっても発音されません。無視して発音してください。

例) **hôtel** [オテル]　ホテル

◆ [r] はのどの奥で発音する

フランス語の [r] は、舌先を下の歯の裏に軽くつけ、のどの奥で発音します。

◆ [r] と [l] の区別は大事

本書のふりがなでは [r] と [l] の発音を区別するため、[r] をひらがな、[l] をカタカナで表しています。

例) **lettre** [レトゥる]　手紙

◆ 鼻母音がある

フランス語には、鼻にかかった音があります。少し伸ばしぎみに発音すると、きれいに聞こえます。

例) **ensemble** [アンサンブル]　一緒に

◆ 語末の子音字は発音しないことが多い。

単語の最後にくる子音字は、発音しないことが多いです。

例) **bouquet** [ブケ]　花束

しかし、発音する場合もありますから、辞書で確認する必要があります。

例) **chef** [シェフ]　チーフ

◆ 語末の e は無音

単語の最後にくる e は無音です。「エ」と発音してはいけません。

例) **rouge** [るージュ]　赤い

[**注意**] é は e とは別の文字です。語末でも「エ」と発音します。

例) thé ［テ］　紅茶

◆リエゾン、アンシェヌマン、エリジオン

フランス語には、音をできるだけなめらかに発音しようとする性質があります。そのため、発音するときに、次のような規則があります。

① liaison「リエゾン」

発音されない子音字で終わる単語の次に、母音字または無音の h で始まる単語がくるとき、発音されない子音字を母音字と一緒に発音することです。

例) les_États-Unis ［レ　ゼタ　ジュニ］　アメリカ合衆国

② enchaînement「アンシェヌマン」

発音される子音字で終わる単語の次に、母音字または無音の h で始まる単語がくるとき、子音字と母音字を一緒に発音することです。

例) machine à laver ［マシー　ナ　ラヴェ］　洗濯機

③ élision「エリジオン」

母音字 a, e, i で終わるいくつかの単語の次に、母音字または無音の h で始まる単語がくるとき、前の母音字がアポストロフ（'）により省略されて、2 語がつながることです。

例) l'ONU ［ロニュー］　国際連合

母音の発音

厳密に分類すると、フランス語には12の母音と4つの鼻母音、および3つの半母音があります。

本書では、以下のようにふりがなをつけています。

◆「ア」と表記している母音

- [a] 「ア」に近いですが、もっと明るい感じで発音します。
  - 例) salade [サラッドゥ] サラダ
- [ɑ] 口を大きく開けて「ア」と言います。
  - 例) château [シャトー] 城

◆「イ」と表記している母音

- [i] 「イ」に近いですが、唇をもっと強く両わきに引いて発音します。
  - 例) rythme [リトゥム] リズム

◆「ウ」と表記している母音

- [u] すぼめた口を、思いきり前へ突き出して「ウ」と言います。
  - 例) soupe [スップ] スープ
- [ø] 舌の位置を [e]、唇の形を [o] と同じにして発音します。
  - 例) Europe [ウろップ] ヨーロッパ
- [œ] 舌の位置を [ɛ]、唇の形を [o] と同じにして発音します。
  - 例) feuille [フーユ] 葉
- [ə] あまり力をいれずに「ウ」と言います。
  - 例) leçon [ルソン] レッスン

◆「エ」と表記している母音

- [e] 「イ」と「エ」の中間のような音で、「エ」よりも唇を強く引いて発音します。

例) **bébé**［ベベ］　赤ん坊

[ɛ]　「エ」に近い音ですが、もっと口を大きく開けて発音します。

例) **crêpe**［クれップ］　クレープ

◆「オ」と表記している母音

[o]　「オ」よりも口の開きを小さくして発音します。

例) **sauce**［ソース］　ソース

[ɔ]　「オ」に近い音ですが、もっと口を大きく開けて発音します。

例) **album**［アルボム］　アルバム

◆「ユ」と表記している母音

[y]　舌の位置を [i]、唇の形を [u] と同じにして発音します。

例) **début**［デビュー］　初め

◆「エン」と表記している鼻母音

[ɛ̃] および [œ̃]　[ɛ] と [œ] を鼻母音化させた音です。

例) **pain**［ペン］　パン

◆「アン」と表記している鼻母音

[ɑ̃]　[ɑ] を鼻母音化させた音です。

例) **enfant**［アンファン］　子ども

◆「オン」と表記している鼻母音

[ɔ̃]　[o] を鼻母音化させた音です。

例) **bonbon**［ボンボン］　キャンディー

注意してほしい文字の読み方

注意してほしい母音字の組み合わせ

フランス語の単語は基本的にはローマ字読みですが、次のように母音字が連続すると、特別な読み方をします。

★ **ai, ei** は [エ]（[ɛ] または [e]）：例) m**ai**son [メゾン] 家
　ただし、ai の後に l がくると、[アーユ] と読みます。
　例) trav**ail** [トゥらヴァーユ] 仕事
★ **au, eau** は [オ]（[o]）：例) nouv**eau** [ヌーヴォー] 新しい
★ **eu, œu** は [ウ]（[ø] または [œ]）：例) bl**eu** [ブルー] 青い
★ **ou** は [ウ]（[u]）：例) b**ou**tique [ブティック] 小さな店
★ **oi** は [オワ]（[wa]）：例) n**oir** [ノワール] 黒い
★ **am, an, em, en** は [アン]（[ɑ̃]）：例) par**en**ts [パらン] 両親
★ **im, in, ym, yn, um, un** は [エン]（[ɛ̃]）
　例) grat**in** [グらテン] グラタン
★ **om, on** は [オン]（[ɔ̃]）：例) chans**on** [シャンソン] 歌

注意してほしい子音字の組み合わせ

子音字の連続は、次のようなものに気をつけてください。

★ **ss, sc** [s]：サ行で発音します。
　例) croi**ss**ant [クロワッサン] クロワッサン
★ **ch** [ʃ]：[シャ] [シュ] [ショ] と発音します。
　例) **ch**ocolat [ショコラ] チョコレート
★ **ph** [f]：[ファ] [フィ] [フ] [フェ] [フォ] と発音します。
　例) **ph**oto [フォト] 写真
★ **ll** [j]：ヤ行で発音します。　例) fami**ll**e [ファミーユ] 家族
　ただし、ラ行で発音する単語もいくつかあります。
　例) vi**ll**e [ヴィル] 町
★ **gn** [ɲ]：[ニャ] [ニュ] [ニョ] と発音します。
　例) si**gn**al [シニャル] 信号

フランス語の文法

名詞の性

　フランス語のすべての名詞は、男性名詞と女性名詞、およびごく少数の中性名詞に分かれます。人だけでなく、物にも性の区別があります。本書では、男性形を (m)、女性形を (f) と表記しています。

　例)〈男性名詞〉père［ペーる］父／ manteau［マントー］コート
　　〈女性名詞〉mère［メール］母／ écharpe［エシャるプ］マフラー

複数形

　名詞の複数形は、次のような規則に従って作ります。形容詞の複数形も、同じ規則で作られます。本書では、複数形を (pl.) と表記しています。

★ 単数形の後に s をつけるのが原則
　例) livre［リーヴる］ 1冊の本 → livres［リーヴる］ 数冊の本
★ s,x,z で終わるものは変化しない
　例) fils［フィス］ 1人の息子 → fils［フィス］ 数人の息子
★ eau で終わる単語の後には、x をつける
　例) chapeau［シャポー］帽子ひとつ → chapeaux［シャポー］いくつかの帽子
★ al で終わる単語は、aux になる
　例) animal［アニマル］1頭の動物 → animaux［アニモー］数頭の動物
★ 特別な形の複数形を持つ単語もある
　例) œil［ウーユ］ 片目 → yeux［イウー］ 両目

女性形

　男性形のつづりを変化させて女性形を作ることがあります。名詞だけでなく形容詞も同じ方法をとり、規則は次のとおりです。本書では、女性形に変化するときに置き換えられる男性形のつづりに下線部を引き、女性形の部分を (　) に入れています。

★ 男性形のつづりの後に e をつけるのが原則
  例) **Japonais(e)** [ジャポネ（ーズ）] 日本人男性（女性）
★ 男性形が e で終わるものは変化しない
  例) **dentiste** [ダンティストゥ] 歯科医（男女とも）
★ 男性形が er で終わるものは ère になる
  例) **étranger(ère)** [エトゥらンジェ（ーる）] 外国人男性（女性）
★ 男性形が en, on, el で終わるものは子音字を重ねる
  例) **Parisien(ne)** [パりジエン（ヌ）] パリの男性（女性）
★ 男性形が eux, eur で終わるものは euse になる
  例) **chanteur(se)** [シャントゥーる（ズ）] 男性歌手（女性歌手）
  ただし、rice と変化する名詞もあります。
  例) **acteur(trice)** [アクトゥーる（トゥりス）] 男優（女優）
★ 男性形が f で終わるものは ve になる
  例) **actif(ve)** [アクティフ（ヴ）] 活動的な
★ 男性形と女性形が大きく異なる名詞、形容詞もある
  例) **jumeaux(melles)** [ジュモー（メル）] 男の双子（女の双子）
    beau(belle) [ボー（ベル）] 美しい
    nouveau(velle) [ヌーヴォー（ヴェル）] 新しい
    vieux(vieille) [ヴィウ（ヴィエーユ）] 古い、年をとった
    blanc(he) [ブラン（シュ）] 白い

冠　詞

名詞の前につける冠詞には、不定冠詞、部分冠詞、定冠詞の3種類があります。

◆不定冠詞（articile indéfini）

不特定の数えられる名詞の前につける冠詞です。単数の男性形の前には un、単数の女性形の前には une、複数のときは、男女に関係なく des をつけます。

  例)〈男性名詞〉**un sac** [エン　サック] 鞄1個
      → **des sacs** [デ　サック] 数個の鞄
  〈女性名詞〉**une maison** [ユヌ メゾン] 家1軒
      → **des maisons** [デ メゾン] 数軒の家

1章 ● フランス語の基礎知識

◆部分冠詞 (article partitif)

数えられない名詞や抽象名詞の前につける冠詞です。男性名詞の前では du、女性名詞の前では de la ですが、母音または無音の h で始まる単語の前は de l' になります。

例)〈男性名詞〉**du vin** [デュ ヴェン]　　　　　ワイン
　　　　　　　de l'argent [ドゥ らルジャン]　お金
　〈女性名詞〉**de la bière** [ドゥ ラ ビエーる]　ビール
　　　　　　　de l'eau [ドゥ ロー]　　　　　　水

◆定冠詞

特定のものや種族全体、あるいは 1 つしかないものを表すときは、定冠詞をつけます。男性名詞の前は le、女性名詞の前は la、複数のときは男女に関係なく les ですが、le と la は、母音または無音の h で始まる名詞とエリジオンして l' になります。

例)〈男性名詞〉

　le livre [ル リーヴる]　　　　その本
　→ **les livres** [レ リーヴる]　　それらの本
　l'hôtel [ロテル]　　　　　　そのホテル
　→ **les hôtels** [レ ゾテル]　　それらのホテル

〈女性名詞〉

　la photo [ラ フォト]　　　　その写真
　→ **les photos** [レ フォト]　　それらの写真
　l'école [レコール]　　　　　その学校
　→ **les écoles** [レ ゼコール]　それらの学校

名詞につくときの形容詞の位置

★ ほとんどの形容詞は、名詞の後ろにつく

　例) **une voiture rouge** [ユヌ ヴォワテューる るージュ] 赤い車

★ 名詞の前に置かれる形容詞がいくつかある

　grand「大きい」、petit「小さい」、bon「よい、おいしい」、mauvais「悪い、まずい」、nouveau「新しい」、vieux「古い、年をとった」、beau「美しい」、joli「きれいな」、jeune「若い」など。

　例) **une grande maison** [ユヌ グランドゥ メゾン] 大きな家

形容詞から副詞を作る方法

⭐ 形容詞の女性形の語尾に ment をつけるのが原則

例) joyeux[ジョワイユー] 陽気な
→ joyeusement[ジョワイユーズマン] 陽気に

⭐ e で終わる形容詞は同型なので、そのまま ment をつける

例) rapide[らピッドゥ] 速い → rapidement [らピッドゥマン] 速く

⭐ 母音で終わる形容詞も、そのまま ment をつける

例) vrai [ヴれ] 本当の → vraiment [ヴれマン] 本当に

⭐ ant, ent で終わる形容詞は、nt をとって mment をつける

例) récent [れサン] 最近の → récemment [れサマン] 最近

前置詞と定冠詞の縮約

前置詞 à, de のすぐ後に定冠詞 le, les がくると、à + le ⇒ au、à + les ⇒ aux、de + le ⇒ du、de + les ⇒ des と合体して、1つの単語になります。

例) café au lait [カフェ オー レ] カフェオーレ

主語人称代名詞

フランス語の主語人称代名詞は、次のとおりです。

	単　数	複　数
1人称	je [ジュ] 私は	nous [ヌ] 私たちは
2人称	tu [テュ] 君は	vous [ヴ] あなたは、あなたたちは、君たちは
3人称	il [イル] 彼は、それ(男性名詞)は	ils [イル] 彼らは、それら(男性名詞)は
	elle [エル] 彼女は、それ(女性名詞)は	elles [エル] 彼女たちは、それら(女性名詞)は

2人称単数では、tu は親しい相手、vous は親しくない相手に対して用います。

否定文

否定文は、活用する動詞を ne と pas ではさんで作ります。
ne は、母音または無音の h の前ではエリジオンします。

例) **Ils sont japonais.** 彼らは日本人だ。
イル ソン ジャポネ

→ **Ils ne sont pas japonais.** 彼らは日本人ではない。
イル ヌ ソン パ ジャポネ

Elle aime sortir. 彼女は外出好きだ。
エ レーム ソルティール

→ **Elle n'aime pas sortir.** 彼女は外出が好きでない。
エル ネーム パ ソルティール

[注意] 直接目的語につく不定冠詞、部分冠詞は、すべて de(d') に変わります。

例) **Ils ont une fille.** 彼らには娘が1人いる。
イル ソン ユヌ フィーユ

→ **Ils n'ont pas de fille.** 彼らに娘はいない。
イル ノン パ ドゥ フィーユ

疑問文

疑問文の作り方は、3種類あります。

★ **文の終わりのイントネーションを上げる**
くだけた会話で用います。

例) **Tu viens avec nous ?** 僕らと一緒に行かない？
テュ ヴィエン アヴェック ヌ

★ **文頭に、意味のない Est-ce que(qu') をつける**
主に会話で用います。

例) **Est-ce que vous êtes professeur ?** あなたは先生ですか？
エス ク ヴ ゼットゥ プロフェスール

★ **主語人称代名詞と動詞を倒置させて、ハイフンで結ぶ**
かしこまった会話や、文章を書くときに用いられます。

例) **Avez-vous des billets ?** 切符をお持ちですか？
アヴェヴ デ ビエ

[倒置疑問文を作るときの注意]
1 名詞は倒置できないので、主語人称代名詞で受け直す

例) **Paul est-il étudiant ?**　ポールは学生ですか？
　　ポール エティル エテュディアン

2 er 型規則動詞、avoir、aller の 3 人称単数形では、間に意味のない t を入れる

例) **Achète-t-il un ordinateur ?**　彼はパソコンを買うの？
　　アシェットゥティル エン ノるディナトゥーる

Voici(Voilà) 〜 . の構文

「ここ（あそこ）に〜がある」と言いたいときは、Voici(Voilà) 〜 . の構文を用います。

例) **Voici(Voilà) Marie.**　ここ（あそこ）にマリーがいる。
　　ヴォワシ（ヴォワラ）　マリー

Il y a 〜 . の構文

「〜がある」と言いたいときは、Il y a 〜 . の構文を用います。

例) **Il y a un chat sous la table.**　テーブルの下に猫がいる。
　　イリヤ エン シャ スー ラ タ―ブル

Il n'y a pas d'hôtel près d'ici.　この近くにホテルはない。
イル ニ ヤ パ ドテル プれ ディシ

直説法複合過去

過去の行為や完了した動作、経験を表すときは、直説法複合過去を用います。「助動詞 avoir または être の直説法現在 ＋ 過去分詞」の形をとります。

◆過去分詞の作り方

1 er 型規則動詞　不定形語尾の er をとって é をつけます。

例) **manger**［マンジェ］→ **mangé**［マンジェ］
　　J'ai mangé du poisson.　私は魚を食べた。
　　ジェ マンジェ デュ ポワソン

2 ir 型規則動詞　不定形語尾の r をとります。

例) **choisir**［ショワジーる］→ **choisi**［ショワジ］
　　Il a choisi cette voiture.　彼はあの車を選んだ。
　　イラ ショワジ セットゥ ヴォワテューる

3 不規則動詞の過去分詞

> être → été / avoir → eu / aller → allé / venir → venu
> partir → parti / ouvrir → ouvert / faire → fait
> prendre → pris / attendre → attendu / dire → dit
> mettre → mis / connaître → connu / lire → lu / boire → bu
> écrire → écrit / pouvoir → pu / vouloir → voulu
> devoir → dû / voir → vu / recevoir → reçu / savoir → su
> pleuvoir → plu / falloir → fallu / valoir → valu
> croire → cru / plaire → plu / craindre → craint
> conduire → conduit / suivre → suivi / vivre → vécu
> rire → ri / battre → battu / courir → couru

◆直説法複合過去の助動詞

大部分の動詞は avoir を助動詞にとりますが、一部の自動詞は être をとります。aller「行く」、venir「来る」、entrer「入る」、sortir「外出する」、partir「出発する」、arriver「到着する」、monter「上がる」、descendre「下りる」、passer「通る」、rester「とどまる」、tomber「落ちる」、devenir「〜になる」などです。助動詞に être をとるとき、過去分詞は主語の性数に応じて変化します。

例) **Elle a appelé sa mère hier soir.**
　　エ　ラ　アプレ　　サ　メール　イエる　ソワーる
彼女は昨日の夜お母さんに電話した。
Elle est arrivée à Paris hier soir.
　エ　レ　タりヴェ　ア　パり　イエる　ソワーる
彼女は昨日の夜パリに着いた。

直説法半過去

過去の完了していない動作や行為を表すときは、直説法半過去を用います。

◆直説法半過去の作り方

直説法現在の nous の活用から語尾の ons をとり、半過去の活用語尾をつけます。

avoir アヴォワーる 持つ ↓ nous av(ons)	1人称	j'avais ジャヴェ	nous avions ヌ ザヴィオン
	2人称	tu avais テュ アヴェ	vous aviez ヴ ザヴィエ
	3人称	il avait イ ラヴェ	ils avaient イル ザヴェ

例) **J'habitais à Tokyo il y a 5 ans.**
ジャビテ ア トーキョー イ リ ヤ サンカン
5年前、私は東京に住んでいました。

[注意] être のみ例外で、j'étais, tu étais, ... となります。

直説法単純未来

未来のことを表すときは、直説法単純未来を用います。

◆**直説法単純未来の作り方**

動詞不定法の r より前の部分を語幹にして、単純未来の語尾をつけます。

mettre メトゥる 置く、 身につける	1人称	je mettrai ジュ メトゥれ	nous mettrons ヌ メトゥロン
	2人称	tu mettras テュ メトゥら	vous mettrez ヴ メトゥれ
	3人称	il mettra イル メトゥら	ils mettront イル メトゥロン

例) **Ce magasin ouvrira à dix heures.**
ス マガゼン ウヴりら ア ディ ズーる
あの店は10時に開くでしょう。

[注意] 特別な語幹をとる動詞があります。

être → je serai, ... , / avoir → j'aurai ... , / envoyer → j'enverrai ... , / aller → j'irai ... , / venir → je viendrai ... , / pouvoir → je pourrai ... , / vouloir → je voudrai ... , / devoir → je devrai ... , / voir → je verrai ... , / savoir → je saurai ... など。

指示形容詞

「この」「その」「あの」と、人や物を指すときに用います。単数の男性名詞の前では ce、単数の女性名詞の前では cette、複数の名詞の前では ces です。ただし、母音または無音の h で始まる単数の男性名詞の前では cet になります。

例) **ce livre** この本 **cette voiture** あの車 **ces livres** これらの本
ス リーヴる　　　セットゥ ヴォワテューる　　　セ リーヴる

所有形容詞

所有者を表すときに使う形容詞です。

	男性単数	女性単数	男女複数
私の	mon	ma	mes
君の	ton	ta	tes
彼の、彼女の	son	sa	ses
私たちの	notre		nos
あなたの、あなたたちの、君たちの	votre		vos
彼らの、彼女たちの	leur		leurs

例) **mon père** 私の父　**ma mère** 私の母　**mes parents** 私の両親
　　モン　ペール　　　　マ　メール　　　　　メ　パラン

[注意] 母音または無音の h で始まる単数の女性名詞の前では、ma, ta, sa の代わりに男性単数形の mon, ton, son を用います。

強勢形人称代名詞

人を表す代名詞です。主語や目的語を強調するとき、前置詞の後、C'est (Ce sont) の後、比較級の que の後に置かれます。

1人称	moi	私	nous	私たち
2人称	toi	君	vous	あなた、あなたたち、君たち
3人称	lui	彼	eux	彼ら
	elle	彼女	elles	彼女たち

例) **Je viens avec <u>René</u>.**　ルネと一緒に来ます。
　　ジュ　ヴィエン　アヴェック　るネ

→ **Je viens avec <u>lui</u>.**　彼と一緒に来ます。
　　ジュ　ヴィエン　アヴェック　リュイ

直接目的人称代名詞

直接目的語を受ける代名詞で、影響される動詞の直前に置かれます。

1人称	me 私を	nous 私たちを
2人称	te 君を	vous あなたを、あなたたちを、君たちを
3人称	le 彼を、それを la 彼女を、それを	les 彼らを、彼女たちを、それらを

例) **Je connais Thomas.**　私はトマを知っている。
　ジュ　コネ　　トマ

→ **Je le connais.**　私は彼を知っている。
　ジュ　ル　コネ

間接目的人称代名詞

「à + 人」を受ける代名詞です。影響される動詞の直前に置かれます。

1人称	me 私に	nous 私たちに
2人称	te 君に	vous あなたに、あなたたちに、君たちに
3人称	lui 彼に、彼女に	leur 彼らに、彼女たちに

例) **Je parle à Alain.**　私はアランに話す。
　ジュ　パるル　ア　アレン

→ **Je lui parle.**　私は彼に話す。
　ジュ　リュイ　パるル

中性代名詞

受ける名詞の性数に関係なく用いられる代名詞を、中性代名詞といいます。影響される動詞の直前に置かれます。

◆ le

形容詞や無冠詞名詞などの属詞、動詞不定法、節や文を受けます。

例) **Ils sont riches.**　彼らは金持ちです。
　イル　ソン　りッシュ

→ **Ils le sont.**　彼らはそうです。
　イル　ル　ソン

◆ y

「そこへ、そこで」など場所を表すときや、「à + 物」に代わります。

例) **Il joue au tennis.** 彼はテニスをする。
   イル ジュー オー テニス

   → **Il y joue.** 彼はそれをする。
     イル イ ジュー

◆ en

「そこから」と場所を表すとき、そして「de + 物」、不定冠詞、部分冠詞などのついた名詞、数字や数量副詞のついた名詞に代わります。

例) **Elle vient de Paris.** 彼女はパリ出身だ。
   エル ヴィエン ドゥ パリ

   → **Elle en vient.** 彼女はそこ出身だ。
     エ ラン ヴィエン

代名動詞

主語と同じ人や物を表す直接目的・間接目的の人称代名詞(再帰代名詞と呼ばれている)を前に置いた動詞です。ただし、3人称は se を用います。再帰的「自分自身を」、相互的「お互いに」、受動的「される」などの意味を持ちます。

se coucher ス クッシェ 寝る	1人称	je me couche ジュ ム クッシュ	nous nous couchons ヌ ヌ クッション
	2人称	tu te couches テュ トゥ クッシュ	vous vous couchez ヴ ヴ クッシェ
	3人称	il se couche イル ス クッシュ	ils se couchent イル ス クッシュ

例) **Je me lève tôt le matin.** 朝、私は早く起きます。
   ジュ ム レーヴ トール マタン

命令法

直説法現在の文から主語を除いて作ります。tu, nous, vous の3種類があります。

(tu)	**Prends un taxi.** プラン エン タクシー	タクシーに乗れ。
(nous)	**Prenons un taxi.** プルノン エン タクシー	タクシーに乗ろう。
(vous)	**Prenez un taxi.** プルネ エン タクシー	タクシーに乗りなさい。

[注意] être は sois, soyons, soyez、avoir は aie, ayons, ayez と特別な形をとります。

規則動詞

◆ er 型規則動詞

er 型規則動詞は、不定形の語尾が er で終わる動詞のことで、動詞全体の 90％以上が er 型に属します。第 2 章の p56 〜 p61 などに主な動詞をあげています。

◆ er 型規則動詞の直説法現在活用

語幹はそのままで、語尾が主語によって規則的に変化します。

danser ダンセ 踊る		
1人称	je danse ジュ ダンス	nous dansons ヌ ダンソン
2人称	tu danses テュ ダンス	vous dansez ヴ ダンセ
3人称	il danse イル ダンス	ils dansent イル ダンス

◆ ir 型規則動詞

ir 型規則動詞は、不定形の語尾が ir で終わる動詞のことです。第 2 章の p61 などに主な動詞をあげています。

◆ ir 型規則動詞の直説法現在活用

語幹はそのままで、語尾が主語によって規則的に変化します。

choisir ショワジーる 選ぶ		
1人称	je choisis ジュ ショワジ	nous choisissons ヌ ショワジソン
2人称	tu choisis テュ ショワジ	vous choisissez ヴ ショワジセ
3人称	il choisit イル ショワジ	ils choisissent イル ショワジッス

不規則動詞

p62 〜 p64 などに記載した不規則動詞のうち、主なものの直説法現在の活用は、次のとおりです。よく使われるものばかりですから、しっかり覚えてください。

être エートゥる ある、いる		
1人称	je suis ジュ スイ	nous sommes ヌ ソム
2人称	tu es テュ エ	vous êtes ヴ ゼットゥ
3人称	il est イル レ	ils sont イル ソン

動詞	人称	単数	複数
avoir アヴォワーる 持つ	1人称	j'ai ジェ	nous avons ヌ ザヴォン
	2人称	tu as テュ ア	vous avez ヴ ザヴェ
	3人称	il a イラ	ils ont イル ゾン
aller アレー 「行く」など	1人称	je vais ジュ ヴェ	nous allons ヌ ザロン
	2人称	tu vas テュ ヴァ	vous allez ヴ ザレ
	3人称	il va イル ヴァ	ils vont イル ヴォン
venir ヴニーる 来る	1人称	je viens ジュ ヴィエン	nous venons ヌ ヴノン
	2人称	tu viens テュ ヴィエン	vous venez ヴ ヴネ
	3人称	il vient イル ヴィエン	ils viennent イル ヴィエンヌ
partir パるティーる 出発する	1人称	je pars ジュ パる	nous partons ヌ パるトン
	2人称	tu pars テュ パる	vous partez ヴ パるテ
	3人称	il part イル パる	ils partent イル パるトゥ
ouvrir ウヴりーる 開ける	1人称	j'ouvre ジューヴる	nous ouvrons ヌ ズヴロン
	2人称	tu ouvres テュ ウーヴる	vous ouvrez ヴ ズヴれ
	3人称	il ouvre イ ルーヴる	ils ouvrent イル ズーヴる
faire フェーる 作る、する	1人称	je fais ジュ フェ	nous faisons ヌ フゾン
	2人称	tu fais テュ フェ	vous faites ヴ フェットゥ
	3人称	il fait イル フェ	ils font イル フォン

動詞	人称	単数	複数
prendre ブランドゥる「取る」など	1人称	je prends ジュ ブラン	nous prenons ヌ ブるノン
	2人称	tu prends テュ ブラン	vous prenez ヴ ブるネ
	3人称	il prend イル ブラン	ils prennent イル ブれンヌ
attendre アタンドゥる 待つ	1人称	j'attends ジャタン	nous attendons ヌ ザタンドン
	2人称	tu attends テュ アタン	vous attendez ヴ ザタンデ
	3人称	il attend イ ラタン	ils attendent イル ザタンドゥ
dire ディーる 言う	1人称	je dis ジュ ディ	nous disons ヌ ディゾン
	2人称	tu dis テュ ディ	vous dites ヴ ディットゥ
	3人称	il dit イル ディ	ils disent イル ディーズ
mettre メトゥる 置く、身につける	1人称	je mets ジュ メ	nous mettons ヌ メトン
	2人称	tu mets テュ メ	vous mettez ヴ メテ
	3人称	il met イル メ	ils mettent イル メットゥ
connaître コネートゥる (経験的に)知る	1人称	je connais ジュ コネ	nous connaissons ヌ コネソン
	2人称	tu connais テュ コネ	vous connaissez ヴ コネセ
	3人称	il connaît イル コネ	ils connaissent イル コネス
lire リーる 読む	1人称	je lis ジュ リ	nous lisons ヌ リゾン
	2人称	tu lis テュ リ	vous lisez ヴ リゼ
	3人称	il lit イル リ	ils lisent イル リーズ

動詞	人称	単数	複数
boire ボワーる 飲む	1人称	je bois ジュ ボワ	nous buvons ヌ ビュヴォン
	2人称	tu bois テュ ボワ	vous buvez ヴ ビュヴェ
	3人称	il boit イル ボワ	ils boivent イル ボワッヴ
écrire エクリーる 書く	1人称	j'écris ジェクリ	nous écrivons ヌ ゼクリヴォン
	2人称	tu écris テュ エクリ	vous écrivez ヴ ゼクリヴェ
	3人称	il écrit イ レクリ	ils écrivent イル ゼクリーヴ
pouvoir プヴォワーる 「〜できる」 など	1人称	je peux ジュ プー	nous pouvons ヌ プヴォン
	2人称	tu peux テュ プー	vous pouvez ヴ プヴェ
	3人称	il peut イル プー	ils peuvent イル プーヴ
vouloir ヴロワーる 「望む」など	1人称	je veux ジュ ヴー	nous voulons ヌ ヴロン
	2人称	tu veux テュ ヴー	vous voulez ヴ ヴレ
	3人称	il veut イル ヴー	ils veulent イル ヴール
devoir ドゥヴォワーる 「〜しなければ いけない」 など	1人称	je dois ジュ ドワ	nous devons ヌ ドゥヴォン
	2人称	tu dois テュ ドワ	vous devez ヴ ドゥヴェ
	3人称	il doit イル ドワ	ils doivent イル ドワーヴ
voir ヴォワーる 見る、会う	1人称	je vois ジュ ヴォワ	nous voyons ヌ ヴォワイヨン
	2人称	tu vois テュ ヴォワ	vous voyez ヴ ヴォワイエ
	3人称	il voit イル ヴォワ	ils voient イル ヴォワ

動詞	人称	単数	複数
recevoir るスヴォワーる 受け取る	1人称	je reçois ジュ るソワ	nous recevons ヌ るスヴォン
	2人称	tu reçois テュ るソワ	vous recevez ヴ るスヴェ
	3人称	il reçoit イル るソワ	ils reçoivent イル るソワーヴ
savoir サヴォワーる (知識として)知る	1人称	je sais ジュ セ	nous savons ヌ サヴォン
	2人称	tu sais テュ セ	vous savez ヴ サヴェ
	3人称	il sait イル セ	ils savent イル サーヴ
croire クろワーる 信じる、思う	1人称	je crois ジュ クろワ	nous croyons ヌ クろワイヨン
	2人称	tu crois テュ クろワ	vous croyez ヴ クろワイエ
	3人称	il croit イル クろワ	ils croient イル クろワ
plaire プレーる 気に入る	1人称	je plais ジュ プレ	nous plaisons ヌ プレゾン
	2人称	tu plais テュ プレ	vous plaisez ヴ プレゼ
	3人称	il plaît イル プレ	ils plaisent イル プレーズ
craindre クれンドゥる 恐れる	1人称	je crains ジュ クれン	nous craignons ヌ クれニヨン
	2人称	tu crains テュ クれン	vous craignez ヴ クれニエ
	3人称	il craint イル クれン	ils craignent イル クれーニュ
conduire コンデュイーる 運転する	1人称	je conduis ジュ コンデュイ	nous conduisons ヌ コンデュイゾン
	2人称	tu conduis テュ コンデュイ	vous conduisez ヴ コンデュイゼ
	3人称	il conduit イル コンデュイ	ils conduisent イル コンデュイーズ

動詞		単数	複数
suivre スイーヴる 従う	1人称	je suis ジュ スイ	nous suivons ヌ スイヴォン
	2人称	tu suis テュ スイ	vous suivez ヴ スイヴェ
	3人称	il suit イル スイ	ils suivent イル スイーヴ
vivre ヴィーヴる 暮らす	1人称	je vis ジュ ヴィ	nous vivons ヌ ヴィヴォン
	2人称	tu vis テュ ヴィ	vous vivez ヴ ヴィヴェ
	3人称	il vit イル ヴィ	ils vivent イル ヴィーヴ
rire りーる 笑う	1人称	je ris ジュ り	nous rions ヌ りオン
	2人称	tu ris テュ り	vous riez ヴ りエ
	3人称	il rit イル り	ils rient イル り
battre バトゥる 打つ	1人称	je bats ジュ バ	nous battons ヌ バトン
	2人称	tu bats テュ バ	vous battez ヴ バテ
	3人称	il bat イル バ	ils battent イル バットゥ
courir クりーる 走る	1人称	je cours ジュ クーる	nous courons ヌ クろン
	2人称	tu cours テュ クーる	vous courez ヴ クれ
	3人称	il court イル クーる	ils courent イル クーる
s'asseoir サソワーる 座る	1人称	je m'assieds ジュ マシエ	nous nous asseyons ヌ ヌ ザセイヨン
	2人称	tu t'assieds テュ タシエ	vous vous asseyez ヴ ヴ ザセイエ
	3人称	il s'assied イル サシエ	ils s'asseyent イル サセイ

コミュニケーション
あいさつ

あいさつする	**saluer**	サリュエ
おはよう、こんにちは	**Bonjour.**	ボンジューる
こんばんは、よい夜を	**Bonsoir.**	ボンソワーる
やあ、バイバイ	**Salut.**	サリュー
はじめまして	**Enchanté(e).**	アンシャンテ
お元気でいらっしゃいますか？	**Comment allez-vous ?**	コマン タレヴ
元気ですか？	**Comment ça va ?**	コマン サ ヴァ
元気です、大丈夫です	**Ça va.**	サ ヴァ
まあまあです	**Comme ci comme ça.**	コム シ コム サ
悪くないです	**Pas mal.**	パ マル
ありがとう	**Merci.**	メるシ
どうもありがとう	**Merci beaucoup.**	メるシ ボクー
ご親切に	**C'est gentil.**	セ ジャンティ
どういたしまして	**Je t'en(vous en) prie.**	ジュ タン (ヴ ザン) プリ
なんでもありません	**De rien.**	ドゥ りエン
すみません	**Excuse(z)-moi.**	エクスキューズ (ゼ) モワ
ごめんなさい	**Je suis désolé(e).**	ジュ スイ デゾレ

● あいさつ

失礼	**Pardon.**	パルドン
どうってことありません	**Ce n'est pas grave.**	ス ネ パ グラーヴ
はい	**Oui.**	ウイ
いいえ	**Non.**	ノン
もちろんです	**Bien sûr.**	ビエン シュール
さようなら	**Au revoir.**	オー ルヴォワール
永久にさようなら	**Adieu.**	アディウー
また明日	**À demain.**	ア ドゥメン
また近いうちに	**À bientôt.**	ア ビエントー
よい一日を	**Bonne journée.**	ボンヌ ジュルネー
よい午後を	**Bon après-midi.**	ボン ナプれミディ
楽しい夜を	**Bonne soirée.**	ボンヌ ソワれー
おやすみなさい	**Bonne nuit.**	ボンヌ ニュイ

2章 ● コミュニケーション

季節のあいさつ

- Bonnes vacances！ 楽しいバカンスを！
  ボンヌ　ヴァカンス
- Joyeux Noël！ メリークリスマス！
  ジョワイユー　ノエル
- Bonne année！ あけましておめでとう！
  ボン　ナネー
- Joyeuses Pâques！ 復活祭おめでとう！
  ジョワイユーズ　パック
- Bon anniversaire！ 誕生日おめでとう！
  ボン　ナニヴェるセーる

コミュニケーション
人の呼び方

私は	**je**		ジュ
君は	**tu**		テュ
あなたは、あなたたちは、君たちは	**vous**		ヴ
彼は	**il**		イル
彼女は	**elle**		エル
私たちは	**nous**		ヌ
彼らは	**ils**		イル
彼女たちは	**elles**		エル
人々は、私たちは	**on**		オン
みんな	**tout le monde**	*m*	トゥー ル モンドゥ
各々	**chacun(e)**		シャケン (キュンヌ)
だれ？	**Qui ?**		キ
だれか	**quelqu'un**		ケルケン
何人か	**quelques-uns(unes)**		ケルクゼン (ジュンヌ)
だれも〜ない	**personne \<ne\>**		ぺるソンヌ 〈ヌ〉
人々	**gens**	*m pl.*	ジャン
性別	**sexe**	*m*	セクス

● 人の呼び方 ●

人間、男性	**homme**	*m*	オム
女性	**femme**	*f*	ファム
人類	**humanité**	*f*	ユマニテ
(男性に) ～さん	**Monsieur**		ムッシュー
(既婚女性に) ～さん	**Madame**		マダム
(未婚女性に) ～さん	**Mademoiselle**		マドゥモワゼル
(医者に) ～先生	**Docteur**		ドクトゥール
(弁護士などに) ～先生	**Maître**		メートゥル
(君主に) ～陛下	**Votre Majesté**		ヴォートゥル マジェステ
(王族、皇族に) ～殿下	**Votre Altesse**		ヴォートゥ ラルテス
(大使などに) ～閣下	**Votre Excellence**		ヴォートゥ れクセランス

Column 名前のいろいろ

名前にも、次のようにいろいろな種類があります。場面に応じて上手に使い分けてみましょう。

nommer 名付ける　　s'appeler 呼ばれる、名前を持つ
ノメ　　　　　　　　　　サプレ

nom de famille (m) 名字　　　prénom (m) 名前
ノン ドゥ ファミーユ　　　　　　　　プレノン

nom de baptême (m) 洗礼名　petit nom (m) 愛称
ノン ドゥ バテーム　　　　　　　　プティ ノン

surnom (m) あだ名
シュルノン

nom de plume (m) ペンネーム
ノン ドゥ プリューム

2章 ● コミュニケーション

コミュニケーション
家族

家族、親族	famille	f	ファミーユ
家庭	foyer	m	フォワイエ
両親、親戚	parents	m pl.	パラン
父	père	m	ペーる
母	mère	f	メーる
夫	mari	m	マり
妻	femme	f	ファム
子ども	enfant	m f	アンファン
兄弟	frère	m	フれーる
姉妹	sœur	f	スーる
息子	fils	m	フィス
娘	fille	f	フィーユ
年上の	aîné(e)		エネ
年下の	cadet(te)		カデ(ットゥ)
末っ子	benjamin(e)	m f	バンジャ<u>メン</u>(ミーヌ)
一人っ子	<u>fils</u>(fille) unique	m f	<u>フィス</u>(フィーユ) ユニック
養子	fils adoptif	m	フィス アドプティフ

● 家族

養女	**fille adoptive**	f	フィーユ アドプティヴ
義理の兄弟	**beau-frère**	m	ボーフれール
義理の姉妹	**belle-sœur**	f	ベルスール
祖父母	**grands-parents**	m pl.	グランパラン
祖父	**grand-père**	m	グランペール
祖母	**grand-mère**	f	グランメール
孫息子	**petit-fils**	m	プティフィス
孫娘	**petite-fille**	f	プティットゥフィーユ
伯父、叔父	**oncle**	m	オンクル
伯母、叔母	**tante**	f	タントゥ
いとこ	**cousin(e)**	m f	クゼン(ジーヌ)
甥（おい）	**neveu**	m	ヌヴー
姪（めい）	**nièce**	f	ニエス

〈関連単語〉

戸籍	état civil (m) エタ シヴィル
夫婦	ménage (m) メナージュ
連帯市民協約（PACS 法）	PACS (m) パックス
同性愛	homosexualité (f) オモセクシュアリテ
性同一性障害	troubles de l'identité de genre (m, pl.) トゥるーブル ドゥ リダンティテ ドゥ ジャンる

コミュニケーション
人

人生、生命、生活	vie	f	ヴィー
世代	génération	f	ジェネらシオン
幼年期	enfance	f	アンファンス
青少年期	adolescence	f	アドレサンス
思春期	puberté	f	ピュべるテ
成長期	âge de la croissance	m	アージュ ドゥ ラ クろワサンス
青年期	jeunesse	f	ジュネス
中年	âge moyen	m	アージュ モワイエン
熟年	âge mûr	m	アージュ ミューる
更年期	retour d'âge	m	るトゥーる ダージュ
老年期	vieillesse	f	ヴィエイエス
定年後世代	troisième âge	m	トゥろワジエ マージュ
扶養者	soutien de famille	m	スーティエン ドゥ ファミーユ
被扶養者	personne à charge	f	ぺるソン ナ シャるジュ
赤ん坊	bébé	m	べべ
乳児	nourrisson	m	ヌーりソン
男の子	garçon	m	ガるソン

40

● 人 ●

女の子	**fille**	*f*	フィーユ
青少年	**adolescent(e)**	*m* / *f*	アドレサン (トゥ)
若者、若い	**jeune**	*m* / *f*	ジュンヌ
未成年、未成年の	**mineur(e)**	*m* / *f*	ミヌーる
成人、成人に達した	**majeur(e)**	*m* / *f*	マジューる
大人、大人の	**adulte**	*m* / *f*	アデュルトゥ
老人	**vieillard**	*m*	ヴィエイヤーる
高齢者	**personne âgée**	*f*	ぺるソン ナジェ
双子	**jumeaux(melles)**	*m, f* *pl.*	ジュモー (メル)
一卵性双生児	**vrai(e)s jumeaux(melles)**	*m, f* *pl.*	ヴれ ジュモー (メル)
二卵性双生児	**faux(sses) jumeaux(melles)**	*m, f* *pl.*	フォー (ス) ジュモー (メル)
三つ子	**triplés**	*m* *pl.*	トゥりプレ
孤児	**orphelin(e)**	*m* / *f*	オるフレン (リーヌ)

Column 子どものことば

日本でも赤ちゃんや乳幼児に対して独特のことばづかいをすることがありますが、フランスにも同じようなことばがあります。

papa (m) パパ / maman (f) ママ / pépé (m) おじいちゃん
パパ　　　　　　　　マモン　　　　　　　　ペペ

mémé (f) おばあちゃん / dodo (m) おねむ
メメ　　　　　　　　　　　ドド

bobo (m) いたいた / pipi (m) おしっこ
ボボ　　　　　　　　　ピピ

caca (m) うんち
カカ

mémé

コミュニケーション
人を表す

背が高い	**grand(e)**		グラン (ドゥ)
中ぐらいの身長	**de taille moyenne**		ドゥ ターユ モワイエンヌ
背が低い	**petit(e)**		プティ (ットゥ)
丸（長い）顔	**visage <u>rond</u>(long)**	*m*	ヴィサージュ <u>ロン</u>(ロン)
長い（短い）髪	**cheveux <u>longs</u>(courts)**	*m pl.*	シュヴー <u>ロン</u> (クーる)
はげている	**chauve**		ショーヴ
大きな(小さな)目	**<u>grands</u>(petits) yeux**	*m pl.*	<u>グラン</u> (プティ) ジウー
切れ長の目	**yeux en amande**	*m pl.*	イウー アン ナマンドゥ
高い（低い）鼻	**nez <u>haut</u>(camus)**	*m*	ネ <u>オー</u> (カミュ)
太っている	**gros(se)**		グロ (ス)
肥満した	**obèse**		オベーズ
ぽっちゃりした	**potelé(e)**		ポトゥレ
腹が出ている	**ventru(e)**		ヴァントゥりゅ
やせている	**maigre**		メーグる
ほっそりしている	**mince**		メンス
すらっとしている	**svelte**		スヴェルトゥ
丈夫な	**robuste**		ろビュストゥ

● 人を表す ●

たくましい	**vigoureu<u>x</u>(se)**	ヴィグるー（ズ）
筋肉質の	**musclé(e)**	ミュスクレ
ひよわな	**faible**	フェーブル
美しい、かっこいい	**<u>beau</u>(belle)**	<u>ボー</u>（ベル）
きれいな	**joli(e)**	ジョリ
可愛い	**mignon(ne)**	ミニオン（ヌ）
不器量な	**laid(e)**	レ（ッドゥ）
ブス	**moche**	モッシュ
知的な	**intelligent(e)**	エンテリジャン（トゥ）
教養のある	**cultivé(e)**	キュルティヴェ
賢い	**sage**	サージュ
無知な	**ignorant(e)**	イニョらン（トゥ）
バカな	**bête**	ベットゥ
魅力的な	**charmant(e)**	シャるマン（トゥ）
エレガントな	**élégant(e)**	エレガン（トゥ）
しとやかな	**gracieu<u>x</u>(se)**	グらシウー（ズ）
コケットリーがある	**coquet(te)**	コケ（ットゥ）
誘惑的な	**séduisant(e)**	セデュイザン（トゥ）
肉感的な	**sensuel(le)**	サンシュエル

コミュニケーション
人の性格①

感じがいい	sympathique	サンパティック
愛想がよい	aimable	エマーブル
不快な	désagréable	デザグれアーブル
上品な	distingué(e)	ディステンゲ
下品な	vulgaire	ヴュルゲール
洗練された	raffiné(e)	らフィネ
粗野な	grossier(ère)	グロシエ（ール）
善良な	bon(ne)	ボン（ヌ）
たちの悪い	mauvais(e)	モーヴェ（ーズ）
親切な	gentil(le)	ジャンティ（ーユ）
意地悪な	méchant(e)	メシャン（トゥ）
冷酷な	froid(e)	フろワ（ッドゥ）
おしゃべりな	bavard(e)	バヴァール（ドゥ）
無口な	silencieux(se)	シランシウー（ズ）
開放的な	ouvert(e)	ウヴェール（トゥ）
とっつきにくい	fermé(e)	フェるメ
働き者	travailleur(se)	トゥらヴァイユール（ズ）

● 人の性格①

怠け者	**paresseu_x_(se)**	パれスー（ズ）
勇気がある	**courageu_x_(se)**	クらジュー（ズ）
大胆な	**audacieu_x_(se)**	オーダシウー（ズ）
臆病な	**timide**	ティミッドゥ
卑劣な	**lâche**	ラッシュ
おもしろい	**drôle**	ドゥろール
退屈な	**ennuyeu_x_(se)**	アンニュイユー（ズ）
まじめな	**sérieu_x_(se)**	セりウー（ズ）
軽薄な	**frivole**	フりヴォル
陽気な	**gai(e)**	ゲー
陰気な	**sombre**	ソンブる
慎重な	**prudent(e)**	プりゅーダン（トゥ）
そそっかしい	**étourdi(e)**	エトゥるディ

〈関連単語〉

性格　caractère (m)
　　　カらクテーる

同情心　compassion (f)
　　　　コンパシオン

憐み　pitié (f)
　　　ピティエ

悪意　malveillance (f)
　　　マルヴェイヤンス

憎しみ　haine (f)
　　　　エーヌ

コミュニケーション
人の性格②

楽天家	**optimiste**	オプティミストゥ
悲観主義者	**pessimiste**	ペシミストゥ
落ち着いている	**posé(e)**	ポゼ
穏やかな	**calme**	カルム
怒りっぽい	**coléreux(se)**	コレるー (ズ)
攻撃的な	**agressif(ve)**	アグれシフ (ヴ)
乱暴な	**rude**	りゅードゥ
正直な	**honnête**	オネットゥ
不正直な	**malhonnête**	マロネットゥ
素朴な	**naïf(ve)**	ナイーフ (ヴ)
嘘つきな	**menteur(se)**	マントゥーる (ズ)
公平無私な	**désintéressé(e)**	デゼンテれセ
自分勝手な	**égoïste**	エゴイストゥ
ずうずうしい	**gonflé(e)**	ゴンフレ
厚かましい	**effronté(e)**	エフろンテ
控えめな	**réservé(e)**	れぜるヴェ
謙虚な	**modeste**	モデストゥ

● 人の性格②

神経質な	**nerve<u>ux</u>(se)**	ネるヴー（ズ）
注意深い	**attenti<u>f</u>(ve)**	アタンティフ（ヴ）
のんきな	**nonchalant(e)**	ノンシャラン（トゥ）
活動的な	**acti<u>f</u>(ve)**	アクティフ（ヴ）
消極的な	**passi<u>f</u>(ve)**	パシフ（ヴ）
気取っている	**prétentie<u>ux</u>(se)**	プれタンシウー（ズ）
飾り気がない	**simple**	センプル
誠実な	**sincère**	センセーる
不誠実な	**déloyal(e)**	デロワイヤル
野心家	**ambitie<u>ux</u>(se)**	アンビシウー（ズ）
恩知らずな	**ingrat(e)**	エングら（ットゥ）
高慢な	**orgueille<u>ux</u>(se)**	オるグイユー（ズ）
威張っている	**fie<u>r</u>(ère)**	フィエーる

〈関連単語〉

嘘	mensonge (m) マンソンジュ	
冗談	plaisanterie (f) プレザントゥりー	
ほら話	blague (f) ブらッグ	
からかい	raillerie (f) らユりー	
いじめ、いやがらせ	brimade (f) ブりマードゥ	

コミュニケーション
気持ちを表す

感情	sentiment	*m*	サンティマン
気分	humeur	*f*	ユムーる
幸せな	heureu<u>x</u>(se)		ウーるー(ズ)
不幸せな	malheureu<u>x</u>(se)		マルーるー(ズ)
かわいそうな	pauvre		ポーヴる
喜んでいる	content(e)		コンタン(トゥ)
満足している	satisfait(e)		サティスフェ(ットゥ)
大喜びしている	ravi(e)		らヴィ
驚いている	étonné(e)		エトネ
感激している	ému(e)		エミュ
悲しんでいる	triste		トゥリストゥ
不満な	mécontent(e)		メコンタン(トゥ)
悲嘆に暮れている	affligé(e)		アフリジェ
絶望している	désespéré(e)		デゼスペれ
陽気な	joyeu<u>x</u>(se)		ジョワイユー(ズ)
気の滅入った	déprimé(e)		デプリメ
憂鬱な	mélancolique		メランコリック

● 気持ちを表す ●

陰鬱な	**morne**	モるヌ
怒っている	**fâché(e)**	ファシェ
激怒している	**furieux(se)**	フュりウー（ズ）
ムカついている	**irrité(e)**	イりテ
いらいらしている	**énervé(e)**	エネるヴェ
安心している	**tranquille**	トゥらンキール
心配している	**inquiet(ète)**	エンキエ（ットゥ）
不安な	**anxieux(se)**	アンキシウー（ズ）
悩んでいる	**angoissé(e)**	アンゴワセ
丁寧な	**poli(e)**	ポリ
無礼な	**impoli(e)**	エンポリ

Column 人間性を表す

その人がどんな性格なのかを表すときは、次のような表現を用います。

adroit(e) 如才ない、器用な
アドゥろワ（ットゥ）

maladroit(e) へまな、不器用な
マラドゥろワ（ットゥ）

sociable 人付き合いのよい
ソシアーブル

franc(he) 率直な
フラン（シュ）

avoir du tact 機転が利く
アヴォワール デュ タクトゥ

capricieux(se) 気まぐれな
カプりシウー（ズ）

solitaire 孤独な
ソリテーる

original(e) 変わっている
オりジナル

コミュニケーション
事柄を表す①

心地よい	agréable	アグれアーブル
快適な	confortable	コンフォるターブル
興味深い	intéressant(e)	エンテれサン（トゥ）
おもしろい	amusant(e)	アミューザン（トゥ）
おかしい	marrant(e)	マらン（トゥ）
わくわくする	passionnant(e)	パシオナン（トゥ）
感動的な	émouvant(e)	エムーヴァン（トゥ）
平凡な	banal(e)	バナル
つまらない	insignifiant(e)	エンシニフィアン（トゥ）
がっかりさせられる	décevant(e)	デスヴァン（トゥ）
疲れる	fatigant(e)	ファティガン（トゥ）
悲しむべき	déplorable	デプロらーブル
惨めな	misérable	ミぜらーブル
恐ろしい	affreu<u>x</u>(se)	アフるー（ズ）
残酷な	cruel(le)	クりゅーエル
つらい	dur(e)	デュール
苦しい	pénible	ペニーブル

● 事柄を表す①

厳しい	**sévère**	セヴェール
新しい	**nouveau(velle)**	ヌーヴォー (ヴェル)
新品の	**neuf(ve)**	ヌフ (ヴ)
古い、年をとった	**vieux(vieille)**	ヴィウー (ヴィエーユ)
使い古された	**usé(e)**	ユゼ
可能な	**possible**	ポシーブル
不可能な	**impossible**	エンポシーブル
難しい	**difficile**	ディフィシール
易しい	**facile**	ファシール
複雑な	**compliqué(e)**	コンプリケ
単純な	**simple**	センプル
詳しい	**détaillé(e)**	デタイエ
おおざっぱな	**approximatif(ve)**	アプロクシマティフ (ヴ)

Column 値段を表す

「値段が高い」といいたいときは cher を使います。ほかにも覚えておくと便利な言葉をあげてみました。

cher(ère) 値段が高い / moins cher(ère) 値段が安い
シェール　　　　　　　　　　　モワン　シェール

coûteux(se) 高価な、費用がかかる / économique 経済的な
クトゥー (ズ)　　　　　　　　　　　　　エコノミック

raisonnable 手ごろな値段の
れゾナーブル

bon marché お買い得の
ボン　マルシェ

コミュニケーション
事柄を表す②

深い	**profond(e)**	プロフォン(ドゥ)
浅い	**peu profond(e)**	プー プロフォン(ドゥ)
乾いた	**sec(sèche)**	セック(セッシュ)
濡れている	**mouillé(e)**	ムイエ
湿っている	**humide**	ユミッドゥ
安全な	**sûr(e)**	シュール
危険な	**dangereux(se)**	ダンジュるー(ズ)
うるさい	**bruyant(e)**	ブりゅイヤン(トゥ)
静かな	**tranquille**	トゥらンキール
正常な	**normal(e)**	ノるマル
異常な	**anormal(e)**	アノるマル
奇妙な	**étrange**	エトゥらンジュ
特殊な	**particulier(ère)**	パるティキュリエ(ーる)
重要な	**important(e)**	エンポるタン(トゥ)
必要な	**nécessaire**	ネセセーる
必要不可欠な	**indispensable**	エンディスパンサーブル
便利な	**commode**	コモッドゥ

● 事柄を表す② ●

自由に使える	**disponible**	ディスポニーブル
役に立つ	**utile**	ユティル
無駄な	**inutile**	イニューティル
非のうちどころのない	**impeccable**	エンペカーブル
完全な	**parfait(e)**	パるフェ（ットゥ）
不完全な	**imparfait(e)**	エンパるフェ（ットゥ）
できそこないの	**mal fait(e)**	マル フェ（ットゥ）
しくじった	**raté(e)**	らテ
同じの	**même**	メーム
似通った	**pareil(le)**	パれーユ
別の	**différent(e)**	ディフェらン（トゥ）
有名な	**fameux(se)**	ファムー（ズ）
無名の	**inconnu(e)**	エンコニュ
清潔な	**propre**	プろプる
汚れている	**sale**	サル
派手な	**voyant(e)**	ヴォワイヤン（トゥ）
地味な	**discret(ète)**	ディスクれ（ットゥ）
現代的な	**moderne**	モデるヌ
流行遅れの	**démodé(e)**	デモデ

2章●コミュニケーション

コミュニケーション
ニュアンスをつける

うまく、とても	bien	ビエン
非常に	très	トゥれ
あまりに	trop	トゥろー
ほとんど	presque	プれスク
大体	à peu près	ア プー プれ
十分に、かなり	assez	アセ
多く、非常に	beaucoup	ボクー
少し	un peu	エン プー
少ししか	peu	プー
すでに	déjà	デジャ
まだ、さらに	encore	アンコーる
そのうえ	d'ailleurs	ダイユーる
～も	aussi	オーシ
～さえ	même	メーム
とりわけ	surtout	シュるトゥー
多分	peut-être	プテートゥる
実は	en effet	アン ネフェ

● ニュアンスをつける ●

まず	d'abord	ダボール
次に	puis	ピュイ
それから	ensuite	アンシュイットゥ
ついに、結局	enfin	アンフェン
それゆえ	donc	ドンク
しかし	mais	メ
けれど	pourtant	プるタン
つまり	c'est-à-dire	セタディール
例えば	par exemple	パ れグザンブル
とにかく	de toute façon	ドゥ トゥットゥ ファソン
ところで	à propos	ア プろポ
なぜならば	parce que	パるス ク
お願いします	s'il vous(te) plaît	シル ヴ (トゥ) プレ

上手にあいづちを打とう！

- Ah bon. あっそう。
  ア ボン
- C'est vrai ? 本当？
  セ ヴれ
- Et alors ? それで？
  エ アローる
- N'est-ce pas ? そうじゃない？
  ネ ス パ
- Tiens ! おやっ！
  ティエン
- Pardon ? なんですって？
  パるドン
- On ! là là. なんということだ。
  オー ラ ラ

Tiens!

コミュニケーション
行為を表す① er型規則動詞

受け入れる	accepter	アクセプテ
一緒に行く	accompagner	アコンパニエ
買う	acheter	アシュテ
熱愛する	adorer	アドれ
助ける、手伝う	aider	エデ
愛する、好き	aimer	エメ
連れてくる	amener	アムネ
楽しむ	s'amuser	サミューゼ
知らせる	annoncer	アノンセ
呼ぶ、電話する	appeler	アプレ
持ってくる	apporter	アポるテ
止める	arrêter	アれテ
到着する	arriver	アりヴェ
隠す	cacher	カシェ
壊す	casser	カセ
変わる、変える	changer	シャンジェ
歌う	chanter	シャンテ

● 行為を表す① er 型規則動詞

探す、出迎える	chercher	シェるシェ
始める、始まる	commencer	コマンセ
比べる	comparer	コンパれ
続く、続ける	continuer	コンティニュエ
踊る	danser	ダンセ
破る、裂く	déchirer	デシれ
決める	décider	デシデ
決心する	se décider	ス デシデ
表明する、宣言する	déclarer	デクラれ
たずねる、頼む	demander	ドゥマンデ
急ぐ	se dépêcher	ス デペシェ
望む	désirer	デジれ
嫌う	détester	デテステ

aller のいろいろな意味

- aller 行く ● s'en aller 立ち去る
  アレー   サン ナレー
- aller <à (avec)> 〜に似合う、合う
  アレー ア アヴェック
- Tu vas bien ? 元気？ 大丈夫？
  テュ ヴァ ビエン
- aller + 動詞不定法 〜しに行く、これから〜する
  アレー
- Allez. さて、ほら ● Allons-y ! さあ行こう、さあやろう
  アレー   アロンジ

Allons-y !

コミュニケーション
行為を表す② er型規則動詞

与える	**donner**	ドネ
聴く	**écouter**	エクテ
連れて行く	**emmener**	アンムネ
借りる	**emprunter**	アンプルンテ
入る	**entrer**	アントゥれ
送る、派遣する	**envoyer**	アンヴォワイエ
期待する	**espérer**	エスペれ
勉強する、研究する	**étudier**	エテュディエ
避ける	**éviter**	エヴィテ
調べる	**examiner**	エグザミネ
閉じる	**fermer**	フェるメ
叩く	**frapper**	フらッペ
保持する、世話をする、警備する	**garder**	ガるデ
住む	**habiter**	アビテ
指し示す	**indiquer**	エンディケ
招く	**inviter**	エンヴィテ
残す、置いていく、〜させる	**laisser**	レセ

● 行為を表す② er 型規則動詞 ●

上げる、起こす	lever	ルヴェ
ほめる、賃貸する	louer	ルエ
欠ける、失敗する	manquer	マンケ
歩く、進行する	marcher	マるシェ
上る、上げる	monter	モンテ
見せる、示す	montrer	モントゥれ
忘れる	oublier	ウブリエ
通る、過ごす	passer	パセ
考える	penser	パンセ
持っている、身につけている	porter	ポるテ
取り付ける、置く	poser	ポゼ
押す	pousser	プッセ
より好む	préférer	プれフェれ

prendre のいろいろな意味

- prendre son parapluie 傘を取る、持っていく
  プらンドゥる　ソン　パらプリュイ
- prendre un billet 切符を買う
  プらンドゥる　エン　ビエ
- prendre des notes ノートをとる
  プらンドゥる　デ　ノットゥ
- prendre le métro 地下鉄に乗る
  プらンドゥる　ル　メトろ
- prendre du thé 紅茶を飲む
  プらンドゥる　デュ　テ
- prendre sa douche シャワーを浴びる
  プらンドゥる　サ　ドゥッシュ

コミュニケーション
行為を表す③　er型規則動詞および ir 型規則動詞

準備する	**préparer**	プれパれ
紹介する、差し出す	**présenter**	プれザンテ
貸す	**prêter**	プれテ
離れる、別れる	**quitter**	キテ
観る	**regarder**	るガるデ
出会う	**rencontrer**	らンコントゥれ
あきらめる	**renoncer**	るノンセ
帰る	**rentrer**	らントゥれ
似ている	**ressembler**	るサンブレ
とどまる、残る	**rester**	れステ
後戻りする、帰る	**retourner**	るトゥるネ
念願する	**souhaiter**	スエテ
電話をかける	**téléphoner**	テレフォネ
終わる、終える	**terminer**	テるミネ
触れる	**toucher**	トゥシェ
落ちる、転ぶ	**tomber**	トンベ
間違える	**se tromper**	ス トゥろンペ

行為を表す③ er 型規則動詞および ir 型規則動詞

見つける、思う	**trouver**	トゥるーヴェ
訪ねる、見学する	**visiter**	ヴィジテ
選ぶ	**choisir**	ショワジーる
終わる、終える	**finir**	フィニーる
花が咲く	**fleurir**	フルりーる
成長する	**grandir**	グランディーる
やせる	**maigrir**	メグりーる
従う	**obéir**	オベイーる
よく考える	**réfléchir**	れフレシーる
満たす	**remplir**	らンプリーる
成功する、合格する	**réussir**	れユシーる
赤くなる	**rougir**	るジーる
つかむ	**saisir**	セジーる

être のさまざまな用法

- **être** ある、いる
  エートゥる
- **C'est à moi.** これは私のものだ。
  セ タ モワ
- **Nous sommes dimanche.** 今日は日曜日だ。
  ヌ ソム ディマンシュ
- **Ils sont de Tokyo.** 彼らは東京出身です。
  イル ソン ドゥ トーキョー
- **Elle est en noir.** 彼女は黒い服を着ている。
  エ レ タン ノワーる
- **Il est midi.** 正午だ。
  イ レ ミディ
- **Ça y est.** 終わった。
  サ イ エ

コミュニケーション
行為を表す④ 不規則動詞

持つ	**avoir**	アヴォワーる
来る	**venir**	ヴニーる
戻る	**revenir** (venir型)	るヴニーる
なる	**devenir** (venir型)	ドゥヴニーる
思い出す	**se souvenir** (venir型)	ス スヴニーる
保つ、経営する、〜のままでいる	**tenir** (venir型)	トゥニーる
引き止める、予約する、覚えておく	**retenir** (venir型)	るトゥニーる
出発する	**partir**	パるティーる
感じる	**sentir** (partir型)	サンティーる
開ける	**ouvrir**	ウヴりーる
贈る	**offrir** (ouvrir型)	オフりーる
覆う	**couvrir** (ouvrir型)	クヴりーる
発見する	**découvrir** (ouvrir型)	デクヴりーる
作る、する	**faire**	フェーる
学ぶ、聞き知る	**apprendre** (prendre型)	アプらンドゥる
理解する	**comprendre** (prendre型)	コンプらンドゥる
待つ	**attendre**	アタンドゥる

● 行為を表す④ 不規則動詞 ●

答える	répondre（attendre型）	れポンドゥる
聞こえる	entendre (attendre型)	アンタンドゥる
返す、〜にする	rendre (attendre型)	らンドゥる
売る	vendre（attendre型）	ヴァンドゥる
失う	perdre (attendre型)	ぺるドゥる
言う	dire	ディーる
置く、身につける	mettre	メットゥる
許す	permettre（mettre型）	ぺるメットゥる
約束する	promettre（mettre型）	プロメットゥる
(経験的に)知る	connaître	コネートゥる
姿を現す	apparaître（connaître型）	アパれートゥる
姿を消す	disparaître（connaître型）	ディスパれートゥる
書く	écrire	エクりーる

動詞不定法や形容詞を導く動詞

- **pouvoir** 〜できる、〜してもよい、〜かもしれない
  プヴォワーる
- **devoir** 〜しなければならない、〜に違いない、借りている
  ドゥヴォワーる
- **vouloir** 〜したい、望む、欲しい ● **Il faut** 〜が必要だ、〜する必要がある
  ヴロワーる   イル フォー
- **sembler** 〜のように思われる
  サンブレ
- **paraître** (connaître型) 〜のように見える
  パれートゥる

見る、会う	**voir**	ヴォワーる
再会する	**revoir**（voir型）	るヴォワーる
受け取る、迎える	**recevoir**	るスヴォワーる
（知識として）知る	**savoir**	サヴォワーる
価値がある	**valoir**	ヴァロワーる
信じる、思う	**croire**	クロワーる
気に入る	**plaire**	プレーる
恐れる	**craindre**	クれンドゥる
建設する	**construire**（conduire型）	コンストゥりゅイーる
破壊する	**détruire**（conduire型）	デトゥりゅイーる
翻訳する	**traduire**（conduire型）	トゥらデュイーる
従う、ついて行く	**suivre**	スイーヴる
生きる、暮らす	**vivre**	ヴィヴる
笑う	**rire**	りーる
微笑む	**sourire**（rire型）	スりーる
打つ、叩く	**battre**	バトゥる
戦う	**combattre**（battre型）	コンバトゥる
走る	**courir**	クりーる
座る	**s'asseoir**	サソワーる

3章

身近な言葉

身近な言葉
数字①

0	zéro	ゼロ
1	un, une	エン、ユヌ
2	deux	ドゥー
3	trois	トゥろワ
4	quatre	カトゥる
5	cinq	センク
6	six	シス
7	sept	セットゥ
8	huit	ユイットゥ
9	neuf	ヌフ
10	dix	ディス
11	onze	オンズ
12	douze	ドゥーズ
13	treize	トゥれーズ
14	quatorze	カトるズ
15	quinze	ケンズ
16	seize	セーズ

● 数字① ●

17	**dix-sept**	ディセットゥ
18	**dix-huit**	ディズイットゥ
19	**dix-neuf**	ディズヌフ
20	**vingt**	ヴェン
21	**vingt et un(e)**	ヴェン テ エン (ユヌ)
22	**vingt-deux**	ヴェントゥドゥー
23	**vingt-trois**	ヴェントゥトゥロワ
30	**trente**	トゥらントゥ
31	**trente et un(e)**	トゥらン テ エン (ユヌ)
32	**trente-deux**	トゥらントゥドゥー
40	**quarante**	カらントゥ
50	**cinquante**	センカントゥ
60	**soixante**	ソワサントゥ

Column 順番を表す

「〜番目」は、次のようにいいます。

premier(ère) 1番目の、最初の / deuxième/second(e) 2番目の
プるミエ (ーる) ドゥジエム スゴン (ドゥ)

/ troisième 3番目の / quatrième 4番目の
トゥろワジエム カトゥりエム

vingt et unième 21番目の
ヴェンテユニエム

dernier(ère) 最後の
デるニエ (ーる)

身近な言葉
数字②

70	**soixante-dix**	ソワサントゥディス
71	**soixante et onze**	ソワサン テ オンズ
72	**soixante-douze**	ソワサントゥドゥーズ
80	**quatre-vingts**	カトゥるヴェン
81	**quatre-vingt-un(e)**	カトゥるヴェンエン(ユヌ)
82	**quatre-vingt-deux**	カトゥるヴェンドゥー
90	**quatre-vingt-dix**	カトゥるヴェンディス
91	**quatre-vingt-onze**	カトゥるヴェンオンズ
100	**cent**	サン
101	**cent un(e)**	サン エン (ユヌ)
200	**deux cents**	ドゥ サン
201	**deux cent un(e)**	ドゥ サン エン (ユヌ)
1000	**mille**	ミル
1001	**mille un(e)**	ミル エン (ユヌ)
2000	**deux mille**	ドゥ ミル
10000	**dix mille**	ディ ミル
100万	**million**	*m* ミリオン

● 数字②

10億	**milliard**	*m*	ミリアーる
1兆	**billion**	*m*	ビリオン
半分	**moitié**	*f*	モワティエ
2分の1	**demi**		ドゥミ
3分の1	**un tiers**		エン ティエーる
4分の1	**un quart**		エン カーる
4分の3	**trois quarts**		トゥろワ カーる
5分の1	**un cinquième**		エン センキエム
5分の3	**trois cinquièmes**		トゥろワ センキエム
2倍	**deux fois/double**		ドゥ フォワ／ドゥブル
3倍	**trois fois/triple**		トゥろワ フォワ／トゥりプル
小数点（,）	**virgule**	*f*	ヴィるギュル
約10	**dizaine**	*f*	ディゼーヌ
1ダース	**douzaine**	*f*	ドゥゼーヌ
20%	**vingt pour cent**		ヴェン プる サン
足し算	**addition**	*f*	アディシオン
引き算	**soustraction**	*f*	スストゥらクシオン
掛け算	**multiplication**	*f*	ミュルティプリカシオン
割り算	**division**	*f*	ディヴィジオン

3章 ● 身近な言葉

身近な言葉
季節・月

季節	saison	f	セゾン
春	printemps	m	プランタン
夏	été	m	エテ
秋	automne	m	オートンヌ
冬	hiver	m	イヴェーる
(暦の) 月、1か月	mois	m	モワ
1月	janvier	m	ジャンヴィエ
2月	février	m	フェヴりエ
3月	mars	m	マるス
4月	avril	m	アヴりル
5月	mai	m	メ
6月	juin	m	ジュワン
7月	juillet	m	ジュイエ
8月	août	m	ウー または ウットゥ
9月	septembre	m	セプタンブる
10月	octobre	m	オクトーブる
11月	novembre	m	ノヴァンブる

● 季節・月

12月	**décembre**	m	デサンブる
春分	**équinoxe de printemps**	m	エキノクス ドゥ プれンタン
夏至	**solstice d'été**	m	ソルスティス デテ
秋分	**équinoxe d'automne**	m	エキノクス ドートンヌ
冬至	**solstice d'hiver**	m	ソルスティス ディヴェーる
雨季	**saison des pluies**	f	セゾン デ プリュイ
乾季	**période de sécheresse**	f	ペりオドゥ ドゥ セシュれス
熱気	**chaleur**	f	シャルーる
寒気	**froid**	m	フろワ
暑い	**Il fait chaud.**		イル フェ ショー
寒い	**Il fait froid.**		イル フェ フろワ
暖かい	**Il fait doux.**		イル フェ ドゥー
涼しい	**Il fait frais.**		イル フェ フれ

〈**関連単語**〉

年末	fin de l'année (f) フェン ドゥ ラネー
年の初め	début de l'année (m) デビュー ドゥ ラネー
残暑	dernières chaleurs (f, pl.) デるニエる シャルーる
猛暑	canicule (f) カニキュル
寒波	vague de froid (f) ヴァーグ ドゥ フろワ

身近な言葉
日にち・曜日

カレンダー 1月

日	**jour**	*m*	ジューる
週	**semaine**	*f*	スメーヌ
月曜日	**lundi**	*m*	レンディ
火曜日	**mardi**	*m*	マるディ
水曜日	**mercredi**	*m*	メるクるディ
木曜日	**jeudi**	*m*	ジュディ
金曜日	**vendredi**	*m*	ヴァンドゥるディ
土曜日	**samedi**	*m*	サムディ
日曜日	**dimanche**	*m*	ディマンシュ
週末	**week-end**	*m*	ウイーケンドゥ
前の土曜日に	**samedi dernier**		サムディ デるニエ
次の火曜日に	**mardi prochain**		マるディ プロシェン
今日	**aujourd'hui**		オージュるデュイ
今朝	**ce matin**		ス マテン
今日の午後	**cet après-midi**		セッ タプれミディ
今晩	**ce soir**		ス ソワーる
今夜、昨夜	**cette nuit**		セットゥ ニュイ

● 日にち・曜日 ●

昨日	hier	イエーる
一昨日	avant-hier	アヴァンティエーる
明日	demain	ドゥメン
明後日	après-demain	アプれドゥメン
今週	cette semaine	セットゥ スメーヌ
先週	la semaine dernière	ラ スメヌ デるニエーる
来週	la semaine prochaine	ラ スメヌ プろシェーヌ
～日前	il y a ～ jour(s)	イリヤ ～ ジューる
～日後	dans ～ jour(s)	ダン ～ ジューる
1週間後	dans huit jours	ダン ユイ ジューる
2週間後	dans quinze jours	ダン ケンズ ジューる
今月	ce mois	ス モワ
今年	cette année	セッ タネー

3章 ● 身近な言葉

〈関連単語〉

先日	l'autre jour ロートゥる ジューる	いつか	un jour エン ジューる
今のところ	à présent ア プれザン	さしあたり	pour le moment プる ル モマン
以前	autrefois オートゥるフォワ		
かつては	dans le passé ダン ル パセ		
将来は	dans l'avenir ダン ラヴニーる		

Un jour...

身近な言葉
時を表す

日本語	フランス語	性	発音
〜時に	à 〜 heure(s)		ア 〜 ウール
〜時ごろ	vers 〜 heure(s)		ヴェる 〜 ウール
昼の12時に	à midi		ア ミディ
夜の12時に	à minuit		ア ミニュイ
早朝に	au petit matin		オー プティ マテン
朝	matin	m	マテン
午後	après-midi	m	アプれミディ
夕方、晩	soir	m	ソワーる
夜中	nuit	f	ニュイ
深夜に	en pleine nuit		アン プレーヌ ニュイ
午前中	dans la matinée		ダン ラ マティネー
一日中	toute la journée		トゥットゥ ラ ジュるネー
朝から晩まで	du matin au soir		デュ マテン オー ソワーる
昼も夜も	nuit et jour		ニュイ エ ジューる
暁	aube	f	オーブ
黄昏	crépuscule	m	クれピュスキュル
日の出	lever du soleil	m	ルヴェ デュ ソレーユ

● 時を表す ●

日没	coucher du soleil	m	クッシェ デュ ソレーユ
毎日	chaque jour		シャック ジューる
いつも	toujours		トゥジューる
しばしば	souvent		スーヴァン
ときどき	de temps en temps		ドゥ タン ザン タン
ときには	parfois		パるフォワ
たまに	rarement		らるマン
決して〜ない	\<ne\> jamais		〈ヌ〉 ジャメ
今	maintenant		メントゥナン
すぐに	tout de suite		トゥ ドゥ スイットゥ
さっき、もうすぐ	tout à l'heure		トゥ タ ルーる
あとで	plus tard		プリュー ターる
間もなく	bientôt		ビエントー
早く	tôt		トー
遅く	tard		ターる
朝早く	de bonne heure		ドゥ ボ ヌーる
早起きの	matinal(e)		マティナル
朝寝坊する	faire la grasse matinée		フェーる ラ グらス マティネー
夏時間	heure d'été	f	ウーる デテ

3章 ● 身近な言葉

身近な言葉
祝祭日

平日	jour ouvrable	m	ジューる ウーヴらーブル
休日／休暇	jour férié/congé	m / m	ジューる フェりエ／コンジェ
長期休暇、バカンス	vacances	f pl.	ヴァカンス
固定祝日	jour de fête fixe	m	ジューる ドゥ フェットゥ フィクス
移動祝日	jour de fête mobile	m	ジューる ドゥ フェットゥ モビール
元旦（1月1日）	le Jour de l'An	m	ル ジューる ドゥ ラン
復活祭（春分後最初の満月の次の日曜日）	Pâques	f pl.	パック
復活祭翌日の月曜日	le lundi de Pâques	m	ル レンディ ドゥ パック
メーデー（5月1日）	la Fête du Travail	f	ラ フェットゥ デュ トゥらヴァーユ
第2次世界大戦戦勝記念日（5月8日）	l'Armistice de 1945	m	らるミスティス ドゥ ミル ヌフサンカらントゥサンク
キリスト昇天祭（復活祭から39日後の木曜日）	l'Ascension	f	ラサンシオン
精霊降誕の主日（復活祭から7週間後の日曜日）	la Pentecôte	f	ラ パントゥコットゥ
精霊降誕主日の翌日の月曜日	le lundi de la Pentecôte	m	ル レンディ ドゥ ラ パントゥコットゥ
革命記念日（7月14日）	la Fête nationale	f	ラ フェットゥ ナシオナル
聖母マリアの被昇天記念日（8月15日）	l'Assomption	f	ラソンプシオン
諸聖人の大祝日（11月1日）	la Toussaint	f	ラ トゥッセン
第1次世界大戦戦記念日（11月11日）	l'Armistice de 1918	m	らるミスティス ドゥ ミルヌフサンディズィットゥ

● 祝祭日 ●

クリスマス (12月25日)	**Noël**	m	ノエル
祭	**fête**	f	フェトゥ
御公現の祝日	**l'Épiphanie**	f	レピファニー
聖バレンタインデー	**la Saint-Valentin**	f	ラ センヴァランテン
謝肉祭	**carnaval**	m	カるナヴァル
マルディ・グラ	**Mardi gras**	m	マるディ グら
枝の主日	**les Rameaux**	m pl.	レ らモー
母の日	**la Fête des Mères**	f	ラ フェトゥ デ メール
ハロウィーン	**Halloween**	f	アロウイン
聖カトリーヌ祭	**la Sainte-Catherine**	f	ラ セントゥカトゥりーヌ
大晦日	**la Saint-Sylvestre**	f	ラ センシルヴェストゥる

Column フランス人が熱狂するイベント

だれもが知っている「ツール・ド・フランス」のほかにも、フランス人が熱狂する行事はたくさんあります。

Paris-Dakar パリ・ダカール / Roland-Garos 全仏オープン
パリ ダカーる ろランガろス

le Festival de Cannes (m) カンヌ映画祭 / les 24 heures du
ル フェスティヴァル ドゥ カンヌ　　　　　　　　　レヴェントゥカトゥ るール デュ

Mans (f.pl) ル・マン24時間
マン

/ le Tour de France (m)
ル トゥーる ドゥ フらンス

ツール・ド・フランス

/ le Prix de l'Arc de Triomphe (m) 凱旋門賞
ル プリ ドゥ ラるク ドゥ トゥりオンフ

身近な言葉
冠婚葬祭

日本語	フランス語	性	読み
独身の	célibataire		セリバテール
既婚の	marié(e)		マリエ
同棲中の	en concubinage		アン コンキュビナージュ
同居人	cohabitant(e)	m/f	コアビタン(トゥ)
求婚	demande en mariage	f	ドゥマンドゥ アン マリアージュ
婚約	fiançailles	f pl.	フィアンサーユ
婚約者	fiancé(e)	m/f	フィアンセ
エンゲージリング	bague de fiançailles	f	バーグ ドゥ フィアンサーユ
結婚	mariage	m	マリアージュ
結婚届	déclaration de mariage	f	デクラらシオン ドゥ マリアージュ
結婚式	cérémonie de mariage	f	セれモニー ドゥ マリアージュ
新郎新婦	nouveaux mariés	m pl.	ヌーヴォー マリエ
結婚指輪	alliance de mariage	f	アリアンス ドゥ マリアージュ
結婚披露宴	banquet de mariage	m	バンケ ドゥ マリアージュ
ウェディングドレス	robe de mariage	f	ろーブ ドゥ マリアージュ
ウェディングケーキ	gâteau de noce	m	ガトー ドゥ ノース
新婚旅行	voyage de noces	m	ヴォワイヤージュ ドゥ ノース

結婚記念日	**anniversaire de mariage**	*m*	アニヴェるセール ドゥ マリアージュ
銀（金）婚式	**noces d'argent (d'or)**	*f pl.*	ノース ダるジャン（ドる）
離婚	**divorce**	*m*	ディヴォるス
再婚	**remariage**	*m*	るマリアージュ
通夜	**veillée funèbre**	*f*	ヴェイエ フュネーブる
葬式	**enterrement**	*m*	アンテるマン
葬列	**convoi funèbre**	*m*	コンヴォワ フュネーブる
墓地／墓	**cimetière/tombe**	*m f*	シミティエーる／トンブ
故人	**défunt(e)**	*m f*	デフェン（トゥ）
寡夫（婦）	**veuf(ve)**	*m f*	ヴッフ（ヴ）
生命保険	**assurance-vie**	*f*	アシュらンスヴィー
遺産	**héritage**	*m*	エりタージュ
遺言	**testament**	*m*	テスタマン

冠婚葬祭で使える表現

- Tous mes vœux de bonheur ! お幸せに！
  トゥ メ ヴー ドゥ ボヌーる
- Toutes mes condoléances. ご愁傷さまです。
  トゥットゥ メ コンドレアンス
- Félicitations ! おめでとう！
  フェリシタシオン
- Courage ! 元気を出して！
  クらージュ
- cadeau (m) プレゼント
  カドー
- bouquet (m) 花束
  ブーケ

身近な言葉
場所を示す

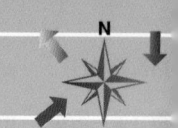

前に	**devant**	ドゥヴァン
正面に	**en face \<de\>**	アン ファス 〈ドゥ〉
後ろに	**derrière**	デリエール
隣に	**à côté \<de\>**	ア コテ 〈ドゥ〉
近くに	**près \<de\>**	プれ 〈ドゥ〉
遠くに	**loin \<de\>**	ロワン 〈ドゥ〉
右に	**à droite \<de\>**	ア ドゥろワットゥ 〈ドゥ〉
左に	**à gauche \<de\>**	ア ゴーシュ 〈ドゥ〉
間に	**entre**	アントゥる
角に	**au coin \<de\>**	オー コワン 〈ドゥ〉
真ん中に	**au milieu \<de\>**	オー ミリウー 〈ドゥ〉
周りに	**autour \<de\>**	オートゥーる 〈ドゥ〉
両側に	**des deux côtés \<de\>**	デ ドゥー コテ 〈ドゥ〉
奥に	**au fond \<de\>**	オー フォン 〈ドゥ〉
上に	**sur**	シューる
下に	**sous**	スー
中に	**dans**	ダン

● 場所を示す ●

内部に	**dedans**		ドゥダン
外に	**dehors**		ドゥオール
ここに	**ici**		イッシ
そこに	**là**		ラ
あそこに	**là-bas**		ラバ
あちこちに	**par-ci par-là**		パルシ パルラ
至るところに	**partout**		パルトゥー
東	**est**	*m*	エストゥ
西	**ouest**	*m*	ウエストゥ
南	**sud**	*m*	シュッドゥ
北	**nord**	*m*	ノール
フランス北部	**Nord**	*m*	ノール
フランス南部	**Midi**	*m*	ミディ
東の、東洋の	**oriental(e)**		オリアンタル
西の、西洋の	**occidental(e)**		オクシダンタル
南の、南仏の	**méridional(e)**		メリディオナル
北の	**septentrional(e)**		セプタントゥリオナル
北緯	**latitude nord**	*f*	ラティテュードゥ ノール
東経	**longitude est**	*f*	ロンジテュードゥ エストゥ

3章 ● 身近な言葉

身近な言葉
色彩

色	couleur	f	クルーる
色合い、色調	teinte	f	テントゥ
白い	blanc(he)		ブラン(シュ)
黒い	noir(e)		ノワーる
赤い／深紅の	rouge/pourpre		るージュ／プーるプる
ワインレッドの	bordeaux		ボるドー
オレンジ色の	orangé(e)		オランジェ
黄色い	jaune		ジョーヌ
黄褐色の	fauve		フォーヴ
グレーの	gris(e)		グリ(ーズ)
ベージュの	beige		ベージュ
クリーム色の	crème		クれーム
緑色の	vert(e)		ヴェーる(トゥ)
ピンクの	rose		ろーズ
紫色の／薄紫の	violet(te) /mauve		ヴィオレ(ットゥ)／モーヴ
茶褐色の	brun(e)		ブラン(りゅンヌ)
栗色の	marron		マろン

● 色彩

青い	**bleu(e)**	ブルー
紺色の	**bleu marine**	ブルー マリーヌ
藍色の	**indigo**	エンディゴ
金色の	**doré(e)**	ドレ
銀色の	**argenté(e)**	アるジャンテ
金髪の	**blond(e)**	ブロン（ドゥ）
無色の	**incolore**	エンコローる
透明の	**transparent(e)**	トゥらンスパらン（トゥ）
明るい、淡い	**clair(e)**	クレーる
暗い	**sombre**	ソンブる
濃い	**foncé(e)**	フォンセ

3章 ● 身近な言葉

色を使ったおもしろい表現

- gris(e) ほろ酔いの
  グり（ーズ）
- carte bleue (f) クレジットカード
  かるトゥ　ブルー
- passer une nuit blanche　徹夜する
  パセ　ユヌ　ニュイ　ブランシュ
- travailler au noir　不法労働をする
  トゥらヴァイエ　オー　ノワーる
- y voir rouge　激怒する
  イ ヴォワーる るージュ
- rire jaune　無理して笑う
  りーる　ジョーヌ
- voir tout en rose　すべてを楽観視する
  ヴォワーる　トゥー　アン　ローズ

身近な言葉
形・大きさ・質

丸い	rond(e)	ロン（ドゥ）
だ円の、卵形の	ovale	オヴァール
三角形の	triangulaire	トゥリアンギュレール
四角の	carré(e)	カレ
六角形の	hexagonal(e)	エクサゴナル
球状の	sphérique	スフェリック
らせん状の	en spirale	アン スピラル
大きい	grand(e)	グラン（ドゥ）
小さい	petit(e)	プティ（ットゥ）
高い	haut(e)	オー（トゥ）
低い	bas(se)	バ（ス）
太い	gros(se)	グロ（ッス）
細い	fin(e)	フェン（フィーヌ）
硬い	dur(e)	デューる
軟らかい	mou(molle)	ムー（モル）
重い	lourd(e)	ルーる（ドゥ）
軽い	léger(ère)	レジェ（ーる）

● 形・大きさ・質 ●

厚い	épais(se)	エペ (ス)
薄い	mince	メンス
直線の	rectiligne	れクティリーニュ
曲線の	courbe	クーるブ
弓形の	arqué(e)	アるケ
長い	long(ue)	ロン (グ)
短い	court(e)	クーる (トゥ)
広い	large	らるジュ
狭い	étroit(e)	エトゥろワ (ットゥ)
強い	fort(e)	フォーる (トゥ)
もろい	faible	フェーブル
丈夫な	solide	ソリッドゥ
壊れやすい	fragile	フらジル
平らな	plat(e)	プラ (ットゥ)
でこぼこの	inégal(e)	イネガル
尖った	pointu(e)	ポワンテュ
へこんだ	cre<u>u</u>x(se)	クるー (ズ)
滑らかな	lisse	リス
ざらざらした	rude	りゅードゥ

3章 ● 身近な言葉

身近な言葉
単位

グラム	**gramme [g]**	*m*	グラム
キログラム	**kilo [kg]**	*m*	キロ
500グラム	**livre**	*f*	リーヴる
トン	**tonne [t]**	*f*	トヌ
ミリメートル	**millimètre [mm]**	*m*	ミリメートゥる
センチメートル	**centimètre [cm]**	*m*	サンティメートゥる
メートル	**mètre [m]**	*m*	メートゥる
キロメートル	**kilomètre [km]**	*m*	キロメートゥる
平方メートル	**mètre carré [m²]**	*m*	メートゥる カれ
立法メートル	**mètre cube [m³]**	*m*	メートゥる キューブ
リットル	**litre [ℓ]**	*m*	リートゥる
センチリットル	**centilitre [cℓ]**	*m*	サンティリートゥる
マイル	**mille anglais**	*m*	ミル アングレ
ヘクタール	**hectare [ha]**	*m*	エクターる
回	**fois**	*f*	フォワ
人	**personne**	*f*	ぺるソンヌ
個	**pièce**	*f*	ピエス

● 単位

枚	feuille	f	フーユ
冊	volume	m	ヴォリューム
一組（ハサミ、靴など）	paire	f	ペール
カートン（煙草の）	cartouche	f	カルトゥーシュ
籠（野菜など）	barquette	f	バルケットゥ
切れ（ハムなど）	tranche	f	トゥランシュ
袋	sac	m	サック
瓶	bouteille	f	ブテーユ
箱、ケース	boîte	f	ボワットゥ
包み、パック	paquet	m	パッケ
缶	bidon	m	ビドン
度（気温、角度など）	degré	m	ドゥグレ
バレル	baril	m	バリル

〈関連単語〉

距離　distance (f)　ディスタンス

重量　poids (m)　ポワ

面積　superficie (f)　シュペルフィシー

体積　volume (m)　ヴォリューム

容積　capacité (f)　カパシテ

時速　vitesse à l'heure (f)　ヴィテス ア ルール

3章 ● 身近な言葉

身近な言葉
通貨

日本語	フランス語	性	読み
お金	argent	m	アるジャン
紙幣	billet	m	ビエ
小銭、お釣り	monnaie	f	モネー
現金、液体	liquide	m	リキッドゥ
小切手	chèque	m	シェック
トラベラーズチェック	chèque de voyage	m	シェック ドゥ ヴォワイヤージュ
両替する	changer		シャンジェ
副署する	contresigner		コントゥるシニエ
外貨	devises étrangères	f	ドゥヴィズ エトゥらンジェーる
為替レート	taux des devises	m	トー デ ドゥヴィズ
手数料	commission	f	コミシオン
ユーロ	euro	m	ウーろ
サンチーム	centime	m	サンティーム
ポンド（イギリスの）	livre sterling	m	リーヴる ステるリング
クローネ（北欧の）	couronne	f	クろンヌ
ドル	dollar	m	ドラーる
スイスフラン	franc suisse	m	フらン シュイッス

● 通貨 ●

ルーブル(ロシアの)	**rouble**	m	るーブル
円	**yen**	m	イエンヌ
元(中国の)	**yuan**	m	ユアンヌ
ウォン(韓国の)	**won**	m	ウォン
支払う	**payer**		ペイエ
現金化する	**toucher**		トゥーシェ
領収書、レシート	**reçu**	m	るシュー
計算書、請求書	**facture**	f	ファクテューる
現金自動預け払い機	**distributeur de billets**	m	ディストゥりビュトゥーる ドゥ ビエ
キャッシュカード	**carte bancaire**	f	カるトゥ バンケーる
暗証番号	**numéro de code secret**	m	ニュメロ ドゥ コードゥ スクれ
電子マネー	**monnaie électronique**	f	モネー エレクトゥろニック
通貨統合	**unification de la monnaie**	f	ユニフィカシオン ドゥ ラ モネー

Column 富を表すことば

お金持ちほどケチだとよく言われますが、フランス語でケチは avare と言います。ほかにも、次のような表現があります。

riche 金持ちの / pauvre 貧乏な
りッシュ　　　　　ポーヴる

généreux(se) 気前がいい
ジェネるー(ズ)

économe 倹約している
エコノム

prodigue 浪費家の / radin しみったれ
プろディーグ　　　　　らデン

3章●身近な言葉

身近な言葉
大陸・国家

北半球	hémisphère boréal	m	エミスフェール ボれアル
南半球	hémisphère austral	m	エミスフェール オーストゥらル
ヨーロッパ	Europe	f	ウろップ
アジア	Asie	f	アジー
中東	Moyen-Orient	m	モワイエノりアン
極東	Extrême-Orient	m	エクストゥれームオりアン
オセアニア	Océanie	f	オセアニー
アフリカ	Afrique	f	アフリック
マグレブ（アフリカ北西部）	Maghreb	m	マグれブ
北アメリカ	Amérique du Nord	f	アメりック デュ ノール
ラテンアメリカ	Amérique latine	f	アメりック ラティーヌ
北極	pôle Nord	m	ポール ノール
南極	pôle Sud	m	ポール シュッドゥ
熱帯	zone tropicale	f	ゾーヌ トゥろピカル
亜熱帯	zone subtropicale	f	ゾーヌ シュブトゥろピカル
温帯	zone tempérée	f	ゾーヌ タンペれ
寒帯	zone froide	f	ゾーヌ フろワッドゥ

● 大陸・国家 ●

国、地方	**pays**	m	ペイ
国家、国民	**nation**	f	ナシオン
共和国	**république**	f	れピュブリック
帝国	**empire**	m	アンピール
先進国	**pays développé**	m	ペイ デヴロッペ
発展途上国	**pays en voie de développement**	m	ペイ アン ヴォワ ドゥ デヴロップマン
領土	**territoire**	m	テリトワール
祖国	**patrie**	f	パトゥリー
外国	**étranger**	m	エトゥらンジェ
植民地	**colonie**	f	コロニー
海外県	**département outre-mer**	m	デパるトゥマン ウートゥるメール

3章 ● 身近な言葉

Column 王族を表すことば

ルイ十六世王妃のマリー・アントワネットは、浪費家で知られ、「赤字夫人」というあだ名まであったそうです。

royaume (m) 王国 / monarchie (f) 君主国
ロワイヨーム　　　　　　　　モナるシー

roi (m) 王 / reine (f) 女王
ロワ　　　　れーヌ

prince (m) 王子
プランス

princesse (f) 王女
プランセス

empereur (m) 皇帝、天皇
アンプるール

impératrice (f) 女帝、皇后
エンペらトゥりス

身近な言葉
国名①…ヨーロッパ

フランス	**France**	*f*	フらンス
イギリス	**Angleterre**	*f*	アングルテーる
アイルランド	**Irlande**	*f*	イるランドゥ
ドイツ	**Allemagne**	*f*	アルマーニュ
イタリア	**Italie**	*f*	イタリー
スペイン	**Espagne**	*f*	エスパーニュ
ポルトガル	**Portugal**	*m*	ポるテュガル
オランダ	**Pays-Bas**	*m pl.*	ペイバ
ベルギー	**Belgique**	*f*	ベルジック
ルクセンブルク	**Luxembourg**	*m*	リュクサンブーる
ギリシャ	**Grèce**	*f*	グれース
ポーランド	**Pologne**	*f*	ポローニュ
リトアニア	**Lituanie**	*f*	リテュアニー
チェコ	**République tchèque**	*f*	れピュブリック チェック
スロバキア	**Slovaquie**	*f*	スロヴァキー
オーストリア	**Autriche**	*f*	オートゥりッシュ
ハンガリー	**Hongrie**	*f*	オングりー

● 国名①…ヨーロッパ

ルーマニア	**Roumanie**	f	るーマニー
ブルガリア	**Bulgarie**	f	ビュルガリー
スロベニア	**Slovénie**	f	スロヴェニー
デンマーク	**Danemark**	m	ダヌマるク
スウェーデン	**Suède**	f	シュエッドゥ
フィンランド	**Finlande**	f	フェンランドゥ
ノルウェー	**Norvège**	f	ノるヴェージュ
スイス	**Suisse**	f	シュイッス
アイスランド	**Islande**	f	イスランドゥ
マケドニア	**Macédoine**	f	マセドワーヌ
コソボ	**Kosovo**	m	コソヴォ
ウクライナ	**Ukraine**	f	ユクれーヌ
ロシア	**Russie**	f	りゅシー

3章 ●身近な言葉

国に関連したことば

- drapeau national (m)　国旗
  ドゥらポー　ナシオナル
- hymne national (m)　国歌
  イムヌ　ナシオナル
- frontière (f)　国境
  フろンティエーる
- espace aérien (m)　領空
  エスパス　アエりエン
- eaux territoriales (f, pl)　領海
  オー　テりトりアル
- zone économique (f)　経済水域
  ゾーヌ　エコノミック

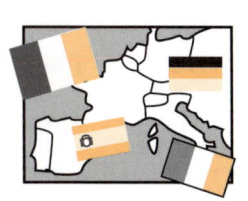

身近な言葉
国名②…その他の国

日本	**Japon**	m	ジャポン
韓国	**Corée du Sud**	f	コれー デュ シュッドゥ
中国	**Chine**	f	シーヌ
ベトナム	**Viêt-Nam**	m	ヴィエトゥナム
タイ	**Thaïlande**	f	タイランドゥ
インドネシア	**Indonésie**	f	エンドネジー
インド	**Inde**	f	エンドゥ
サウジアラビア	**Arabie Saoudite**	f	アらビー サウディットゥ
クウェート	**Koweït**	m	コヴァイ
イラク	**Irak**	m	イらク
イラン	**Iran**	m	イらン
パレスチナ	**Palestine**	f	パレスティーヌ
イスラエル	**Israël**	m	イスらエル
シリア	**Syrie**	f	シりー
レバノン	**Liban**	m	リバン
トルコ	**Turquie**	f	テュるキー
オーストラリア	**Australie**	f	オーストゥらリー

● 国名②…その他の国 ●

ニュージーランド	**Nouvelle-Zélande**	*f*	ヌーヴェルゼランドゥ
アメリカ合衆国	**États-Unis**	*m pl.*	エタジュニ
カナダ	**Canada**	*m*	カナダ
メキシコ	**Mexique**	*m*	メクシック
ベネズエラ	**Venezuela**	*m*	ヴェネジュエラ
アルゼンチン	**Argentine**	*f*	アるジャンティーヌ
ブラジル	**Brésil**	*m*	ブれジル
モロッコ	**Maroc**	*m*	マろック
アルジェリア	**Algérie**	*f*	アルジェりー
チュニジア	**Tunisie**	*f*	テュニジー
エジプト	**Égypte**	*f*	エジプトゥ
セネガル	**Sénégal**	*m*	セネガル
コートジボワール	**Côte d'Ivoire**	*f*	コートゥディヴォワーる

3章 ● 身近な言葉

国際関係に関連したことば

● diplomatie (f) 外交
　ディプロマシー

● diplomate (m) 外交官
　ディプロマットゥ

● aide à l'étranger (f) 対外援助
　エードゥ ア レトゥらンジェ

● aide humanitaire (f) 人道的援助
　エードゥ ユマニテーる

● O.N.G. (f) NGO（非政府組織）
　オーエヌジェー

身近な言葉
国籍①…ヨーロッパ

フランス人	**Français(e)**	m / f	フ랑セ (ーズ)
イギリス人	**Anglais(e)**	m / f	アングレ (ーズ)
アイルランド人	**Irlandais(e)**	m / f	イるランデ (ーズ)
ドイツ人	**Allemand(e)**	m / f	アルマン (ドゥ)
イタリア人	**Italien(ne)**	m / f	イタリエン (ヌ)
スペイン人	**Espagnol(e)**	f	エスパニョール
ポルトガル人	**Portugais(e)**	m / f	ポるテュゲ (ーズ)
オランダ人	**Hollandais(e)**	m / f	オランデ (ーズ)
ベルギー人	**Belge**	m / f	ベルジュ
ルクセンブルク人	**Luxembourgeois(e)**	m / f	リュクサンブるジョワ (ーズ)
ギリシャ人	**Grec(que)**	m / f	グレック
ポーランド人	**Polonais(e)**	f	ポロネ (ーズ)
リトアニア人	**Lituanien(ne)**	m / f	リテュアニエン (ヌ)
チェコ人	**Tchèque**	m / f	チェック
スロバキア人	**Slovaque**	m / f	スロヴァック
オーストリア人	**Autrichien(ne)**	m / f	オートゥりシエン (ヌ)
ハンガリー人	**Hongrois(e)**	m / f	オングろワ (ーズ)

● 国籍①…ヨーロッパ

ルーマニア人	**Roumain(e)**	m f	るーメン（メーヌ）
ブルガリア人	**Bulgare**	m f	ビュルガール
スロベニア人	**Slovène**	m f	スロヴェーヌ
デンマーク人	**Danois(e)**	m f	ダノワ（ーズ）
スウェーデン人	**Suédois(e)**	m f	シュエドワ（ーズ）
フィンランド人	**Finlandais(e)**	m f	フェンランデ（ーズ）
ノルウェー人	**Norvégien(ne)**	m f	ノるヴェジエン（ヌ）
スイス人	**Suisse**	m f	シュイッス
アイスランド人	**Islandais(e)**	m f	イスランデ（ーズ）
マケドニア人	**Macédonien(ne)**	m f	マセドニエン（ヌ）
コソボ人	**Kosovar(e)**	m f	コソヴァーる
ウクライナ人	**Ukrainien(ne)**	m f	ユクれニエン（ヌ）
ロシア人	**Russe**	m f	りゅス

〈関連単語〉

ヨーロッパ人	Européen(ne) (m, f) ウーろペエン（ヌ）
ラテン人	Latin(e) (m, f) ラテン（ティーヌ）
ゲルマン人	Germain(e) (m, f) ジェるメン（メーヌ）
スラブ人	Slave (m, f) スラッヴ
ユダヤ人	Juif(ve) (m, f) ジュイッフ（ヴ）

身近な言葉
国籍②…その他の国

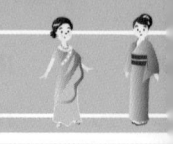

日本人	**Japonais(e)**	m / f	ジャポネ（ーズ）
韓国人	**Coréen(ne)**	m / f	コれエン（ヌ）
中国人	**Chinois(e)**	m / f	シノワ（ーズ）
ベトナム人	**Vietnamien(ne)**	m / f	ヴィエトゥナミエン（ヌ）
タイ人	**Thaïlandais(e)**	m / f	タイランデ（ーズ）
インドネシア人	**Indonésien(ne)**	m / f	エンドネジエン（ヌ）
インド人	**Indien(ne)**	m / f	エンディエン（ヌ）
サウジアラビア人	**Saoudien(ne)**	m / f	サウディエン（ヌ）
クウェート人	**Koweitien(ne)**	m / f	コヴァイシエン（ヌ）
イラク人	**Irakien(ne)**	m / f	イらキエン（ヌ）
イラン人	**Iranien(ne)**	m / f	イらニエン（ヌ）
パレスチナ人	**Palestinien(ne)**	m / f	パレスティニエン（ヌ）
イスラエル人	**Israélien(ne)**	m	イスらエリエン（ヌ）
シリア人	**Syrien(ne)**	m / f	シりエン（ヌ）
レバノン人	**Libanais(e)**	m / f	リバネ（ーズ）
トルコ人	**Turc(que)**	m / f	テュるク
オーストラリア人	**Australien(ne)**	m / f	オーストゥらリエン（ヌ）

● 国籍②…その他の国

ニュージーランド人	**Néo-Zélandais(e)**	m / f	ネオゼランデ(ーズ)
アメリカ人	**Américain(e)**	m / f	アメりケン(ヌ)
カナダ人	**Canadien(ne)**	m / f	カナディエン(ヌ)
メキシコ人	**Mexicain(e)**	m / f	メクシケン(ヌ)
ベネズエラ人	**Vénézuélien(ne)**	m / f	ヴェネジュエリエン(ヌ)
アルゼンチン人	**Argentin(e)**	m / f	アるジャンテン(ティーヌ)
ブラジル人	**Brésilien(ne)**	m / f	ブれジリエン(ヌ)
モロッコ人	**Marocain(e)**	m / f	マろケン(ケーヌ)
アルジェリア人	**Algérien(ne)**	m / f	アルジェりエン(ヌ)
チュニジア人	**Tunisien(ne)**	m / f	テュニジエン(ヌ)
エジプト人	**Égyptien(ne)**	m / f	エジプシエン(ヌ)
セネガル人	**Sénégalais(e)**	m	セネガレ(ーズ)
コートジボワール人	**Ivoirien(ne)**	m / f	イヴォワりエン(ヌ)

〈関連単語〉

アジア人　Asiatique (m, f)　　アフリカ人　Africain(e) (m, f)
　　　　　アジアティック　　　　　　　　　　　アフりケン(ケーヌ)

ラテンアメリカ人　Latino-américain(e)
　　　　　　　　　ラティノアメりケン(ケーヌ)

マグレブ人　Maghrébin(e) (m, f)
　　　　　　マグれベン(ビーヌ)

人種　race (f)　　国籍　nationalité (f)
　　　らス　　　　　　　　ナショナリテ

移民　immigré (e) (m, f)
　　　イミグれ

身近な言葉
都市・地方①…フランス

パリ	**Paris**	パり
ヴェルサイユ	**Versailles**	ヴェるサーユ
リール	**Lille**	リール
ルーアン	**Rouen**	るワン
ナント	**Nantes**	ナントゥ
サン=マロ	**Saint-Malo**	センマロ
ブレスト	**Brest**	ブれストゥ
ランス	**Reims**	れンス
ストラスブール	**Strasbourg**	ストゥらスブーる
ディジョン	**Dijon**	ディジョン
リヨン	**Lyon**	リヨン
グルノーブル	**Grenoble**	グるノーブル
アヴィニオン	**Avignon**	アヴィニヨン
エクス=アン=プロバンス	**Aix-en-Provence**	エクサンプろヴァンス
マルセーユ	**Marseille**	マるセーユ
ニース	**Nice**	ニース
トゥールーズ	**Toulouse**	トゥるーズ

● 都市・地方①…フランス ●

ボルドー	**Bordeaux**		ボるドー
イール=ド=フランス	**Île-de-France**	f	イールドゥフらンス
ノルマンディー地方	**Normandie**	f	ノるマンディー
ブルターニュ地方	**Bretagne**	f	ブるターニュ
シャンパーニュ地方	**Champagne**	f	シャンパーニュ
アルザス地方	**Alsace**	f	アルザス
サヴォワ地方	**Savoie**	f	サヴォワ
ブルゴーニュ地方	**Bourgogne**	f	ブるゴーニュ
プロバンス地方	**Provence**	f	プろヴァンス
ガスコーニュ地方	**Gascogne**	f	ガスコーニュ
バスク地方	**Pays Basque**	m	ペイ バスク
オーベルニュ地方	**Auvergne**	f	オーヴェるニュ
コートダジュール	**Côte d'Azur**	f	コートダジューる
パリの人	**Parisien(ne)**	m f	パりジエン (ヌ)
リヨンの人	**Lyonnais(e)**	m f	リヨネ (ーズ)
マルセーユの人	**Marseillais(e)**	m f	マるセイエ (ーズ)
ニースの人	**Niçois(e)**	m f	ニソワ (ーズ)
ブルターニュ地方の人	**Breton(ne)**	m f	ブるトン (ヌ)
アルザス地方の人	**Alsacien(ne)**	m f	アルザシエン (ヌ)

3章 ● 身近な言葉

身近な言葉
都市・地方②…ヨーロッパ

ローマ	**Rome**	ろーム
ミラノ	**Milan**	ミラン
フィレンツェ	**Florence**	フロランス
ベニス	**Venise**	ヴニーズ
ナポリ	**Naples**	ナプル
ベルリン	**Berlin**	べるレン
ミュンヘン	**Munich**	ミュニック
ハンブルク	**Hambourg**	アンブーる
フランクフルト	**Francfort**	フらンフォーる
ケルン	**Cologne**	コローニュ
チューリッヒ	**Zurich**	ジュリック
ジュネーブ	**Genève**	ジュネーヴ
ベルン	**Berne**	べるヌ
マドリッド	**Madrid**	マドゥりッドゥ
バルセロナ	**Barcelone**	バるセローヌ
リスボン	**Lisbonne**	リスボンヌ
アテネ	**Athènes**	アテーヌ

● 都市・地方②…ヨーロッパ ●

ブリュッセル	**Bruxelles**		ブりゅッセル
アントワープ	**Anvers**		アンヴェーる
アムステルダム	**Amsterdam**		アムステるダム
ハーグ	**La Haye**	f	ラ エイ
コペンハーゲン	**Copenhague**		コペナーグ
ロンドン	**Londres**		ロンドゥる
ダブリン	**Dublin**		デュブレン
ワルシャワ	**Varsovie**		ヴァるソヴィー
プラハ	**Prague**		プらーグ
ウィーン	**Vienne**		ヴィエンヌ
ブダペスト	**Budapest**		ビュダペストゥ
モスクワ	**Moscou**		モスクー
サンクトペテルスブルク	**Saint-Pétersbourg**		センペテるブーる
ベルギーのフランス語地域	**Wallonie**	f	ワロニー
スイスのフランス語地域	**Suisse romande**	f	シュイッス ろマンドゥ
ロンドンの人	**Londonien(ne)**	m/f	ロンドニエン（ヌ）
ウィーンの人	**Viennois(e)**	m/f	ヴィエノワ（ーズ）
ミラノの人	**Milanais(e)**	m/f	ミラネ（ーズ）
モスクワの人	**Moscovite**	m/f	モスコヴィットゥ

3章●身近な言葉

身近な言葉
都市・地方③…その他

ソウル	**Séoul**		セウール
北京	**Pékin**		ペケン
上海	**Shanghai**		シャンガイ
香港	**Hong Kong**		オンコン
ハノイ	**Hanoi**		アノーユ
バンコク	**Bangkok**		バンコック
シンガポール	**Singapour**		センガプーる
ニューデリー	**New Dehli**		ニューデリー
テヘラン	**Téhéran**		テエらン
メッカ	**la Mecque**	*f*	ラ メック
エルサレム	**Jérusalem**		ジェりゅザレム
テルアビブ	**Tel Aviv**		テラヴィヴ
ダマスカス	**Damas**		ダマス
イスタンブール	**Istanbul**		イスタンブール
メルボルン	**Melbourne**		メルブるヌ
カイロ	**le Caire**	*m*	ル ケーる
チュニス	**Tunis**		テュニス

● 都市・地方③…その他

アルジェ	**Alger**	アルジェ
ラバト	**Rabat**	らバ
カサブランカ	**Casablanca**	カサブランカ
ダカール	**Dakar**	ダカーる
ヨハネスブルグ	**Johannesburg**	ジョアヌスブるグ
モントリオール	**Montréal**	モンれアル
ワシントン	**Washington**	ワシントン
ニューヨーク	**New York**	ヌヨるク
ロサンゼルス	**Los Angeles**	ロサンジュレス
メキシコシティー	**Mexico**	メクシコ
カラカス	**Caracas**	からカース
リオデジャネイロ	**Rio de Janeiro**	りオドゥジャネーろ
ブエノスアイレス	**Buenos Aires**	ビュエノゼーる

言語や地域によるつながり

● 英語国　pays anglophone (m)
　　　　　ペイ　アングロフォーヌ

● フランス語圏アフリカ　Afrique francophone (f)
　　　　　　　　　　　　アフリック　　フランコフォーヌ

● アラビア語使用者　arabophone (m, f)
　　　　　　　　　　アらボフォーヌ

● アラブ連盟　Ligue arabe (f)
　　　　　　　リーグ　アらッブ

● アフリカ連合　l'Union africaine (f)
　　　　　　　　リュニオン　アフリケーヌ

＊定冠詞 l' を必要とする母音で始まる
　固有名詞は、発音に影響があるため、
　定冠詞つきで載せています

3章　身近な言葉

身近な言葉
からだ ①

身体	**corps**	*m*	コーる
頭	**tête**	*f*	テットゥ
顔	**visage**	*m*	ヴィザージュ
額	**front**	*m*	フロン
片目	**œil**	*m*	ウーユ
両目	**yeux**	*m pl.*	イウー
鼻	**nez**	*m*	ネ
口	**bouche**	*f*	ブッシュ
唇	**lèvre**	*f*	レーヴる
舌	**langue**	*f*	ラング
歯	**dent**	*f*	ダン
頬	**joue**	*f*	ジュー
耳	**oreille**	*f*	オれーユ
首	**cou**	*m*	クー
顎	**menton**	*m*	マントン
のど	**gorge**	*f*	ゴるジュ
肩	**épaule**	*f*	エポール

● からだ① ●

背中	dos	m	ド
胸	poitrine	f	ポワトゥりーヌ
乳房	sein	m	セン
腕	bras	m	ブラ
手	main	f	メン
手のひら	paume	f	ポーム
手首	poignet	m	ポワニエ
手の指	doigt	m	ドワ
肘	coude	m	クードゥ
腹	ventre	m	ヴァントゥる
腰	reins	m pl.	れン
太もも	cuisse	f	キュイッス
尻	fesses	f pl.	フェス
髪の毛	cheveu	m	シュヴー
体毛	poil	m	ポワル
眉	sourcil	m	スーるシ
まつげ	cil	m	シル
あごひげ	barbe	f	バるブ
口ひげ	moustache	f	ムスタッシュ

3章 身近な言葉

身近な言葉
からだ ②

膝 (ひざ)	**genou**	m	ジュヌー
脚	**jambe**	f	ジャンブ
足	**pied**	m	ピエ
足首	**cheville**	f	シュヴィーユ
足の指	**orteil**	m	オルテーユ
かかと	**talon**	m	タロン
ふくらはぎ	**mollet**	m	モレ
陰茎	**pénis**	m	ペニス
肛門	**anus**	m	アニュス
皮膚	**peau**	f	ポー
爪	**ongle**	m	オングル
骨	**os**	m	オス
骨格	**ossature**	f	オサテューる
頭蓋骨	**crâne**	m	クラーヌ
背骨	**colonne vertébrale**	f	コロンヌ ヴェるテブラル
肋骨	**côte**	f	コットゥ
脳	**cerveau**	m	セるヴォー

● からだ②

心臓	cœur	m	クール
肺	poumon	m	プーモン
気管支	bronche	f	ブロンシュ
胃	estomac	m	エストマ
食道	œsophage	m	エゾファージュ
小腸	intestin grêle	m	エンテステン グれール
大腸	gros intestin	m	グろ ゼンテステン
十二指腸	duodénum	m	デュオデノム
肝臓	foie	m	フォワ
腎臓	rein	m	れン
膵臓	pancréas	m	パンクれアス
直腸	rectum	m	れクトム
盲腸	cœcum	m	セコム

Column 動作を表すことば

からだの生理現象などについては、次のような表現を用いて表します。

respirer 呼吸する / souffler 息を吐く
れスピれ　　　　　　　スーフレ

pleurer 泣く / bâiller あくびする
プルーれ　　　　　バイエ

tousser せきをする
トゥーセ

éternuer くしゃみをする
エテるニュエ

身近な言葉
からだ③

神経	**nerf**	*m*	ネーる
関節	**articulation**	*f*	アるティキュラシオン
筋肉	**muscle**	*m*	ミュスクル
粘膜	**muqueuse**	*f*	ミュクーズ
血管	**vaisseau sanguin**	*m*	ヴェーソー サンゲン
動脈	**artère**	*f*	アるテーる
静脈	**veine**	*f*	ヴェーヌ
血	**sang**	*m*	サン
赤（白）血球	**globule <u>rouge</u> (blanc)**	*m*	グロビュール <u>るージュ</u>（ブラン）
リンパ腺	**ganglion lymphatique**	*m*	ガングリオン レンファティック
リンパ液	**lymphe**	*f*	レンフ
分泌	**sécrétion**	*f*	セクれシオン
汗	**sueur**	*f*	シュウーる
涙	**larme**	*f*	ラるム
つば	**salive**	*f*	サリーヴ
鼻水	**morve**	*f*	モるヴ
大便	**fèces**	*f. pl.*	フェス

● からだ③

小便	**urine**	*f*	ユりーヌ
生理	**règles**	*f pl.*	れグル
障害のある	**handicapé(e)**		アンディカッペ
マヒしている	**paralysé(e)**		パらリゼ
目が見えない	**aveugle**		アヴーグル
耳が聞こえない	**sourd(e)**		スール（ドゥ）
口がきけない	**muet(te)**		ミュエ（ットゥ）
足の不自由な	**boiteux(se)**		ボワトゥー（ズ）
近視	**myopie**	*f*	ミオピー
乱視	**astigmatisme**	*m*	アスティグマティスム
手話	**chirologie**	*f*	シロロジー
補聴器	**appareil acoustique**	*m*	アパれーユ アクースティック
車椅子	**fauteuil roulant**	*m*	フォートゥーユ るーラン

Column 五感を表すことば

人間の大事な感覚である五感は、次のことばで表します。

les cinq sens (m, pl) 五感
レ　センク　サンス

vue (f) 視覚　　ouïe (f) 聴覚
ヴュー　　　　　　ウイ

goût (m) 味覚　odorat (m) 臭覚
グー　　　　　　　オドら

toucher (m) 触覚
トゥッシェ

À propos!

統合が着々と進んでいる EU

さまざまな紆余曲折を経ながらも、ヨーロッパは EU（正式には l'Union européenne (f) ですが、略して l'UE とも書きます）として着実に統合の道を進んでいます。人の往来が自由になり、外国に職を求めやすくなりました。

EU は統合をさらに促進するため、語学レベルを保証する試験のヨーロッパ共通参照枠（CECR (m)）を 2001 年に創設しました。人々はこの資格を得ることで、外国企業への就職の際の差別がなくなります。そのため、EU 内発展途上国の語学熱はすさまじいものがあります。「～国人」という言葉が意味を失い、例えば「英語とフランス語とスペイン語の堪能な EU 人」というように言われる時代が、もうすぐ訪れる気がします。

しかし同時に、別の問題も起こり始めました。EU 内への入国が簡単になったため、アフリカなどからの「密入国 entrée clandestine (f) アントゥれ クランデスティーヌ）による「不法移民 immigré(e) illégal(e) (m, f) イミグれ イレガル」が後を絶ちません。そして、日々の糧を得るために行われる不法な「売春 prostitution (f) プろスティテューシオン」、「密輸 contrebande (f) コントゥるバンドゥ）、「麻薬取引 traffic de drogues (m) トゥらフィック ドゥ ドゥろッグ」）などの犯罪に各国は悩まされています。

さらには国際情勢の不安定化に伴い、「テロ terrorisme (m) テろりスム」の危険が増大してきました。警察官は「暗殺 assassinat (m) アサシナ」、「テロ行為 attentat (m) アタンタ」、「ハイジャック piraterie aérienne (f) ピらトゥりー アエりエンヌ」などに厳重な警戒を行っています。不審な行動をとっていると見なされれば、すぐさま「身分証明書 carte d'identité (f) カるトゥ ディダンティテ」の提示を求められるでしょう。

4章

日常生活

日常生活 [生活]

一日の行動

日常生活	vie quotidienne	*f*	ヴィー コティディエンヌ
目覚める	se réveiller		ス れヴェイエ
起きる	se lever		ス ルヴェ
顔を洗う	se laver le visage		ス ラヴェル ヴィザージュ
歯を磨く	se brosser les dents		ス ブロセ レ ダン
朝食をとる	prendre son petit déjeuner		プらンドゥる ソン プティ デジュネ
トイレに行く	aller aux toilettes		アレー オー トワレットゥ
服を着る	s'habiller		サビエ
化粧をする	se maquiller		ス マキエ
髪をとかす	se peigner		ス ペニエ
ひげを剃る	se raser		ス らゼ
家を出る	quitter la maison		キテ ラ メゾン
学校に着く	arriver à l'école		アりヴェ ア レコール
授業に出席する	assister aux cours		アシステ オー クーる
昼食をとる	déjeuner		デジュネ
昼寝をする	faire la sieste		フェーる ラ シエストゥ
友だちの家へ寄る	passer chez un(e) ami(e)		パセ シェ ゼン (ジュ) ナミ

114

● [生活] 一日の行動 ●

友だちとおしゃべりする	bavarder avec un(e) ami(e)	バヴァるデ アヴェック アン(キュン) ナミ
外出する、デートをする	sortir（partir型）	ソるティーる
ショッピングをする	faire du shopping	フェーる デュ ショピング
買い物をする	faire des courses	フェーる デ クるス
家へ帰る	rentrer à la maison	らントゥれ ア ラ メゾン
夕食の支度をする	préparer le dîner	プれパれ ル ディネ
夕食をとる	dîner	ディネ
タバコを吸う	fumer	フュメ
テレビを観る	regarder la télé	るガるデ ラ テレ
ラジオを聴く	écouter la radio	エクテ ラ らディオ
勉強する、働く	travailler	トゥらヴァイエ
読書する	lire	リーる
電話する	téléphoner	テレフォネ
ネットサーフィンをする	surfer sur le Net	スるフェ シューる ル ネットゥ
メールを送る	envoyer un e-mail	アンヴォワイエ エン イーメール
シャワーを浴びる	se doucher	ス ドゥッシェ
風呂に入る	prendre son bain	プらンドゥる ソン ベン
寝る	se coucher	ス クッシェ
眠る	dormir（partir型）	ドるミーる

4章 ● 日常生活

日常生活 [生活]
家事・育児

日本語	フランス語	性	カナ
料理	cuisine	f	キュイジーヌ
食器洗い	vaisselle	f	ヴェッセル
洗濯	lessive	f	レシッヴ
掃除	ménage	m	メナージュ
裁縫	couture	f	クテュール
編み物	tricotage	m	トゥりコタージュ
日曜大工	bricolage	m	ブりコラージュ
食器を並べる	mettre le couvert		メトゥる ル クヴェール
食器を片づける	ôter le couvert		オテル クヴェール
掃(は)く	balayer		バレイエ
拭(ふ)く	essuyer		エシュイエ
掃除機をかける	passer l'aspirateur		パセ ラスピらトゥール
ほこりを払う	épousseter		エプステ
布巾でふく	donner un coup de torchon		ドネ エン クー ドゥ トるション
ワックスをかける	cirer		シれ
ごみを捨てる	jeter les ordures		ジュテ レ ゾるデュール
芝を刈る	tondre le gazon (attendre型)		トンドゥる ル ガゾン

● [生活] 家事・育児

洗う	**laver**	ラヴェ
漂白する	**blanchir**	ブランシーる
乾かす	**sécher**	セシェ
アイロンをかける	**repasser**	るパセ
たたむ	**replier**	るプリエ
ブラシをかける	**brosser**	ブロセ
縫う	**coudre**	クードゥる
編む	**tricoter**	トゥりコテ
繕う	**raccommoder**	らコモデ
育てる	**élever**	エルヴェ
世話をする	**soigner**	ソワニエ
授乳する	**allaiter**	アレテ
叱る	**gronder**	グろンデ

Column 育児に関連したことば

赤ちゃんが生まれると、準備しなければならない物がいろいろとあります。

lit de bébé (m) ベビーベッド
リ ドゥ ベベ

biberon (m) 哺乳びん
ビブろン

landau (m) 幌つき乳母車
ランドー

poussette (f) 折りたたみ式乳母車
プセットゥ

bavoir (m) よだれかけ
バヴォワーる

berceau (m) ゆりかご
べるソー

日常生活 [衣]
衣服

衣類	**vêtements**	*m pl.*	ヴェットゥマン
タキシード	**smoking**	*m*	スモーキング
イブニングドレス	**robe de soirée**	*f*	ろーブ ドゥ ソワれー
男性用スーツ	**costume**	*m*	コステューム
スリーピース	**complet**	*m*	コンプレ
女性用スーツ	**tailleur**	*m*	タイユーる
ジャケット	**veste**	*f*	ヴェストゥ
ブレザー	**blazer**	*m*	ブラゼーる
ジャンパー、ブルゾン	**blouson**	*m*	ブルゾン
ウインドブレーカー	**coupe-vent**	*m*	クップヴァン
コート	**manteau**	*m*	マントー
レインコート	**imperméable**	*m*	エンペるメアーブル
ベスト	**gilet**	*m*	ジレ
ズボン、パンツ	**pantalon**	*m*	パンタロン
ジーンズ	**jean**	*m*	ジーヌ
ショートパンツ	**short**	*m*	ショるトゥ
ワンピース	**robe**	*f*	ろーブ

● [衣] 衣服 ●

スカート	**jupe**	f	ジュップ
ミニスカート	**mini-jupe**	f	ミニジュップ
セーター	**pull**	m	ピュル
厚手のセーター	**chandail**	m	シャンダーユ
カーディガン	**cardigan**	m	カるディガン
ワイシャツ	**chemise**	f	シュミーズ
ポロシャツ	**polo**	m	ポロ
ブラウス	**blouse**	f	ブルーズ
シャツブラウス	**chemisier**	m	シュミジエ
Tシャツ	**T-shirt**	m	ティーシュるトゥ
タンクトップ	**débardeur**	m	デバるドゥーる
礼服	**tenue de cérémonie**	f	トゥニュー ドゥ セれモニー
喪服	**habits de deuil**	m pl.	アビ ドゥ ドゥーユ

〈関連単語〉

服のサイズ taille (f)　着る、身につける mettre
　　　　　ターユ　　　　　　　　　　　メトゥる

着ている porter　襟 col (m)　そで manche (f)
　　　　 ポるテ　　　コル　　　　　マンシュ

半そで manches courtes (f, pl)
　　　 マンシュ　　クるトゥ

長そで manches longues (f, pl)
　　　 マンシュ　　ロング

ポケット poche (f)
　　　　 ポッシュ

4章 ● 日常生活

日常生活 [衣]
下着・履き物

シャツ	**maillot de corps**	m	マイヨ ドゥ コーる
トランクス	**caleçon**	m	カルソン
ブリーフ、ショーツ	**slip**	m	スリップ
ブラジャー	**soutien-gorge**	m	スーティエンゴるジュ
ガードル	**gaine**	f	ゲーヌ
スリップ	**combinaison**	f	コンビネゾン
ストッキング	**bas**	m pl.	バ
パンティーストッキング	**collants**	m pl.	コラン
靴下	**chaussettes**	f pl.	ショセットゥ
パジャマ	**pyjama**	m	ピジャマ
ネグリジェ	**chemise de nuit**	f	シュミーズ ドゥ ニュイ
ナイトガウン	**robe de chambre**	f	ろーブ ドゥ シャンブる
バスローブ	**sortie-de-bain**	f	ソるティードゥベン
水着	**maillot de bain**	m	マイヨ ドゥ ベン
革靴	**chaussures en cuir**	f pl.	ショシューる アン キュイーる
ズック靴	**chaussures en toile**	f pl.	ショシューる アン トワル
スエード靴	**chaussures en daim**	f pl.	ショシューる アン デン

● [衣] 下着・履き物 ●

エナメル靴	chaussures vernies	f pl.	ショシューる ヴェるニ
運動靴	chaussures de sport	f pl.	ショシューる ドゥ スポーる
登山靴	chaussures de marche	f pl.	ショシューる ドゥ マるシュ
パンプス	escarpins	m pl.	エスカるパン
ローファー	mocassins	m pl.	モカセン
雨靴	bottes en caoutchouc	f pl.	ボットゥ アン カウーチュー
ハイヒール	chaussures à talon haut	f pl.	ショシューる ア タロン オー
ローヒール	chaussures à talon plat	f pl.	ショシューる ア タロン プラ
ブーツ	bottes	f pl.	ボットゥ
バスケットシューズ	baskets	m pl.	バスケットゥ
バレエシューズ	chaussons	m pl.	ショーソン
サンダル	sandales	f pl.	サンダル
部屋履き	pantoufles	f pl.	パントゥーフル

〈関連単語〉

靴のサイズ	pointure (f) ポワンテューる	靴を履く	se chausser ス ショーセ
靴を脱ぐ	se déchausser ス デショーセ	靴ひも	lacet (m) ラセ
靴べら	chausse-pied (m) ショースピエ		
靴ブラシ	brosse à chaussures (f) ブロッス サ ショシューる		
靴墨	cirage (m) シラージュ		

4章 日常生活

日常生活 [衣]
小物・アクセサリー ①

帽子	chapeau	*m*	シャポー
縁なし帽	bonnet	*m*	ボネ
ハンチング	casquette	*f*	カスケットゥ
麦わら帽子	chapeau de paille	*m*	シャポー ドゥ パーユ
ベレー帽	béret	*m*	ベレー
ネクタイ	cravate	*f*	クらヴァットゥ
ネクタイピン	épingle de cravate	*f*	エペングル ドゥ クらヴァットゥ
ボタン	bouton	*m*	ブートン
カフスボタン	bouton de manchettes	*m*	ブートン ドゥ マンシェットゥ
眼鏡	lunettes	*f pl.*	リュネットゥ
サングラス	lunettes de soleil	*f pl.*	リュネットゥ ドゥ ソレーユ
コンタクトレンズ	lentilles de contact	*f pl.*	ランティユ ドゥ コンタクトゥ
ベルト	ceinture	*f*	センテューる
サスペンダー	bretelles	*f pl.*	ブるテル
手袋	gants	*m pl.*	ガン
スカーフ	foulard	*m*	フーラーる
マフラー	écharpe	*f*	エシャるプ

● [衣] 小物・アクセサリー①

日本語	フランス語	性	読み
ショール	châle	m	シャール
ハンカチ	mouchoir	m	ムッショワーる
傘	parapluie	m	パらプリュイ
腕時計	montre	f	モントゥる
財布（札入れ）	portefeuille	m	ポるトゥフーユ
小銭入れ	porte-monnaie	m	ポるトゥモネー
キーホルダー	porte-clés	m	ポるトゥクレ
カバン	sac	m	サック
ブリーフケース	serviette	f	セるヴィエットゥ
ハンドバッグ	sac à main	m	サック ア メン
リュックサック	sac à dos	m	サック ア ドー
ウエストポーチ	pochette	f	ポシェットゥ
ボストンバッグ	sac de voyage	m	サック ドゥ ヴォワイヤージュ
シルクハット	haut-de-forme	m	オードゥフォるム
蝶ネクタイ	nœud papillon	m	ヌー パピヨン
ステッキ	canne	f	カンヌ
ポケットチーフ	pochette	f	ポシェットゥ
（ネクタイを）しめる	nouer		ヌエ
（ベルトを）しめる	serrer		セれ

4章●日常生活

日常生活 [衣]
小物・アクセサリー②

指輪	**bague**	f	バーグ
イヤリング、ピアス	**boucle d'oreilles**	f	ブークル ドれーユ
ブレスレット	**bracelet**	m	ブらスレ
ネックレス	**collier**	m	コリエ
ペンダント	**pendentif**	m	パンダンティフ
ロケット	**médaillon**	m	メダイヨン
ブローチ	**broche**	f	ブろッシュ
ピン	**épingle**	f	エペングル
宝石	**pierre précieuse**	f	ピエーる プれシゥーズ
貴金属	**métal précieux**	m	メタル プれシウー
ダイヤモンド	**diamant**	m	ディアマン
エメラルド	**émeraude**	f	エムろードゥ
サファイア	**saphir**	m	サフィーる
ルビー	**rubis**	m	りゅビー
オパール	**opale**	f	オパール
ヒスイ	**jade**	m	ジャッドゥ
トパーズ	**topaze**	f	トパーズ

● [衣] 小物・アクセサリー②●

日本語	フランス語	性	読み
アメジスト	améthyste	f	アメティストゥ
ガーネット	grenat	m	グるナ
真珠	perle	f	ペるル
水晶	cristal	m	クりスタル
珊瑚	corail	m	コらーユ
琥珀 (こはく)	ambre	m	アンブる
金	or	m	オる
銀	argent	m	アるジャン
プラチナ	platine	m	プラティーヌ
本物の	authentique		オータンティック
人工の	artificiel(le)		アるティフィシエル
イミテーション	imitation	f	イミタシオン
宝石箱	écrin	m	エクれン
宝飾品	bijou	m	ビジュー
高級宝飾品	joyau	m	ジョワイオ
金銀細工品	orfèvrerie	f	オるフェヴるりー
カラット	carat	m	カら
保証書	garantie	f	ガらンティー
鑑定書	certificat d'origine	m	セるティフィカ ドりジーヌ

4章 ● 日常生活

日常生活 [衣]
素材

織物	**tissu**	*m*	ティッシュ
織物繊維	**textile**	*m*	テクスティル
天然繊維	**fibre naturelle**	*f*	フィーブる ナテュれル
人工繊維	**fibre artificielle**	*f*	フィーブる アるティフィシエル
アクリル繊維	**fibre acrylique**	*f*	フィーブる アクりリック
混紡	**fibres mélangées**	*f pl.*	フィーブる メランジェ
シルク	**soie**	*f*	ソワ
コットン	**coton**	*m*	コットン
麻	**lin**	*m*	レン
ウール	**laine**	*f*	レーヌ
純毛	**pure laine**	*f*	ピューる レーヌ
ビロード	**velours**	*m*	ヴルーる
レース	**dentelle**	*f*	ダンテル
ジャージ	**jersey**	*m*	ジェるゼ
カシミア	**cachemir**	*m*	カシュミーる
アンゴラ	**angora**	*m*	アンゴら
ナイロン	**nylon**	*m*	ニロン

● [衣] 素材 ●

ビニール	**vinyle**	m	ヴィニール
ポリエステル	**polyester**	m	ポリエステーる
レーヨン	**rayonne**	f	れイヨンヌ
ダウン	**duvet**	m	デュヴェ
毛皮	**fourrure**	f	フりゅーる
ミンク	**vison**	m	ヴィゾン
貂 (てん)	**martre**	m	マるトゥる
アーミン	**hermine**	f	エるミー
フォックス	**renard**	m	るナーる
フェイクファー	**fourrure synthétique**	f	フりゅーる センテティック
皮革	**cuir**	m	キュイーる
なめし革	**cuir tanné**	m	キュイーる タネ
合成皮革	**cuir synthétique**	m	キュイーる センテティック

Column 革製品は牛革だけじゃない

革製品といっても、牛革、ワニ革、へび革などいろいろあります。

en veau 牛革の
アン ヴォー

en agneau 羊革の
アン ニャニョー

en chevreau キッドの
アン シュヴろー

en daim バックスキンの
アン デン

en croco ワニ革の
アン クろコ

en serpent へび革の
アン せるパン

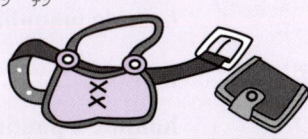

日常生活 [衣]
化粧

化粧品	**produit de beauté**	*m*	プロデュイ ドゥ ボーテ
口紅	**rouge à lèvres**	*m*	るー ジャ レヴる
リップクリーム	**crème pour les lèvres**	*f*	クれーム プる レ レヴる
リップグロス	**brillant à lèvres**	*m*	ブリヤン ア レヴる
ほお紅	**rouge à joues**	*m*	るー ジャ ジュー
アイシャドー	**fard à paupières**	*m*	ファーる ア ポピエーる
アイライナー	**eye-liner**	*m*	アイライヌーる
マニキュア	**vernis à ongles**	*m*	ヴェるニ ア オングル
マスカラ	**mascara**	*m*	マスカら
眉墨	**crayon à sourcils**	*m*	クれイヨン ア スるシ
付けまつげ	**faux cils**	*m pl.*	フォー シル
乳液	**lait de beauté**	*m*	レ ドゥ ボーテ
モイスチャークリーム	**crème hydratante**	*f*	クれーム イドらタントゥ
ファンデーション	**fond de teint**	*m*	フォン ドゥ テン
メーキャップベース	**base de maquillage**	*f*	バズ ドゥ マキヤージュ
粉おしろい	**poudre**	*f*	プードゥる
パフ	**houppe à poudre**	*f*	ウー パ プードゥる

● [衣] 化粧 ●

クレンジング	**démaquillant**	m	デマキヤン
オードトワレ	**eau de toilette**	f	オー ドゥ トワレットゥ
オーデコロン	**eau de Cologne**	f	オー ドゥ コローニュ
サンケアクリーム	**crème solaire**	f	クレーム ソレーる
カーマインローション	**crème après-bronzage**	f	クレーム アプれブロンザージュ
デオドラント	**déodorant**	m	デオドらン
しわ取りクリーム	**crème antirides**	f	クレーム アンティリッドゥ
ヘアスプレー	**bombe de laque**	f	ボンブ ドゥ ラック
パック (美容)	**masque**	m	マスク
ヘアブラシ	**brosse à cheveux**	f	ブロッ サ シュヴー
シャンプー	**shampoing**	m	シャンプワン
リンス	**après-shampoing**	m	アプれシャンプワン
くし	**peigne**	f	ペーニュ
鏡	**miroir**	m	ミろワーる
ティッシュペーパー	**mouchoir en papier**	m	ムッショワーる アン パピエ
シェービングクリーム	**crème à raser**	f	クレーム ア らゼ
アフターシェービングローション	**lotion après-rasage**	f	ロシオン アプれらザージュ
かみそり	**rasoir**	m	らゾワーる
ヘアトニック	**lotion capillaire**	f	ロシオン カピレーる

4章 日常生活

日常生活 [食]
食事をする

食事	**repas**	*m*	るパ
食べ物	**aliment**	*m*	アリマン
自然食品	**aliment naturel**	*m*	アリマン ナテュれル
加工食品	**aliment préparé**	*m*	アリマン プれパれ
冷凍食品	**congelé**	*m*	コンジュレ
飲み物	**boisson**	*f*	ボワソン
アルコール飲料	**boisson alcoolisée**	*f*	ボワソン アルコーリゼ
おなかがすいている	**avoir faim**		アヴォワーる フェン
のどが渇いている	**avoir soif**		アヴォワーる ソワッフ
朝食	**petit déjeuner**	*m*	プティ デジュネ
昼食	**déjeuner**	*m*	デジュネ
軽食	**casse-croûte**	*m*	カスクるットゥ
弁当	**panier-repas**	*m*	パニエるパ
おやつ	**goûter**	*m*	グテ
おつまみ	**amuse-gueule**	*m*	アミューズグール
夕食	**dîner**	*m*	ディネ
夜食	**souper**	*m*	スーペ

● [食] 食事をする ●

日本語	フランス語	性	読み
味見・試飲	dégustation	f	デギュスタシオン
食欲	appétit	m	アペティ
美食	gastronomie	f	ガストゥろノミー
食いしん坊	gourmand(e)	m/f	グルマン（ドゥ）
酒飲み	buveur(se)	m/f	ビュヴーる（ズ）
二日酔いをする	avoir mal au crâne		アヴォワーる マル オー クらーヌ
菜食主義者	végétarien(ne)	m/f	ヴェジェタりエン（ヌ）
食べられる	comestible		コメスティブル
飲むことができる	potable		ポタ—ブル
食欲をそそる	appétissant(e)		アペティサン（トゥ）
栄養のある	nourrissant(e)		ヌりサン（トゥ）
消化のよい	digeste		ディジェストゥ
栄養	nutrition	f	ニュトゥりシオン
栄養学	diététique	f	ディエテティック
アレルギー	allergie	f	アレるジー
アトピー	atopie	f	アトピー
消化不良	dyspepsie	f	ディスペプシー
ダイエット	régime	m	れジーム
食事療法	diète	f	ディエットゥ

4章 ● 日常生活

日常生活[食]
味を表現する

おいしい	bon(ne)	ボン（ヌ）
非常においしい	délicieu<u>x</u>(se)	デリシウー（ズ）
まずい	mauvais(e)	モーヴェ（ーズ）
甘い	sucré(e)	シュクれ
薄味の、甘口の	dou<u>x</u>(ce)	ドゥー（ス）
辛口の	se<u>c</u>(èche)	セッ<u>ク</u>（シュ）
味が濃い	fort(e)	フォーる（トゥ）
さっぱりした	lége<u>r</u>(ère)	レジェ（ーる）
こくのある	corsé(e)	コるセ
とろっとした	velouté(e)	ヴルーテ
ぴりっと辛い	piquant(e)	ピカン（トゥ）
香辛料のきいた	épicé(e)	エピセ
唐辛子のきいた	pimenté(e)	ピマンテ
塩辛い	salé(e)	サレ
酸っぱい	acide	アシッドゥ
酸っぱくなっている	aigre	エーグる
苦い	ame<u>r</u>(ère)	アメーる

● [食] 味を表現する ●

渋い	**âpre**	アープる
脂っこい	**gras(se)**	グら（ース）
脂気のない	**maigre**	メーグる
味がない	**fade**	ファッドゥ
風味のある	**savoureux(se)**	サヴるー（ズ）
口当たりの柔らかい	**moelleux(se)**	ムワルー（ズ）
よい香りのする	**parfumé(e)**	パるフュメ
臭(くさ)い	**puant(e)**	ピュアン（トゥ）
焼けすぎ	**trop cuit(e)**	トゥろー キュイ（ットゥ）
生焼けの	**trop saignant(e)**	トゥろー セニャン（トゥ）
固い	**dur(e)**	デューる
熱い	**chaud(e)**	ショー（ドゥ）
冷めている	**froid(e)**	フろワ（ッドゥ）

〈関連単語〉

味 goût (m)
グー

風味 saveur (f)
サヴーる

香り odeur (f)
オドゥーる

芳香 fumet (m)
フュメ

食べる manger
マンジェ

かむ mâcher
マシェ

飲む boire
ボワーる

飲み込む avaler
アヴァレ

日常生活 [食]
料理名 ①

前菜	hors-d'œuvre	*m*	オるドゥーヴる
スープ	soupe	*f*	スップ
ポタージュ	potage	*m*	ポタージュ
ビスク	bisque	*f*	ビスク
コンソメ	consommé	*m*	コンソメ
ヴィシソワーズ	vichyssoise	*f*	ヴィシソワーズ
ガスパッチョ	gaspacho	*m*	ガスパッチョ
カルパッチョ	carpaccio	*m*	カるパッチョ
生野菜	crudités	*f pl.*	クりュディテ
グリーンサラダ	salade verte	*f*	サラドゥ ヴェるトゥ
トマトサラダ	salade de tomates	*f*	サラドゥ ドゥ トマットゥ
ニース風サラダ	salade niçoise	*f*	サラドゥ ニソワーズ
ハムソーセージ盛り合わせ	charcuterie	*f*	シャるキュトゥりー
ボンレスハム	jambon blanc	*m*	ジャンボン ブラン
生ハム	jambon cru	*m*	ジャンボン クりゅー
ソーセージ	saucisson	*f*	ソシソン
パテ	pâté	*m*	パテ

● [食] 料理名①

テリーヌ	**terrine**	f	テリーヌ
リエット	**rillettes**	f pl.	りエットゥ
クネル	**quenelle**	f	クネル
キッシュ	**quiche**	f	キッシュ
スフレ	**soufflé**	m	スフレ
ミルフィーユ	**millefeuille**	m	ミルフーユ
海の幸の盛り合わせ	**fruits de mer**	m pl.	フリュイ ドゥ メール
スモークした	**fumé(e)**		フュメ
オイル漬けにした	**à l'huile**		ア リュイール
マリネした	**mariné(e)**		マリネ
エスカルゴ	**escargot**	m	エスカるゴ
牡蠣 (かき)	**huître**	f	ユイートゥる
フォワグラ	**foie gras**	m	フォワ グら

Column レストランで使えることば

レストランでメニューを見せてほしいときは、La carte, s'il vous plaît. といいます。

réservation (f) 予約
れぜるヴァシオン

commander 注文する
コマンデ

menu (m) セットメニュー
ムニュー

spécialité (f) おすすめ料理
スペシアリテ

couvert (m) 1人分の席
クーヴェーる

4章 ● 日常生活

日常生活 [食]
料理名 ②

日本語	フランス語	性	読み
メインディッシュ	plat principal	m	プラ プrenシパル
肉	viande	f	ヴィアンドゥ
魚	poisson	m	ポワソン
甲殻類	crustacés	m pl.	くりゅスタッセ
付け合せ	garniture	f	ガるニテューる
ステーキ	steak	m	ステック
ハンバーグステーキ	steak haché	m	ステック アッシェ
ローストビーフ	rosbif	m	ろスビーフ
エスカロープ	escalope	f	エスカロープ
薄切り	émincé	m	エメンセ
コンフィ	confit	m	コンフィ
ソテー	sauté	m	ソテー
シチュー	ragoût	m	らグー
赤ワイン煮込み	bourguignon	m	ブるギニヨン
クリーム煮	blanquette	f	ブランケットゥ
ラタトゥイユ	ratatouille	f	らタトゥーユ
ポトフー	pot-au-feu	m	ポトフー

● [食] 料理名②

カスレ	cassoulet	m	カスーレ
シュークルート	choucroute	f	シュークるートゥ
臓物の煮込み	tripes	f pl.	トゥりップ
ポワレ	poêlé	m	ポワレ
ブイヤベース	bouillabaisse	f	ブイヤベース
クスクス	couscous	m	クースクース
こしょうで焼いた	au poivre		オー ポワーヴる
バターで焼いた	au beurre		オー ブール
オレンジソースの	à l'orange		ア ロらンジュ
フライにした	frit(e)		フり（ットゥ）
グラタンにした	gratiné(e)		グらティネ
詰め物にした	farci(e)		ファるシ
ムニエルにした	meunière	f	ムニエール

4章 ● 日常生活

〈関連単語〉

肉汁　jus de viande (m)
　　　ジュー ドゥ ヴィアンドゥ

フォンドボー　fond de veau (m)
　　　　　　　フォン ドゥ ヴォー

パスタ　pâtes (f, pl.)
　　　　パットゥ

めん類　nouilles (f, pl.)
　　　　ヌーユ

スパゲティー　spaghetti (m, pl)
　　　　　　　スパゲッティ

ピザ　pizza (f)
　　　ピッツァ

ラビオリ　ravioli (m)
　　　　　らヴィオリ

日常生活 [食]
調理法

下ごしらえする	habiller	アビエ
うろこを落とす	écailler	エカイエ
野菜の皮をむく	éplucher	エプリュシェ
すり下ろす	râper	らペ
裏ごしする	mouliner	ムリネ
小麦粉をまぶす	fariner	ファりネ
泡立てる	fouetter	フエテ
切る	couper	クペ
形をそろえて切る	tailler	タイエ
細かく切る	hacher	アシェ
薄切りにする	émincer	エメンセ
粗切りにする	concasser	コンカセ
焼く、いためる、煮る	cuire (conduire型)	キュイーる
ソテーする	faire sauter	フェーる ソテ
ローストする	rôtir	ろティーる
グリルで焼く	griller	グりエ
揚げる	frire	フりーる

● [食] 調理法

ゆでる	faire bouillir	フェール ブイール
ゆでてアクを抜く	blanchir	ブランシール
ゆで煮する	pocher	ポシェ
とろ火で煮込む	mijoter	ミジョテ
蒸し煮する	étuver	エテュヴェ
弱火で蒸し煮する	braiser	ブレゼ
ことこと煮立たせる	laisser frémir	レセ フレミール
マリネする	mariner	マリネ
ブイヨンを作る	faire un bouillon	フェール エン ブイヨン
フォンを作る	préparer un fond	プレパれ エン フォン
味をつける	assaisonner	アセゾネ
肉汁をかける	arroser	アろゼ
詰め物をする	farcir	ファるシール

〈関連単語〉

台所、料理　cuisine (f)　　エプロン　tablier (m)
　　　　　　キュイジーヌ　　　　　　　タブリエ

(皿に盛られた) 料理　plat (m)
　　　　　　　　　　　プラ

料理法、レシピ　recette (f)
　　　　　　　　るセットゥ

盛り付け　dressage (m)
　　　　　ドれサージュ

料理上手　cordon bleu (m)
　　　　　コるドン　ブルー

日常生活 [食]
野菜

野菜	légume	m	レギューム
トマト	tomate	f	トマットゥ
なす	aubergine	f	オーベるジーヌ
きゅうり	concombre	m	コンコンブる
ピーマン	poivron	m	ポワヴロン
キャベツ	chou	m	シュー
レタス	laitue	f	レテュー
かぶ	navet	m	ナヴェ
ブロッコリー	brocoli	m	ブろコリー
アーティチョーク	artichaut	m	アるティショー
ズッキーニ	courgette	f	クるジェットゥ
カリフラワー	chou-fleur	m	シューフルーる
ほうれん草	épinard	m	エピナーる
西洋ねぎ	poireau	m	ポワろー
玉ねぎ	oignon	m	オニヨン
セロリ	céleri	m	セルり
アスパラガス	asperge	f	アスぺるジュ

● [食] 野菜 ●

大根	radis	m	らディ
にんじん	carotte	f	カロットゥ
じゃがいも	pomme de terre	f	ポム ドゥ テール
さつまいも	patate	f	パタートゥ
かぼちゃ	potiron	m	ポティロン
とうもろこし	maïs	m	マイース
しょうが	gingembre	m	ジェンジャンブる
にんにく	ail	m	アーユ
パセリ	persil	m	ぺるシ
チコリ	chicorée	f	シコれー
バジル	basilic	m	バジリック

Column きのこの種類と農薬・肥料

きのこといえば、なんと言っても truffe (f)「トリュフ」があげられますが、ほかにもいろいろな種類があります。

champignon de Paris (m) マッシュルーム
シャンピニオン ドゥ パリ

girolle (f) アンズ茸 / cèpe (m) セープ茸
ジロール　　　　　　　　　セップ

野菜を育てるには、農薬とともに肥料が必要です。

pesticide (m) 農薬 / engrais chimiques (m, pl) 化学肥料
ペスティシッドゥ　　　　アングれ　　シミック

engrais organiques (m, pl) 有機肥料
アングれ　オるガニック

légumes transgéniques (m, pl) 遺伝子組み換え野菜
レギューム　トゥらンスジェニック

日常生活 [食]
肉

雄牛肉／牝牛肉	bœuf / vache	*m* / *f*	ブーフ／ヴァッシュ
子牛肉	veau	*m*	ヴォー
豚肉	porc	*m*	ポーる
ラム	agneau	*m*	アニョー
雄鶏の肉	coq	*m*	コック
若鶏の肉	poulet	*m*	プーレ
うさぎ肉	lapin	*m*	ラペン
鴨肉	canard	*m*	カナーる
鳩の肉	pigeon	*m*	ピジョン
七面鳥の肉	dinde	*f*	デンドゥ
ほろほろ鳥の肉	pintade	*f*	ペンタードゥ
馬肉	cheval	*m*	シュヴァル
タン	langue	*f*	ラング
レバー	foie	*m*	フォワ
腎臓	rognon	*m*	ろニヨン
子牛の胸腺	ris de veau	*m*	り ドゥ ヴォー
鹿肉	chevreuil	*m*	シュヴるーユ

● [食] 肉 ●

きじ肉	faisan	m	フザン
野兎の肉	lièvre	f	リエーヴる
子イノシシの肉	marcassin	m	マるカッセン
やまうずらの肉	perdrix	f	ペるドゥり
ヤマシギ	bécasse	f	ベカス
フィレ	filet	m	フィレ
柔らかいフィレ	tournedos	m	トゥーるヌドー
サーロイン	faux-filet	m	フォーフィレ
骨付きあばら肉	côte	f	コットゥ
(子牛、豚などの)骨付きあばら肉	côtelette	f	コットゥレットゥ
リブロース	entrecôte	f	アントゥるコットゥ
もも肉	cuisse	f	キュイッス
羊のもも肉	gigot	m	ジゴ

ステーキの焼き加減

焼き加減はどうしますか？　Comment aimez-vous votre viande ?
コマン　エーメヴ　ヴォートゥる　ヴィアンドゥ

ウエルダンでお願いします。　Bien cuite, s'il vous plaît.
ビエン　キュイットゥ　シル　ヴ　プレ

ミディアムでお願いします。　À point, s'il vous plaît.
ア　ポワン　シル　ヴ　プレ

レアでお願いします。　Saignante, s'il vous plaît.
セニャントゥ　シル　ヴ　プレ

超レアでお願いします。　Bleue, s'il vous plaît.
ブルー　シル　ヴ　プレ

日常生活 [食]
魚

サケ	**saumon**	*m*	ソーモン
マグロ	**thon**	*m*	トン
カジキマグロ	**espadon**	*m*	エスパドン
カツオ	**bonite**	*f*	ボニットゥ
スズキ	**loup de mer**	*m*	ルー ドゥ メール
ホソスズキ	**sandre**	*m*	サンドゥる
ヒメジ	**rouget**	*m*	るージェ
鯛 (たい)	**daurade**	*f*	ドラッドゥ
舌ビラメ	**sole**	*f*	ソル
イシビラメ	**turbot**	*m*	テュルボ
ニシン	**hareng**	*m*	アらン
タラ	**merlan**	*m*	メるラン
サバ	**maquereau**	*m*	マクろー
エイ	**raie**	*f*	れー
マコガレイ	**limande**	*f*	リマンドゥ
イワシ	**sardine**	*f*	さるディヌ
アンチョビ	**anchois**	*m*	アンショワ

● [食] 魚 ●

日本語	フランス語	性	発音
あなご	**anguille de mer**	f	アンギーユ ドゥ メール
伊勢エビ	**langouste**	f	ラングーストゥ
オマールエビ	**homard**	m	オマール
小エビ	**crevette**	f	クるヴェットゥ
カニ	**crabe**	m	クらブ
紋甲イカ	**seiche**	f	セッシュ
ヤリイカ	**calmar**	m	カルマール
タコ	**poulpe**	m	プルプ
帆立貝	**coquille Saint-Jacques**	f	コキーユ センジャック
ムール貝	**moule**	f	ムル
うに	**oursin**	m	ウるゼン
ちょうざめ	**esturgeon**	m	エステュるジョン
キャビア	**caviar**	m	カヴィアール
鰻	**anguille**	f	アンギーユ
(淡水の)スズキ	**perche**	f	ぺるシュ
マス	**truite**	f	トゥりゅイットゥ
鯉	**carpe**	f	カるプ
ザリガニ	**écrevisse**	f	エクれヴィス
蛙 (魚屋で売られている)	**grenouille**	f	グるヌーユ

4章 ● 日常生活

日常生活 [食]
豆・卵・牛乳

大豆	soja	*m*	ソジャ
そら豆	fève	*f*	フェーヴ
いんげん豆	haricot	*m*	アリコ
えんどう豆	pois	*m*	ポワ
グリーンピース	petits pois	*m pl.*	プティ ポワ
レンズ豆	lentille	*f*	ランティーユ
卵	œuf	*m*	ウーフ
牛乳	lait	*m*	レ
低脂肪乳	lait maigre	*m*	レ メーグる
ヨーグルト	yaourt	*m*	ヤウーるトゥ
ビオヨーグルト	yaourt bio	*m*	ヤウーるトゥ ビオ
バター	beurre	*m*	ブーる
ラード	saindoux	*m*	センドゥー
生クリーム	crème fraîche	*f*	クれーム フレッシュ
オリーブ油	huile d'olive	*f*	ユイル ドリーヴ
落花生油	huile d'arachide	*f*	ユイル ダらシッドゥ
なたね油	huile de colza	*f*	ユイル ドゥ コルザ

●[食]豆・卵・牛乳●

ひまわり油	huile de tournesol	f	ユイル ドゥ トゥーるヌソル
チーズ	fromage	m	フロマージュ
フレッシュチーズ	fromage frais	m	フロマージュ フれ
白カビチーズ	fromage à croûte fleurie	m	フロマージュ ア クるートゥ フルり
青カビチーズ	fromage à pâte persillée	m	フロマージュ ア パットゥ ぺるシエ
山羊のチーズ	fromage de chèvre	m	フロマージュ ドゥ シェーヴる
圧縮タイプのチーズ	fromage à pâte pressé	m	フロマージュ ア パットゥ プれセ
プロセスチーズ	fromage fondu		フロマージュ フォンデュ
カマンベール	camembert	m	カマンベーる
ブリー	brie	m	ブりー
ロックフォール	roquefort	m	ろクフォーる
カンタル	cantal	m	カンタル
コンテ	comté	m	コンテ

Column 卵料理

卵料理には œufs brouillés (m, pl)「スクランブルエッグ」のほかにもいろいろな調理方法があります。

omelette nature (f) プレーンオムレツ / omelette au jambon (f)
オムレットゥ ナテューる / オムレットゥ オー ジャンボン

ハムオムレツ / œuf au bacon (m)　ベーコンエッグ
　　　　　　　ウーフ オー ベーコン

œuf poché (m)　ポーチドエッグ
ウーフ ポッシェ

œuf à la coque (m)　半熟卵
ウーフ ア ラ コック

日常生活 [食]
果物

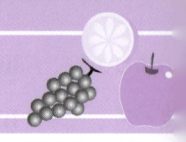

果物	fruit	m	フりゅイ
メロン	melon	m	ムロン
スイカ	pastèque	f	パステック
パイナップル	ananas	m	アナナ または アナナス
イチゴ	fraise	f	フれーズ
木イチゴ	framboise	f	フらンボワーズ
サクランボ	cerise	f	スりーズ
リンゴ	pomme	f	ポム
バナナ	banane	f	バナヌ
ミカン	mandarine	f	マンダりーヌ
オレンジ	orange	f	オらンジュ
桃	pêche	f	ペッシュ
洋梨	poire	f	ポワーる
グレープフルーツ	pamplemousse	m	パンプルムース
アボカド	avocat	m	アヴォカ
ザクロ	grenade	f	グるナードゥ
あんず	abricot	m	アブりコ

● [食] 果物 ●

イチジク	**figue**	f	フィーグ
レモン	**citron**	m	シトゥロン
栗	**marron**	m	マロン
プラム	**prune**	f	プリュヌ
オリーブ	**olive**	f	オリーヴ
アーモンド	**amande**	f	アマンドゥ
落花生	**cacahouète**	f	カカウエットゥ
ナツメヤシ	**datte**	f	ダットゥ
ブルーベリー	**myrtille**	f	ミるティーユ
すぐりの実	**groseille**	f	グろゼーユ
くるみの実	**noix**	f	ノワ
カッシュナッツ	**noix d'acajou**	f	ノワ ダカジュー
ヘーゼルナッツ	**noisette**	f	ノワゼットゥ

ブドウに関連したことば

- raisin (m) ブドウ
  れゼン
- vignoble (m) ブドウ畑
  ヴィニョーブル
- grappe de raisin (f) ブドウの房
  グらップ ドゥ れゼン
- grain de raisin (m) ブドウの粒
  グれン ドゥ れゼン
- pépin de raisin (m) ブドウの種
  ペペン ドゥ れゼン
- vigne (f) ブドウの木
  ヴィーニュ
- viticulture (f) ブドウ栽培
  ヴィティキュルテューる

日常生活 [食]
菓子

菓子、ケーキ	gâteau	m	ガトー
ブッシュ・ド・ノエル	bûche de Noël	f	ビュッシュ ドゥ ノエル
クレープ	crêpe	f	クれップ
タルト	tarte	f	たるトゥ
小型のタルト	tartelette	f	たるトゥレットゥ
タルト・タタン	tarte Tatin	f	たるトゥ タテン
ムース	mousse	f	ムース
サバラン	savarin	m	サヴァれン
ババロワ	bavarois	m	バヴァろワ
モンブラン	mont-blanc	m	モンブラン
シュークリーム	chou à la crème	m	シュー ア ラ クれーム
パリ・ブレスト	paris-brest	m	パりブれストゥ
ミルフィーユ	millefeuille	m	ミルフーユ
ガトーショコラ	gâteau au chocolat	m	ガトー オー ショコラ
フォンダンショコラ	moelleux au chocolat	m	モワルー オー ショコラ
ショコラガナーシュ	chocolat ganache	m	ショコラ ガナーシュ
クレームキャラメル	crème caramel	f	クれーム キャらメル

● [食] 菓子

クレームブリュレ	**crème brûlée**	f	クれーム ブりゅレ
クレームシャンティイ	**crème chantilly**	f	クれーム シャンティイー
イル・フロタント	**île flottante**	f	イル フロタントゥ
フロマージュブラン	**fromage blanc**	m	フろマージュ ブラン
エクレア	**éclair**	m	エクレーる
メレンゲ	**meringue**	f	ムれング
カヌレ	**cannelé**	m	カヌレ
ひと口ケーキ	**petit four**	m	プティ フーる
クッキー	**gâteaux secs**	m pl.	ガトー セック
ビスケット	**biscuit**	m	ビスキュイ
ヌガー	**nougat**	m	ヌガ
ゼリー	**gelée**	f	ジュレー
キャンディー	**bonbon**	m	ボンボン

Column アイスクリームあれこれ

glace (f)「アイスクリーム」はだれもが好きなデザートです。ちょっと休憩したいときに glace en cornet (f)「コーンに入ったアイスクリーム」でもあれば最高です。

sorbet (m) シャーベット / parfait (m) パフェ
ソルベ / パルフェ

esquimau (m) スティックチョコアイス
エスキモー

sorbet au cassis (m) カシスのシャーベット
ソルベ オー カシース

日常生活 [食]
飲み物

水	eau	f	オー
ガス入りミネラルウオーター	eau minérale gazeuse	f	オー ミネラル ガズーズ
ガスなしのミネラルウオーター	eau minérale plate	f	オー ミネラル プラットゥ
コーヒー	café	m	カフェ
ミルクコーヒー	café crème	m	カフェ クレーム
アメリカンコーヒー	café allongé	m	カフェ アロンジェ
アイスコーヒー	café glacé	m	カフェ グラッセ
ココア	chocolat	m	ショコラ
紅茶	thé	m	テ
緑茶	thé vert	m	テ ヴェール
ジャスミンティー	thé jasmin	m	テ ジャスメン
ミントティー	infusion-menthe	f	エンフュジオンマントゥ
ハーブティー	tisane	f	ティザンヌ
カミツレ茶	camomille	f	カモミーユ
ジュース	jus	m	ジュー
レモンソーダ	limonade	f	リモナードゥ
レモンスカッシュ	citron pressé	m	シトゥロン プれッセ

● [食] 飲み物 ●

日本語	フランス語	性	読み
コーラ	coca	m	コカ
ビール	bière	f	ビエーる
生ビール	pression	f	プれシオン
食前酒	apéritif	m	アペりティフ
パスティス	pastis	m	パスティス
キール	kir	m	キーる
マルティニ	martini	m	マるティニ
カンパリ	campari	m	カンパり
スパークリングワイン	vin mousseux	f	ヴェン ムスー
シャンパン	champagne	m	シャンパーニュ
赤ワイン	vin rouge	m	ヴェン るージュ
白ワイン	vin blanc	m	ヴェン ブラン
ロゼワイン	vin rosé	m	ヴェン ろゼ
ホットワイン	vin chaud	m	ヴェン ショー
食後酒	digestif	m	ディジェスティフ
リキュール	liqueur	f	リクーる
コニャック	cognac	m	コニャック
アルマニヤック	armagnac	m	アるマニヤック
カルバドス	calvados	m	カルヴァドス

4章 ● 日常生活

153

日常生活 [食]
調味料・香辛料

調味料	assaisonnement	m	アセゾヌマン
塩	sel	m	セル
精製塩	sel fin	m	セル フェン
岩塩	fleur de sel	m	フルール ドゥ セル
ハチミツ	miel	m	ミエル
酢	vinaigre	m	ヴィネーグる
ソース	sauce	f	ソース
しょうゆ	sauce de soja	f	ソース ドゥ ソジャ
こしょう	poivre	m	ポワーヴる
胡麻	sésame	m	セサム
マスタード	moutarde	f	ムータるドゥ
マヨネーズ	mayonnaise	f	マイオネーズ
フレンチドレッシング	vinaigrette	f	ヴィネーグれットゥ
カレー	curry	m	キュりー
クミン	cumin	m	キュメン
エシャロット	échalote	f	エシャロットゥ
ブーケガルニ	bouquet garni	m	ブーケ がるニ

● [食] 調味料・香辛料 ●

ローズマリー	**romarin**	m	ろマれン
タイム	**thym**	m	テン
ローリエ	**laurier**	m	ローりエ
シナモン	**cannelle**	f	カネル
セージ	**sauge**	f	ソージュ
サフラン	**safran**	m	サフらン
ミント	**menthe**	f	マントゥ
アニス	**anis**	m	アニ または アニス
唐辛子	**piment**	m	ピマン
西洋わさび	**raifort**	m	れフォール
ブイヨン	**bouillon**	m	ブイヨン
ケチャップ	**ketchup**	m	ケチュップ
ピューレ	**purée**	f	ピュれー

砂糖の種類

- sucre (m) 砂糖
  シュークる
- sucre en morceaux (m) 角砂糖
  シュークる アン モるソー
- sucre semoule (m) グラニュー糖
  シュークる スムール
- sucre blanc (m) 白糖
  シュークる ブラン
- sucre roux (m) 赤砂糖
  シュークる るー
- sucre en poudre (m) 粉砂糖
  シュークる アン プードゥる

日常生活 [食]
飲食店・食料品店

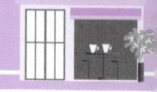

日本語	フランス語	性	読み
レストラン	restaurant	m	れストラン
カフェレストラン	brasserie	f	ブらスリー
ビストロ	bistrot	m	ビストゥろ
ロースト肉専門レストラン	rôtisserie	f	ろティスリー
ファーストフード店	fast-food	m	ファストゥフッドゥ
駅の軽食堂	buffet	m	ビュフェ
カフェ	café	m	カフェ
ティーサロン	salon de thé	m	サロン ドゥ テ
バー	bar	m	バる
ワインバー	bar à vin	m	バー ら ヴェン
ナイトクラブ	boîte de nuit	f	ボワットゥ ドゥ ニュイ
市場	marché	m	マるシェ
スーパーマーケット	supermarché	m	シュペるマるシェ
ハイパーマーケット	hypermarché	m	イペるマるシェ
小型のスーパー	supérette	f	シュペれットゥ
食料品店	épicerie	f	エピスリー
八百屋	primeur	f	プりムーる

● [食] 飲食店・食料品店 ●

果物屋	**fruiterie**	f	フりゅイトゥりー
牛肉店	**boucherie**	f	ブーシュりー
豚肉店	**charcuterie**	f	シャるキュトゥりー
惣菜店	**traiteur**	m	トゥれトゥール
魚屋	**poissonnerie**	f	ポワソヌりー
乳製品店	**crémerie**	f	クれムりー
チーズ屋	**fromagerie**	f	フろマジュりー
パン屋	**boulangerie**	f	ブーランジュりー
ウィーン風菓子パン店	**viennoiserie**	f	ヴィエノワズりー
ケーキ屋	**pâtisserie**	f	パティスりー
チョコレート店	**chocolatier**	m	ショコラティエ
お菓子屋	**confiserie**	f	コンフィズりー
酒屋	**marchand(e) de vin**	m / f	マるシャン（ドゥ）ドゥ ヴェン

Column　フランスパンといえばバゲット

フランスパンといえば baguette (f)「バゲット」ですが、ほかにもいろいろなパンがあります。

pain de campagne (m) 田舎パン / pain de seigle (m) ライ麦パン
ペン　ドゥ　カンパーニュ　　　　　　　　　　　ペン　ドゥ　セーグル

pain complet (m)　全粒小麦パン
ペン　コンプレ

brioche (f)　ブリオッシュ
ブりオッシュ

croissant (m)　クロワッサン
クろワッサン

日常生活 [食]
食器

日本語	フランス語	性	カナ
テーブルクロス	nappe	f	ナップ
ナプキン	serviette	f	セるヴィエットゥ
大皿	plat	m	プラ
皿	assiette	f	アシエットゥ
スープ皿	assiette à soupe	f	アシエッ タ スープ
トレイ	plateau	m	プラトー
グラス、コップ	verre	m	ヴェーる
ワイングラス	verre à vin	m	ヴェー ら ヴェン
ビール用ジョッキ	chope	f	ショップ
コーヒーカップ	tasse à café	f	タッ サ カフェ
カップの受け皿	soucoupe	f	スークップ
碗	bol	m	ボル
壺	pot	m	ポ
ジャム入れ	pot à confitures	m	ポッ タ コンフィテューる
バター入れ	beurrier	m	ブーりエ
瓶	bouteille	f	ブテーユ
広口瓶	bocal	m	ボカル

● [食] 食器 ●

日本語	フランス語	性	読み
エスプレッソ用コーヒーメーカー	percolateur	m	ぺるコラトゥーる
コーヒーポット	cafetière	f	カフティエーる
ティーポット	théière	f	テイエーる
ナイフ、包丁	couteau	m	クトー
フォーク	fourchette	f	ふるシェットゥ
スプーン	cuillère	f	キュイエーる
焼き串	brochette	f	ブろシェットゥ
箸（はし）	baguettes	f pl.	バゲットゥ
水差し	carafe	f	カらッフ
ピッチャー	pichet	m	ピシェ
缶切り	ouvre-boîte	m	ウーヴるボワットゥ
ワインの栓抜き	tire-bouchon	m	ティるブーション
ビール等の栓抜き	décapsuleur	m	デカプシュルーる

4章・日常生活

食器の素材を表すことば

- en faïence 陶器製の
  アン ファイアンス
- en porcelaine 磁器製の
  アン ポるスレーヌ
- laqué(e) 漆器製の
  ラッケ
- en verre ガラス製の
  アン ヴェーる
- en inox ステンレス製の
  アン ニノックス
- en terre 土器の
  アン テーる
- en plastique プラスチック製の
  アン プラスティック
- en papier 紙製の
  アン パピエ

159

日常生活[食]
調理道具

日本語	フランス語	性	読み
やかん	bouilloire	f	ブーヨワール
フライパン	poêle	f	ポワール
まな板	planche à découper	f	プラン シャ デクーペ
料理ばさみ	ciseaux de cuisine	m pl.	シゾー ドゥ キュイジーヌ
焼き網	gril	m	グリール
串	broche	f	ブロッシュ
秤 (はかり)	balance	f	バランス
計量カップ	verre gradué	m	ヴェール グらデュエ
ざる	corbeille	f	コるベーユ
ふるい	tamis	m	タミ
水切り	passoire	f	パソワール
サラダボール	saladier	m	サラディエ
型	moule	m	ムール
めん棒	rouleau à pâtisserie	m	るーロー ア パティスりー
おろし金	râpe	f	らップ
玉じゃくし	louche	f	ルーシュ
木べら	spatule en bois	f	スパテュー ラン ボワ

● [食] 調理道具 ●

日本語	フランス語	性	読み
皮むき器	éplucheur	m	エプリュシューる
泡立て器	fouet	m	フエ
肉ひき器	hachoir à viande	m	アショワー ら ヴィアンドゥ
野菜くりぬき器	cuillère à légumes	f	キュイエー ら レギューム
フードプロセッサー	robot ménager	m	ろボ メナジェ
ミキサー	mixeur	m	ミクスーる
ヨーグルトメーカー	yaourtière	f	ヤウーるティエーる
電子レンジ	four à micro-ondes	m	フー ら ミクろオンドゥ
保温トレー	chauffe-plats	m	ショーフプラ
コンロ	réchaud	m	れショー
ペーパータオル	essuie-tout	m	エシュイトゥー
アルミ箔	feuille d'aluminium	f	フーユ ダリュミニオム
クズ入れ	boîte à ordures	f	ボワッ タ オるデューる
両手鍋	marmite	f	マるミットゥ
片手鍋	casserole	f	カスろール
圧力鍋	autocuiseur	m	オートキュイズーる
蒸焼き用両手鍋	cocotte	f	ココットゥ
ふた	couvercle	m	クーヴェるクル
鍋つかみ	gant de cuisine	m	ガン ドゥ キュイジーヌ

4章 ● 日常生活

日常生活 [住]
家の種類

日本語	フランス語	性	カタカナ
1戸建て	maison	f	メゾン
大邸宅	hôtel particulier	m	オテル パるティキュリエ
別荘	villa	f	ヴィラ
山荘	chalet	m	シャレ
城	château	m	シャトー
農家	ferme	f	フェるム
小屋	cabane	f	カバンヌ
建物、棟	bâtiment	m	バティマン
大きな建物	édifice	f	エディフィス
ビル	immeuble	m	イムーブル
超高層ビル	tour	f	トゥーる
団地	grand ensemble	m	グラン タンサンブル
低家賃住宅	H.L.M.	f	アッシュエルエム
2部屋以上のマンション	appartement	m	アパるトゥマン
ワンルームマンション	studio	m	ステューディオ
入口	entrée	f	アントゥれー
門、ドア	porte	f	ポるトゥ

● [住] 家の種類 ●

窓	**fenêtre**	f	フネートゥる
壁	**mur**	m	ミューる
床	**plancher**	m	プランシェ
ガレージ	**garage**	m	ガらージュ
屋根	**toit**	m	トワ
階	**étage**	m	エタージュ
1階	**rez-de-chaussée**	m	れドゥショーセー
地階	**sous-sol**	m	スーソル
庭	**jardin**	m	ジャるデン
中庭	**cour**	f	クーる
花壇	**parterre**	m	パるテーる
生垣	**haie**	f	エー
煙突	**cheminée**	f	シュミネー

不動産契約に必要なことば①

- en bois 木造の
  アン ボワ
- en béton armé 鉄筋コンクリートの
  アン ベトン アるメ
- contrat (m) 契約
  コントゥら
- loyer (m) 家賃
  ロワイエ
- caution (f) 敷金
  コーシオン
- charges (f, pl) 維持管理費
  シャるジュ
- emménagement (m) 入居
  アンメナジュマン

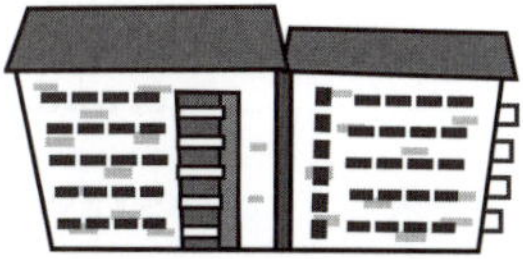

日常生活 [住]
家の中

玄関の階段	**perron**	*m*	ペロン
玄関	**vestibule**	*m*	ヴェスティビュル
(1つ1つの)部屋	**pièce**	*f*	ピエス
2DK	**deux-pièces cuisine**	*m*	ドゥーピエス キュイジーヌ
居間	**séjour**	*m*	セジュール
客間	**salon**	*m*	サロン
食堂	**salle à manger**	*f*	サラ マンジェ
書斎	**bureau**	*m*	ビュロー
寝室	**chambre**	*f*	シャンブる
子ども部屋	**chambre d'enfants**	*f*	シャンブる ダンファン
洗面所	**cabinet de toilette**	*m*	カビネ ドゥ トワレットゥ
トイレ	**toilettes**	*f pl.*	トワレットゥ
浴室	**salle de bain**	*f*	サル ドゥ ベン
シャワールーム	**salle d'eau**	*f*	サル ドー
バルコニー	**balcon**	*m*	バルコン
ベランダ	**véranda**	*f*	ヴェらンダ
テラス	**terrasse**	*f*	テらース

● [住] 家の中

屋根裏部屋	**mansarde**	f	マンサるドゥ
物置部屋	**débarras**	m	デバら
（屋根裏の）物置	**grenier**	m	グるニエ
地下倉庫	**cave**	f	カヴ
離れ	**pavillon**	m	パヴィヨン
廊下	**couloir**	m	クロワーる
階段	**escalier**	m	エスカリエ
段	**marche**	f	マるシュ
踊り場	**palier**	m	パリエ
手すり	**rampe**	f	らンプ
天井	**plafond**	m	プラフォン
雨どい	**gouttière**	f	グーティエーる
（水・ガスなどの）管	**tuyau**	m	テュイヨー

不動産契約に必要なことば②

- agent immobilier (m) アジャン イモビリエ　不動産業者
- propriétaire (m, f) プロプリエテーる　家主
- locataire (m, f) ロカテーる　借家人
- concierge (m, f) コンシエるジュ　管理人
- meublé(e) ムブレ　家具付きの
- vide ヴィッドゥ　家具なしの

4章 ● 日常生活

日常生活 [住]
家の中の設備

表札	**plaque de porte**	*f*	プラック ドゥ ポるトゥ
呼び鈴	**sonnette**	*f*	ソネットゥ
郵便受け	**boîte aux lettres**	*f*	ボワッ トー レトゥる
錠	**serrure**	*f*	セりゅーる
南京錠	**cadenas**	*m*	カドゥナ
鍵	**clé**	*f*	クレ
仕切り壁	**cloison**	*f*	クロワゾン
薄い仕切り壁	**paroi**	*f*	パロワ
柱	**pilier**	*m*	ピリエ
棚	**étagère**	*f*	エタジェーる
本棚	**bibliothèque**	*f*	ビブリオテック
食器棚	**buffet**	*m*	ビュッフェ
押入れ	**placard**	*m*	プラカーる
衣装部屋	**vestiaire**	*m*	ヴェスティエーる
洗面台	**lavabo**	*m*	ラヴァボ
浴槽	**baignoire**	*f*	ベニョワーる
シャワー	**douche**	*f*	ドゥーシュ

● [住] 家の中の設備 ●

日本語	フランス語	性	読み
ビデ	bidet	m	ビデ
流し	évier	m	エヴィエ
蛇口	robinet	m	ろビネ
調理台	table de cuisine	f	ターブル ドゥ キュイジーヌ
ガスレンジ	cuisinière à gaz	f	キュイジニエー ら ガズ
オーブン	four	m	フール
換気扇	ventilateur	m	ヴァンティラトゥーる
暖炉	cheminée	f	シュミネー
セントラルヒーティング	chauffage central	m	ショーファージュ サントゥらル
よろい戸	volet	m	ヴォレ
網戸	moustiquaire	f	ムスティケーる
ブラインド	jalousie	f	ジャルージー
日除け	store	m	ストーる
芝生	pelouse	f	プルーズ
芝	gazon	m	ガゾン
柵	barrière	f	バりエーる
鉄柵	grille	f	グりーユ
わらぶき屋根	toit de chaume	m	トワ ドゥ ショーム
瓦屋根	toit de tuiles	m	トワ ドゥ テュイール

4章 ● 日常生活

日常生活[住]
家具

家具	**meuble**	m	ムーブル
テーブル	**table**	f	ターブル
事務机	**bureau**	m	ビュろー
(傾斜した) 机	**pupitre**	m	ピュピートゥる
引き出し	**tiroir**	m	ティろワーる
イス	**chaise**	f	シェーズ
ひじ掛けイス	**fauteuil**	m	フォトゥーユ
ソファー	**canapé**	m	カナペ
長イス	**divan**	m	ディヴァン
リクライニングチェアー	**chaise longue**	f	シェーズ ロング
ロッキングチェアー	**fauteuil à bascule**	m	フォートゥー ヤ バスキュル
クロゼット	**penderie**	f	パンドゥりー
たんす	**armoire**	f	あるモワーる
整理ダンス	**commode**	f	コモッドゥ
サイドボード	**buffet**	m	ビュッフェ
スツール	**tabouret**	m	タブーれ
鏡台	**coiffeuse**	f	コワフーズ

● [住] 家具 ●

鏡	**glace**	*f*	グラース
姿見	**psyché**	*m*	プシケ
ベッド	**lit**	*m*	リ
折りたたみ式ベッド	**lit pliant**	*m*	リ プリアン
二段ベッド	**lit superposé**	*m*	リ シュペるポーゼ
掛けぶとん、毛布	**couverture**	*f*	クーヴェるテューる
マットレス	**matelas**	*m*	マトゥラ
シーツ	**drap**	*m*	ドゥら
ベッドカバー	**dessus-de-lit**	*m*	ドゥシュードゥリ
枕	**oreiller**	*m*	オれイエ
長枕	**traversin**	*m*	トゥらヴェるセン
枕カバー	**taie d'oreiller**	*f*	テー ドれイエ
ベッド台	**sommier**	*m*	ソミエ
目覚まし時計	**réveil**	*m*	れヴェーユ
日曜大工をする	**bricoler**		ブりコレ
配置する	**disposer**		ディスポゼ
修理する	**réparer**		れパれ
ペンキを塗る	**peindre**(craindre型)		ペンドゥる
ベッドメイキングする	**faire le(s) lit(s)**		フェール ル(レ) リ

4章 ● 日常生活

日常生活 [住]
インテリア

日本語	フランス語	性	読み
カーテン	rideau	m	りドー
薄地のカーテン	voilage	m	ヴォワラージュ
カーテンレール	tringle à rideaux	f	トゥれング ラ りドー
部分敷きのジュウタン	tapis	m	タピ
全体敷きのジュウタン	moquette	f	モケットゥ
タピスリー	tapisserie	f	タピスりー
クッション	coussin	m	クッセン
腰掛けクッション	pouf	m	プーフ
壁紙	papier peint	m	パピエ ペン
（器具などの）カバー	housse	f	ウース
フロアスタンド	lampadaire	m	ランパデーる
シャンデリア	lustre	m	リュストゥる
デスクスタンド	lampe de bureau	f	ランプ ドゥ ビュろー
卓上スタンド	lampe de table	f	ランプ ドゥ ターブル
吊り下げ型の灯り	suspendu	m	シュスパンデュー
壁灯	applique	f	アプリック
ランプの傘	abat-jour	m	アバジューる

● [住] インテリア ●

電球	**ampoule**	f	アンプール
蛍光灯	**néon**	m	ネオン
燭台 (しょくだい)	**chandelier**	m	シャンドゥリエ
ロウソク	**bougie**	f	ブージー
置時計、掛け時計	**horloge**	f	オるロージュ
花瓶	**vase**	m	ヴァーズ
オルゴール	**boîte à musique**	f	ボワッタ ミュジック
置物、工芸品	**bibelot**	m	ビブロ
写真立て	**cadre pour photo**	m	カドゥる プる フォト
地球儀	**globe terrestre**	m	グローブ テれストゥる
カレンダー	**calendrier**	m	カランドゥりエ
灰皿	**cendrier**	m	サンドゥりエ
ライター	**briquet**	m	ブりケ

4章 ● 日常生活

〈関連単語〉

おもちゃ箱　coffre à jouets (m)　コフ ら ジュエ　　人形　poupée (f)　プーペー

ぬいぐるみ　peluche (f)　プリュッシュ　　ままごとの道具　dînette (f)　ディネットゥ

積み木　cube (m)　キューブ

ジグソーパズル　puzzle (m)　プズル

木馬　cheval de bois (m)　シュヴァル ドゥ ボワ

日常生活 [住]
家電用品

皿洗い機	lave-vaisselle	m	ラヴェッセル
トースター	grille-pain	m	グリーユペン
冷蔵庫	réfrigérateur	m	れフリジェらトゥーる
冷凍庫	congélateur	m	コンジェラトゥーる
エアコン	climatiseur	m	クリマティズーる
電気ストーブ	radiateur électrique	m	らディアトゥーる エレクトゥリック
ファンヒーター	radiateur soufflant	m	らディアトゥーる スーフラン
扇風機	ventilateur	m	ヴァンティラトゥーる
掃除機	aspirateur	m	アスピらトゥーる
洗濯機	machine à laver	f	マシーナ ラヴェ
乾燥機	sèche-linge	m	セッシュレンジュ
アイロン	fer à repasser	m	フェーら るパセ
ミシン	machine à coudre	f	マシーナ クードゥる
電話	téléphone	m	テレフォヌ
携帯電話	portable	m	ポるターブル
テレビ	téléviseur	m	テレヴィズーる
リモコン	télécommande	f	テレコマンドゥ

● [住] 家電用品 ●

日本語	フランス語	性	発音
テレビゲーム	jeu vidéo	m	ジュー ヴィデオ
ラジオ	poste de radio	m	ポストゥ ドゥ らディオ
ラジカセ	radiocassette	f	らディオカセットゥ
CDプレーヤー	lecteur de CD	m	レクトゥール ドゥ セーデー
DVDプレーヤー	lecteur de DVD	m	レクトゥール ドゥ デーヴェーデー
ステレオセット	chaîne stéréo	f	シェーヌ ステれオ
スピーカー	haut-parleur	m	オーパるルーる
アンプ	amplificateur	m	アンプリフィカトゥール
ビデオデッキ	magnétoscope	m	マニェトスコープ
ビデオカメラ	caméscope	m	カメスコープ
デジタルカメラ	appareil photos numérique	m	アパれーユ フォト ニュメりック
ウェブカメラ	webcam	f	ウエブカム
電気シェーバー	rasoir électrique	m	らゾワーる エレクトゥりック

〈関連単語〉

プラグ fiche (f) フィッシュ ソケット douille (f) ドゥーユ

コンセント prise de courant (f) プりーズ ドゥ クーらン

スイッチ interrupteur (m) エンテりゅプトゥーる

中間スイッチ olive (f) オリーヴ コード fil (m) フィル

ヒューズ fusible (m) フュジーブル ブレーカー coupe-circuit (m) クップシるキュイ

4章 日常生活

日常生活 [住]
道具・工具

ほうき	balai	m	バレー
ちりとり	pelle à poussière	f	ペル ア プーシエール
モップ	balai-laveur	m	バレーラヴール
布巾	torchon	m	トルション
雑巾	chiffon	m	シフォン
バケツ	seau	m	ソー
スコップ	pelle	f	ペル
ホース	tuyau	m	テュイヨー
じょうろ	arrosoir	m	アロゾワール
熊手	râteau	m	らトー
せんていばさみ	sécateur	m	セカトゥール
芝刈り機	tondeuse	f	トンドゥーズ
金づち	marteau	m	マルトー
くぎ抜き	arrache-clou	m	アらッシュクルー
万力	étau	m	エトー
のこぎり	scie	f	シー
チェーンソー	scie électrique	f	シー エレクトゥリック

● [住] 道具・工具 ●

ドリル	**perceuse**	*f*	ぺルスーズ
スパナ	**clé**	*f*	クレ
ペンチ	**pince**	*f*	パンス
ドライバー	**tournevis**	*m*	トゥールヌヴィス
錐 (きり)	**poinçon**	*m*	ポワンソン
かんな	**rabot**	*m*	らボ
やすり	**lime**	*f*	リム
刷毛 (はけ)	**pinceau**	*m*	パンソー
へら、こて	**spatule**	*f*	スパテュール
ローラー	**rouleau**	*m*	るーロー
はしご	**échelle**	*f*	エシェル
脚立 (きゃたつ)	**escabeau**	*m*	エスカボー
ねじ	**vis**	*m*	ヴィス
釘	**clou**	*m*	クルー
ボルト	**boulon**	*m*	ブーロン
ナット	**écrou**	*m*	エクるー
ペンキ	**peinture**	*f*	パンテューる
石膏 (せっこう)	**plâtre**	*m*	プラートゥる
漆喰 (しっくい)	**enduit**	*m*	アンデュイ

4章 日常生活

日常生活 [学ぶ]
学校①

幼稚園	**école maternelle**	*f*	エコール マテるネル
小学校	**école primaire**	*f*	エコール プりメーる
中学校	**collège**	*m*	コレージュ
高等学校	**lycée**	*m*	リセ
大学	**université**	*f*	ユニヴェるシテ
学部	**faculté**	*f*	ファキュルテ
高等専門学校	**grandes écoles**	*f, pl.*	グランドゥ ゼコール
公立学校	**école publique**	*f*	エコール ピューブリック
私立学校	**école privée**	*f*	エコール プりヴェ
職業学校	**école professionnelle**	*f*	エコール プろフェシオネル
入学試験	**concours d'entrée**	*m*	コンクーる ダントゥれー
大学入学資格試験	**baccalauréat**	*m*	バカロれア
入学志願者	**candidat(e)**	*m f*	カンディダ (ットゥ)
学部登録	**inscription en faculté**	*f*	エンスクりプシオン アン ファキュルテ
学期	**trimestre**	*m*	トゥりメストゥる
新学期	**rentrée**	*f*	らントゥれー
卒業	**fin d'études**	*f*	フェン デテュードゥ

● [学ぶ] 学校①

教員	enseignant(e)	m / f	アンセーニヤン（トゥ）
幼稚園の先生	institu<u>teur</u>(trice)		エンスティテュ<u>トゥー</u>る（トゥりス）
小学校以上の先生、教授	professeur	m	プロフェスーる
生徒	élève	m / f	エレーヴ
学生	étudiant(e)	m / f	エテュディアン（トゥ）
小学生	écolier(ère)	m / f	エコリエ（ーる）
中学生	collégien(ne)	m / f	コレジエン（ヌ）
高校生	lycéen(ne)	m / f	リセエン（ヌ）
卒業生	ancien(ne) élève	m / f	アンシエ ネレーヴ
国立理工科学校の学生、卒業生	polytechnicien(ne)	m / f	ポリテクニシエン（ヌ）
高等師範学校の学生、卒業生	normalien(ne)	m / f	ノるマリエン（ヌ）
国立行政学院の卒業生	énarque	m / f	エナるク
高等教育教授資格者	agrégé(e)	m / f	アグれジェ

Column いろいろな証明書がある

フランスの義務教育は、16歳までです。

brevet des collèges (m)　中学修了書
ブるヴェ　デ　コレージュ

B.E.P. (m)　職業教育免状
ベーウーペー

C.A.P. (m)　職業適性証明書
セーアーペー

frais d'études (m,pl)　学費
フれ　デテュードゥ

bourse (f)　奨学金
ブーるス

日常生活 [学ぶ]
学校②

学校の敷地	locaux de l'école	*m pl.*	ロコー ドゥ レコール
校庭	cour de récréation	*f*	クール ドゥ れクれアシオン
教室	salle de classe	*f*	サル ドゥ クラース
大教室	amphithéâtre	*m*	アンフィテアートゥる
LL教室	laboratoire	*m*	ラボらトワール
図書館	bibliothèque	*f*	ビブリオテック
給食、校内食堂	cantine	*f*	カンティーヌ
学生食堂	restaurant universitaire	*m*	れストラン ユニヴェるシテール
大学の寮	résidence universitaire	*f*	れジダンス ユニヴェるシテール
授業	cours	*m*	クール
出席をとる	faire l'appel		フェール ラペル
授業をさぼる	sécher un cours		セシェ エン クール
黒板	tableau noir	*m*	タブロー ノワール
チョーク	bâton de craie	*m*	バトン ドゥ クれ
マーカー	marqueur	*m*	マるクール
試験	examen	*m*	エグザメン
口頭試問	examen oral	*m*	エグザメン オラル

● [学ぶ] 学校②

小論文	**dissertation**	f	ディセるタシオン
口頭発表	**exposé**	m	エクスポーゼ
書き取り	**dictée**	f	ディクテー
宿題	**devoir**	m	ドゥヴォワーる
罰課	**punition**	f	ピュニシオン
成績	**note**	f	ノートゥ
成績表	**bulletin scolaire**	m	ビュルテン スコレーる
進級試験	**examen de passage**	m	エグザメン ドゥ パサージュ
試験を受ける	**passer un examen**		パセ エン ネグザメン
試験に合格する	**réussir à un examen**		れユシーる ア エン ネグザメン
試験に失敗する	**échouer à un examen**		エシューエ ア エン ネグザメン
留年する	**redoubler une classe**		るドゥーブレ ユヌ クラース
飛び級する	**sauter une classe**		ソーテ ユヌ クラース

〈関連単語〉

免状、証書	diplôme (m) ディプロム
学士号	licence (f) リサンス
修士号	master (m) マステーる
博士号	doctorat (m) ドクトら
ヨーロッパ共通参照枠	CECR (m) セーウーセーエる

日常生活 [学ぶ]
学科

国語	**français**	*m*	フらンセ
英語	**anglais**	*m*	アングレ
外国語	**langue étrangère**	*f*	ラング エトゥらンジェーる
言語学	**linguistique**	*f*	レンギュイスティック
教育学	**pédagogie**	*f*	ペダゴジー
文学	**littérature**	*f*	リテらテユーる
哲学	**philosophie**	*f*	フィロゾフィー
心理学	**psychologie**	*f*	プシコロジー
法律学	**droit**	*m*	ドゥろワ
政治学	**science politique**	*f*	シアンス ポリティック
経済学	**économie politique**	*f*	エコノミー ポリティック
商学	**science commerciale**	*f*	シアンス コメるシアル
社会学	**sociologie**	*f*	ソシオロジー
地理学	**géographie**	*f*	ジェオグらフィー
歴史学	**histoire**	*f*	イストワーる
人類学	**anthropologie**	*f*	アントゥろポロジー
考古学	**archéologie**	*f*	あるケオロジー

● [学ぶ] 学科 ●

算数	**arithmétique**	f	アりトゥメティック
数学	**mathématiques**	f pl.	マテマティック
物理学	**physique**	f	フィジック
化学	**chimie**	f	シミー
生物学	**biologie**	f	ビオロジー
地質学	**géologie**	f	ジェオロジー
天文学	**astronomie**	f	アストゥろノミー
機械工学	**mécanique**	f	メカニック
土木工学	**génie civil**	m	ジェニー シヴィル
農学	**agronomie**	f	アグろノミー
情報処理	**informatique**	f	エンフォるマティック
医学	**médecine**	f	メドゥシーヌ
薬学	**pharmacie**	f	ファるマシー

〈関連単語〉

専攻 spécialité (f) 　大学の履修単位 unité de valeur (f)
　　　スペシアリテ　　　　　　　　　　　　　ユニテ ドゥ ヴァルーる

人文科学 sciences humaines (f, pl.)
　　　　　シアンス　ユメーヌ

社会科学 sciences sociales (f, pl.)
　　　　　シアンス　ソシアル

自然科学 sciences naturelles (f, pl.)
　　　　　シアンス　ナテュれル

工学 technologie (f)
　　　テクノロジー

日常生活 [学ぶ]
文房具

鉛筆	**crayon**	*m*	クれイヨン
鉛筆削り	**taille-crayon**	*m*	ターユクれイヨン
色鉛筆	**crayon de couleur**	*m*	クれイヨン ドゥ クルーる
クレヨン	**pastel**	*m*	パステル
ペン	**stylo**	*m*	スティロー
カートリッジ	**cartouche**	*f*	カるトゥーシュ
吸い取り紙	**buvard**	*m*	ビュヴァーる
ボールペン	**stylo à bille**	*m*	スティロ ア ビーユ
フェルトペン	**feutre**	*m*	フートゥる
シャープペンシル	**porte-mine**	*m*	ポるトゥミーヌ
替え芯	**mine**	*f*	ミーヌ
ノート	**cahier**	*m*	カイエ
方眼ノート	**cahier quadrillé**	*m*	カイエ カドゥりエ
ルーズリーフ	**feuille mobile**	*f*	フーユ モビール
消しゴム	**gomme**	*f*	ゴム
修正液	**correcteur**	*m*	コれクトゥーる
はさみ	**ciseaux**	*m pl.*	シゾー

● [学ぶ] 文房具 ●

日本語	フランス語	性	発音
カッター	cutter	m	キュトゥーる
ペーパーナイフ	coupe-papier	m	クップパピエ
のり	colle	f	コル
セロテープ	ruban adhésif	m	りゅバン アデシフ
定規	règle	f	れーグル
三角定規	triangle	m	トゥりアングル
分度器	rapporteur	m	らポるトゥーる
コンパス	compas	m	コンパス
ホッチキス	agrafeuse	f	アグらフーズ
画びょう	punaise	f	ピュネーズ
クリップ	trombone	m	トゥろンボーヌ
バインダー	classeur	m	クラスーる
カード	fiche	f	フィッシュ
ふで箱	trousse d'écolier	f	トゥるース デコリエ
ランドセル	cartable	m	カるタブル
電卓	calculatrice	f	カルキュラトゥりス
手帳	agenda	m	アジャンダ
メモパッド	bloc	m	ブロック
ラベル	étiquette	f	エティケットゥ

4章 日常生活

日常生活 [働く]
職業・業種

日本語	フランス語	性	読み
制服警察官	**agent de police**	*m*	アジャン ドゥ ポリース
私服警察官、刑事	**policier en civil**	*m*	ポリシエ アン シヴィル
広域警察官	**gendarme**	*m*	ジャンダるム
軍人	**militaire**	*m*	ミリテーる
消防士	**pompier**	*m*	ポンピエ
船員	**marin**	*m*	マれン
鉄道員	**cheminot**	*m*	シュミノ
弁護士	**avocat**	*m*	アヴォカ
公認会計士	**expert-comptable**	*m*	エクスペーるコンターブル
税理士	**consultant fiscal**	*m*	コンシュルタン フィスカル
公証人、司法書士	**notaire**	*m*	ノテーる
秘書	**secrétaire**	*m/f*	スクれテーる
タイピスト	**dactylo**	*m/f*	ダクティロ
プログラマー	**programmeur(se)**	*m/f*	プろグらムーる (ズ)
技師	**ingénieur**	*m*	エンジェニユーる
建築家	**architecte**	*m/f*	アるシテクトゥ
電気技師	**électricien**	*m*	エレクトゥりシエン

● [働く] 職業・業種 ●

修理工	**mécanicien**	m	メカニシエン
大工	**charpentier**	m	シャるパンティエ
石工	**maçon**	m	マソン
家具製造人	**menuisier**	m	ムニュイジエ
高級婦人服デザイナー	**couturier(ère)**	m f	クテュりエ (−る)
ファッションデザイナー	**styliste**	m f	スティリストゥ
ファッションモデル	**mannequin**	m	マヌケン
コック	**cuisinier(ère)**	m f	キュイジニエ (−る)
ウエイター、ウエイトレス	**serveur(se)**	m f	セるヴーる (ズ)
ケーキ屋	**pâtissier(ère)**	m f	パティシエ (−る)
公務員	**fonctionnaire**	m f	フォンクシネーる
会社員	**employé(e)**	m f	アンプロワイエ
商人	**commerçant(e)**	m f	コメるサン (トゥ)
職人	**artisan**	m	アるティザン
農業従事者	**agriculteur(trice)**	m f	アグりキュルトゥーる (トゥりス)
漁師	**pêcheur(se)**	m f	ペシューる (ズ)
芸術家	**artiste**	m f	アるティストゥ
失業者	**chômeur(se)**	m f	ショムーる (ズ)
退職者	**retraité(e)**	m f	るトゥれテ

4章 ● 日常生活

日常生活 [働く]
店の名前

タバコ屋	bureau de tabac	m	ビュロー ドゥ タバ
書店	librairie	f	リブれりー
文房具店	papeterie	f	パプトゥりー
レコード店	disquaire	m/f	ディスケーる
レンタルビデオ店	vidéoclub	m	ヴィデオクルブ
ドラッグストアー	drugstore	m	ドゥるグストーる
洋品店	magasin de nouveautés	m	マガゼン ドゥ ヌーヴォーテ
服地店	magasin de tissus	m	マガゼン ドゥ ティッシュ
注文服仕立店	couture	f	クテューる
化粧品店	parfumerie	f	パるフュムりー
花屋	fleuriste	m/f	フルーりストゥ
時計店	horlogerie	f	オるロジュりー
眼鏡店	opticien	m	オプティシエン
帽子店	chapellerie	f	シャプルりー
手袋店	ganterie	f	ガントゥりー
靴店	magasin de chaussures	m	マガセン ドゥ ショシューる
靴修理店	cordonnerie	f	コるドヌりー

● [働く] 店の名前 ●

支革製品店	**maroquinerie**	f	マろキヌりー
旅行かばん店	**bagagerie**	f	バガージュりー
宝石店	**bijouterie**	f	ビジュートゥりー
写真店	**photographe**	m	フォトグラフ
不動産屋	**agence immobilière**	f	アジャンス イモビリエーる
家具店	**magasin de meubles**	m	マガゼン ドゥ ムーブル
金物店	**quincaillerie**	f	ケンカユりー
電機店	**magasin d'électroménager**	m	マガゼン デレクトゥろメナジェ
おもちゃ屋	**magasin de jouets**	m	マガゼン ドゥ ジュエ
クリーニング店	**blanchisserie**	f	ブランシスりー
コインランドリー	**laverie automatique**	f	ラヴりー オートマティック
骨董品店	**antiquaire**	m	アンティケーる
のみの市	**marché aux puces**	m	マるシェ オー ピュス

4章 ●日常生活

〈関連単語〉

ショッピングセンター	centre commercial (m) サントゥる コメるシアル
店	magasin (m) マガゼン
デパート	grand magasin (m) グラン マガゼン
小さな店	boutique (f) ブティック
露店	boutique foraine (f) ブティック フォれーヌ

日常生活 [働く]

パソコン用語①

日本語	フランス語	性	読み
デスクトップ	ordinateur de bureau	m	オるディナトゥーる ドゥ ビュろー
ノートパソコン	ordinateur portable	m	オるディナトゥーる ポるターブル
ハードウェア	matériel	m	マテりエル
ソフトウェア	logiciel	m	ロジシエル
パソコン本体	unité centrale	f	ユニテ サントゥらル
ディスクドライブ	lecteur	m	レクトゥーる
モニター	moniteur	m	モニトゥーる
起動する	démarrer		デマれ
シャットダウンする	arrêter		アれテ
ディスプレー	écran	m	エクらン
コントロール・パネル	panneau de configuration	m	パノー ドゥ コンフィギュらシオン
タスクバー	barre des tâches	f	バーる デ タッシュ
ログインする	ouvrir une session		ウーヴりーる ユヌ セシオン
ログアウトする	fermer la session		フェるメ ラ セシオン
サーバー	serveur	m	セるヴーる
アカウント	compte	m	コントゥ
キーボード	clavier	m	クラヴィエ

● [働く] パソコン用語① ●

マウス	**souris**	*f*	スーり
カーソル	**curseur**	*m*	キュるスーる
キー	**touche**	*f*	トゥッシュ
エンター	**entrée**	*f*	アントゥれ
シフト	**majuscule**	*f*	マジュスキュル
スペース	**espace**	*m*	エスパス
文書	**document**	*m*	ドキュマン
ワープロ	**traitement de textes**	*m*	トゥれートゥマン ドゥ テクストゥ
データ	**donnée**	*f*	ドネー
ファイル	**fichier**	*m*	フィシエ
フォルダー	**dossier**	*m*	ドシエ
プリンター	**imprimante**	*f*	エンプりマントゥ
フロッピーディスク	**disquette**	*f*	ディスケットゥ
CD-ROM	**CD-ROM**	*m*	セーデーろム
USBメモリー	**clé USB**	*f*	クレ ユーエスベー
印刷する	**imprimer**		エンプりメ
インストールする	**installer**		エンスタレ
ダウンロードする	**télécharger**		テレシャるジェ
焼く	**graver**		グらヴェ

4章 ● 日常生活

日常生活 [働く]
パソコン用語②

キーを打つ	taper		タペ
クリックする	cliquer		クリケ
ダブルクリックする	double-cliquer		ドゥブルクリケ
表示する	visionner		ヴィジオネ
拡大する	agrandir		アグらンディーる
縮小する	réduire (conduire型)		れデュイーる
切り取る	couper		クーペ
ペーストする	coller		コレ
ドラッグする	faire glisser		フェーる グリセ
保存する	sauvegarder		ソーヴガるデ
削除する	supprimer		シュプりメ
スキャナー	scanneur	*m*	スカヌーる
インターネット	Internet	*m*	エンテるネットゥ
サイト	site	*m*	シットゥ
トップページ	page d'accueil	*f*	パージュ ダクーユ
ブログ	weblog	*m*	ウエッブログ
検索エンジン	moteur de recherche	*m*	モトゥーる ドゥ るシェるシュ

[働く] パソコン用語②

日本語	フランス語	性	読み
ブラウザ	navigateur	m	ナヴィガトゥーる
お気に入り	favori	m	ファヴォり
リンク	lien	m	リエン
チャットをする	chatter		チャテ
オンラインゲームをする	jouer en ligne		ジュエ アン リーニュ
eメール	courrier électronique	m	クーりエ エレクトゥろニック
メールアドレス	adresse e-mail	f	アドゥれス イーメール
携帯メール	SMS	m	エスエムエス
メーリングリスト	liste de diffusion	f	リストゥ ドゥ ディフュジオン
プロバイダー	fournisseur	m	フーるニスーる
受信箱	boîte de réception	f	ボワットゥ ドゥ れセプシオン
メッセージ	message	m	メサージュ
バーチャルカード	carte virtuelle	f	カるトゥ ヴィるテュエル
添付ファイル	attachement	m	アタッシュマン
迷惑メール	courrier indésirable	m	クーりエ エンデジらーブル
ブロードバンド	haut débit	m	オー デビ
コンピューターウイルス	virus informatique	m	ヴィりゅス エンフォるマティック
ハッカー	pirate	m	ピらットゥ
ウイルス対策ソフト	anti-virus	m	アンティヴィりゅス

4章 日常生活

À propos!

パソコンや携帯電話は
日常生活に欠かせないアイテム

情報科学の進歩は目覚ましいものがあり、パソコンや携帯電話は、仕事のみならず日常生活に欠かせない存在になりました。アフリカの羊飼いも、最近は携帯電話を持って歩いています。

サイトの内容も"国際化"しています。おそらく日本生まれと思われる「出会い系 Rencontres」が、フランスはもとよりイスラム教国のモロッコに出現したのには驚きました。

HPやメールアドレスを口頭で伝えるとき、次のように言います。

http	http アッシュテーテーペー
/（スラッシュ）	/ (slash) スラッシュ
:（コロン）	: (deux points) ドゥー ポワン
www	www ドゥブルヴェードゥブルヴェードゥブルヴェー
.（ドット）	. (point) ポワン
@（アット）	@ (arobase) アロバーズ
-（ハイフン）	- (trait d'union) トゥレーデュニオン
_（アンダーバー）	_ (trait de soulignement) トゥレー ドゥ スーリニュマン

もちろん人によって言い方は異なります。とりわけ @ は、英語のまま「アットゥ」と発音する人が多いようです。

日本で盛んな「絵文字 émoticône エモティコーヌ」もあります。また、(笑) を (rire) と書いて使用しています。

パソコンでフランス語を書くには、入力言語に「フランス語（カナダマルチリンガル標準）」を追加すればよいでしょう。キーボードの配列が日本製と似ているので、「フランス語（フランス）」よりもはるかに打ちやすいです。

しかしメールの場合は、特殊文字が文字化けしてしまう場合があります。そのときは、アクサンなどをつけずに入力してください。フランス人も平気でしていますし、文法的に正確に書かれた文章であれば、相手は問題なく理解してくれます。

5章

行動・趣味・文化

行動・趣味・文化 [乗り物]
飛行機で①

飛行機	**avion**	*m*	アヴィオン
航空会社	**compagnie aérienne**	*f*	コンパニー アエりエンヌ
便	**vol**	*m*	ヴォル
直行便	**vol direct**	*m*	ヴォル ディれクトゥ
寄航地	**escale**	*f*	エスカル
国際線	**ligne internationale**	*f*	リーニュ エンテるナシオナル
国内線	**ligne intérieure**	*f*	リーニュ エンテりユーる
チャーター便	**vol charter**	*m*	ヴォル シャるテール
パイロット	**pilote**	*m*	ピロットゥ
客室乗務員(女)	**hôtesse de l'air**	*f*	オテス ドゥ レール
空港	**aéroport**	*m*	アエろポール
エアターミナル	**aérogare**	*f*	アエろガール
空港案内所	**renseignements**	*m pl.*	らンセニュマン
管制塔	**tour de contrôle**	*f*	トゥール ドゥ コントゥろール
滑走路	**piste**	*f*	ピストゥ
チェックインカウンター	**comptoir d'enregistrement**	*m*	コントワーる ダンるジストゥるマン
チェックインする	**enregistrer**		アンるジストゥれ

● [乗り物] 飛行機で①

キャンセルする	annuler		アニュレ
変更する	changer		シャンジェ
航空券	billet d'avion	m	ビエ ダヴィオン
搭乗券	carte d'embarquement	f	カるトゥ ダンバるクマン
荷物	valise	f	ヴァリーズ
重量オーバー	excédent	m	エクセダン
追加料金	supplément	m	シュプレマン
出入国審査	contrôle des passeports	m	コントゥロール デ パスポーる
免税手続き カウンター	bureau de la détaxe	m	ビュろー ドゥ ラ デタックス
搭乗ゲート	porte d'embarquement	f	ポるトゥ ダンバるクマン
タラップ	passerelle	f	パスれル
搭乗する	s'embarquer		サンバるケ
離陸	décollage	m	デコラージュ

Column 航空機の種類

航空機といってもいろいろな種類があります。

avion de ligne (m) 旅客機
アヴィオン ドゥ リーニュ

jet (m) ジェット機
ジェットゥ

avion de fret 貨物輸送機
アヴィオン ドゥ フれ

avion à hélices (m) プロペラ機
アヴィオ ナ エリース

hélicoptère (m) ヘリコプター
エリコプテーる

5章●行動・趣味・文化

行動・趣味・文化 [乗り物]
飛行機で②

日本語	フランス語	性	カナ
座席	siège	m	シエージュ
座席番号	numéro de siège	m	ニュメロ ドゥ シエージュ
エコノミークラス	classe économique	f	クラス エコノミーク
ビジネスクラス	classe affaires	f	クラス アフェール
ファーストクラス	première classe	f	プルミエル クラース
窓側	côté hublot	m	コテ ユブロ
通路側	côté couloir	m	コテ クーロワール
手荷物	bagage à main	m	バガージュ ア メン
荷物入れ	compartiment à bagages	m	コンパるティマン ア バガージュ
非常口	sortie de secours	f	ソるティー ドゥ スクール
救命胴衣	gilet de sauvetage	m	ジレ ドゥ ソーヴタージュ
酸素マスク	masque à oxygène	m	マスク ア オクシジェーヌ
シートベルト	ceinture	f	センテュール
ヘッドフォン	écouteurs	m pl.	エクトゥール
毛布	couverture	f	クーヴェるテュール
免税品	articles détaxés	m pl.	アるティークル デタクセ
機内食	repas de bord	m	るパ ドゥ ボール

● [乗り物] 飛行機で②

着陸	**atterrissage**	m	アテりサージュ
乗り継ぎ	**correspondance**	f	コれスポンダンス
税関	**douane**	f	ドゥーアンヌ
税関申告書	**carte de déclaration de douane**	f	かるトゥ ドゥ デクラらシオン ドゥ ドゥーアンヌ
申告なし者用出口	**Rien à déclarer**		りエン ア デクラれ
荷物受取所	**livraison des bagages**	f	リヴれーゾン デ バガージュ
荷物の引換券	**coupon-bagages**	m	クーポンバガージュ
カート	**chariot**	m	シャリオ
両替所	**bureau de change**	m	ビュろー ドゥ シャンジュ
手荷物一時預かり所	**consigne**	f	コンシーニュ
喫煙コーナー	**coin fumeur**	m	コワン フュムーる
エスカレーター	**escalator**	m	エスカラトーる
エレベーター	**ascenseur**	m	アサンスーる

Column 入国カードを記入する

フランスに入国する際は入国カードを記入する必要があります。以下のような内容などが記されています。

carte d'embarquement (f) 入国カード
カるトゥ ダンバるクマン

nationalité (f) 国籍
ナシオナリテ

adresse permanente (f) 本籍地
アドゥれス ぺるマナントゥ

date de naissance (f) 生年月日
ダットゥ ドゥ ネサンス

but de la visite (m) 滞在目的
ビュットゥ ドゥ ラ ヴィジットゥ

行動・趣味・文化 [乗り物]
電車、列車に乗る①

日本語	フランス語	性	読み
フランス国有鉄道	SNCF	f	エスエヌセーエフ
パリ交通公団	RATP	f	エルアーテーペー
首都圏高速交通網	RER	m	エルウーエル
鉄道	chemin de fer	m	シュマン ドゥ フェール
幹線	grande ligne	f	グランドゥ リーニュ
近郊線	ligne de banlieue	f	リーニュ ドゥ バンリウー
電車、列車	train	m	トゥれン
地下鉄	métro	m	メトゥろ
モノレール	monorail	m	モノらーユ
市電	tramway	m	トゥらムウエー
ケーブルカー	funiculaire	m	フュニキュレーる
ロープウェイ	téléphérique	m	テレフェりック
普通列車	omnibus	m	オムニビュス
短距離用ディーゼル車	autorail	m	オートらーユ
急行列車	express	m	エクスプれス
特急列車	rapide	m	らピッドゥ
新幹線	TGV	m	テージェーヴェー

● [乗り物] 電車、列車に乗る①●

次世代新幹線	**AGV**	f	アージェーヴェー
ユーロスター	**Eurostar**	m	ユーロスター
貨物列車	**train de marchandises**	m	トゥれン ドゥ まるシャンディーズ
機関車	**locomotive**	f	ロコモティーヴ
夜行列車	**train de nuit**	m	トゥれン ドゥ ニュイ
寝台車	**voiture-lit**	f	ヴォワテューるリ
簡易寝台車両	**voiture-couchette**	f	ヴォワテューるクシェットゥ
食堂車	**voiture-restaurant**	f	ヴォワテューるれストラン
ビュッフェ車両	**voiture-buffet**	f	ヴォワテューるビュフェ
客車	**voiture de voyageurs**	f	ヴォワテューる ドゥ ヴォワイヤジューる
サイレントスペース	**espace ZEN**	m	エスパス ゼン
コンパートメント	**compartiment**	m	コンパるティマン
網棚	**filet à bagages**	m	フィレ ア バガージュ

〈関連単語〉

線路　rail (m)
らーユ

信号　signal (m)
シニャル

脱線　déraillement (m)
デらーユマン

人身事故　accident corporel (m)
アクシダン　コるポれル

ストライキ　grève (f)
グれーヴ

踏み切り　passage à niveau (m)
パッサージュ ア ニヴォー

行動・趣味・文化 [乗り物]
電車、列車に乗る②

駅	gare	f	ガール
待合室	salle d'attente	f	サル ダタントゥ
遺失物取扱所	bureau des objets trouvés	m	ビュロー デ ゾブジェ トゥルーヴェ
コインロッカー	consigne automatique	f	コンシーニュ オートマティック
キオスク	kiosque	m	キオスク
発着時刻表	tableau des horaires	m	タブロー デ ゾれール
切符売り場	guichet	m	ギシェ
予約窓口	bureau de réservation	m	ビュロー ドゥ れぜるヴァシオン
自動販売機	distributeur de billets	m	ディストゥりビュトゥール ドゥ ビエ
運賃	tarif	m	タりッフ
乗車券	billet	m	ビエ
割引	réduction	f	れデュクシオン
割増料金	supplément	m	シュプレマン
1等	première classe	f	プるミエる クラース
2等	deuxième classe	f	ドゥジエム クラース
片道	aller simple	m	アレー センプル
往復	aller-retour	m	アレーるトゥーる

● [乗り物] 電車、列車に乗る② ●

窓際	côté fenêtre	m	コテ フネートゥる
ホーム入口	accès aux quais	m	アクセ オー ケー
ホーム	quai	m	ケー
番線	voie	f	ヴォワ
自動改札機	composteur	m	コンポストゥーる
駅長	chef de gare	m	シェフ ドゥ ガーる
駅員	employé(e) de gare	m / f	アンプロワイエ ドゥ ガーる
車掌	contrôleur(se)	m / f	コントゥろルーる (ズ)
~発の	en provenance de ~		アン プろヴナンス ドゥ
~行きの	à destination de ~		ア デスティナシオン ドゥ
経由で	via		ヴィア
乗り換える	changer de train		シャンジェ ドゥ トゥれン
終点	terminus	m	テるミニュス

Column 地下鉄で便利に使えるいろいろなチケット

フランスの地下鉄には、carnet (m)「地下鉄・バスの回数券」のように、便利に使えるチケットがいろいろあります。

station (f) 地下鉄の駅／ ticket (m) 地下鉄・バスの切符
　スタシオン　　　　　　　　　ティケ

passe Navigo (m) 地下鉄・バスの定期券
パス ナヴィゴ

ticket Mobilis (m) 1日乗り放題券
ティケ モビリス

contrôle (m) 検札／ amende (f) 罰金
コントゥろール　　　　　アマンドゥ

5章●行動・趣味・文化

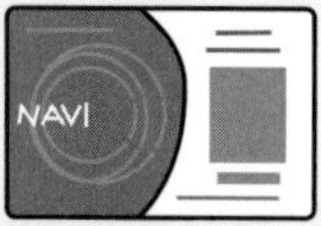

行動・趣味・文化 [乗り物]
バス、タクシーで

日本語	フランス語	性	カナ
市内バス	autobus	m	オートビュス
長距離バス、観光バス	autocar	m	オートカール
シャトルバス	navette	f	ナヴェットゥ
トロリーバス	trolley	m	トゥろレー
マイクロバス	microbus	m	ミクろビュス
スクールバス	autobus scolaire	m	オートビュス スコレーる
深夜バス	noctambus	m	ノクタンビュス
バス停	arrêt	m	アれ
バスターミナル	gare routière	f	ガーる るーティエーる
車庫	garage	m	ガらージュ
運行時刻表	horaire	m	オれール
運転席	cabine	f	カビーヌ
リクライニングシート	siège à dossier réglable	m	シエー ジャ ドシエ れグラーブル
定員	nombre de places	m	ノンブる ドゥ プラス
乗客	passager(ère)	m / f	パサジェ (ーる)
ガイド	guide	m	ギッドゥ
乗り換え	changement	m	シャンジュマン

● [乗り物] バス、タクシーで ●

タクシー	**taxi**	*m*	タクシー
タクシー乗り場	**station de taxis**	*f*	スタシオン ドゥ タクシー
タクシーの運転手	**chauffeur de taxi**	*m*	ショフーる ドゥ タクシー
(タクシー)メーター	**taximètre**	*m*	タクシメートゥる
走行料金	**tarif kilométrique**	*m*	タりフ キロメトゥリック
チップ	**pourboire**	*m*	プーるボワーる
乗る	**monter**		モンテ
乗り遅れる	**manquer**		マンケ
下りる	**descendre（atttendre型）**		デサンドゥる
発進する	**démarrer**		デマれ
加速する	**accélérer**		アクセレれ
徐行する	**ralentir**		らランティーる
止まる	**s'arrêter**		サれテ

交通のトラブル

- **embouteillage** (m) 渋滞
  アンブテーヤージュ
- **heure de pointe** (f) ラッシュアワー
  ウーる ドゥ ポワントゥ
- **accident de circulation** (m) 交通事故
  アクシダン ドゥ シるキュラシオン
- **collision** (f) 衝突
  コリジオン
- **heurt par arrière** (m) 追突
  ウーる パる アりエーる

行動・趣味・文化 [乗り物]
車で①

日本語	フランス語	性	発音
自動車	**voiture**	f	ヴォワテューる
マニュアル車	**voiture manuelle**	f	ヴォワテューる マニュエル
オートマ車	**voiture automatique**	f	ヴォワテューる オートマティック
ワンボックスカー	**monospace**	m	モノスパッス
スポーツカー	**voiture de sport**	f	ヴォワテューる ドゥ スポーる
キャンピングカー	**camping-car**	m	カンピングカーる
トレーラー	**remorque**	f	るモるク
オフロード車	**tout-terrain**	m	トゥーテれン
タイヤ	**pneu**	m	プヌー
エンジン	**moteur**	m	モトゥーる
バッテリー	**batterie**	f	バットゥりー
燃料タンク	**réservoir d'essence**	m	れぜるヴォワーる デサンス
車体	**carrosserie**	f	カろスりー
ドア	**portière**	f	ポるティエーる
ハンドル	**volant**	m	ヴォラン
アクセル	**accélérateur**	m	アクセレらトゥーる
ブレーキ	**frein**	m	フれン

● [乗り物] 車で①

ギア	**braquet**	m	ブラッケ
クラッチ	**embrayage**	m	アンブれイヤージュ
クラクション	**klaxon**	m	クラクソン
シートベルト	**ceinture de sécurité**	f	センテユーる ドゥ セキュりテ
チャイルドシート	**siège-auto**	m	シエジオート
カーナビ	**GPS**	m	ジェーペーエス
ワイパー	**essuie-glace**	m	エシュイグラース
ヘッドライト	**phare**	m	ファーる
バックミラー	**rétroviseur**	m	れトゥろヴィズーる
ウインカー	**clignotant**	m	クリニヨタン
ボンネット	**capot**	m	カポ
バンパー	**pare-chocs**	m	パるショック
(車の)トランク	**coffre**	m	コッフる

〈関連単語〉

camion (m) トラック　　camion à benne basculante (m) ダンプカー
カミオン　　　　　　　　　　カミオ　ナ　ベンヌ　バスキュラントゥ

camionnette (f) 軽トラック　　fourgonnette (f) ライトバン
カミオネットゥ　　　　　　　　　　　　フるゴネットゥ

dépanneuse (f) レッカー車
デパヌーズ

camion à ordures (m) ゴミ収集車
カミオ　ナ　オるデューる

arroseuse-balayeuse (f) 道路散水清掃車
アろズーズバレユーズ

行動・趣味・文化 [乗り物]

車で ②

日本語	フランス語	性	読み
ドライバー	conducteur(trice)	m / f	コンデュク<u>トゥー</u>る（トゥりス）
オーナードライバー	automobiliste	m / f	オートモビリストゥ
職業ドライバー	chauffeur	m	ショフーる
トラックの運転手	camionneur	m	カミオヌーる
長距離トラックの運転手	routier	m	るーティエ
レーシングドライバー	pilote	m	ピロットゥ
運転免許証	permis de conduire	m	ぺるミ ドゥ コンデュイーる
自動車保険証	assurance automobile	f	アシュらンス オートモビル
車検証	carte grise	f	かるトゥ グりーズ
自動車書類全部	papiers	m pl.	パピエ
ナンバープレート	plaque d'immatriculation	f	プラック ディマトりュキュラシオン
自動車教習所	auto-école	f	オートエコール
レンタカー	voiture de location	f	ヴォワテューる ドゥ ロカシオン
通り	rue	f	りゅー
並木道	avenue	f	アヴニュー
大通り	boulevard	m	ブールヴァーる
車道	chaussée	f	ショーセ

● [乗り物] 車で②

幹線道路	**grande artère**	f	グラン タルテール
センターライン	**ligne continue**	f	リーニュ コンティニュー
安全地帯	**refuge**	m	るフュージュ
県道	**route départementale**	f	るートゥ デパるトゥマンタル
国道	**route nationale**	f	るートゥ ナシオナル
高速道路	**autoroute**	f	オートるートゥ
バイパス	**déviation**	f	デヴィアシオン
インターチェンジ	**échangeur**	m	エシャンジューる
ジャンクション	**jonction**	f	ジョンクシオン
車線	**voie**	f	ヴォワ
中央分離帯	**séparateur de sens**	m	セパらトゥール ドゥ サンス
路肩	**accotement**	m	アコットゥマン
ガードレール	**barrière de sécurité**	f	バりエール ドゥ セキュりテ

運転に関連したことば

- **conduire** 運転する
  コンデュイーる
- **freiner** ブレーキをかける
  フれネ
- **doubler** 追い越す
  ドゥーブレ
- **stationner** 駐車する
  スタシオネ
- **faire le plein** 燃料を満タンにする
  フェール ル プレン
- **tourner** 曲がる
  トゥーるネ
- **déboîter** 車線を変更する
  デボワテ

行動・趣味・文化 [乗り物]
車で③

日本語	フランス語	性	読み
（2本の道路の）交差点	intersection	f	エンテるセクシオン
十字路	carrefour	m	カるフール
ロータリー	rond-point	m	ロンポワン
信号機	feux de circulation	m pl.	フー ドゥ シるキュラシオン
トンネル	tunnel	m	テュネル
カーブ	virage	m	ヴィらージュ
料金所	péage	m	ペアージュ
サービスエリア	aire de service	f	エール ドゥ セるヴィス
ガソリンスタンド	station service	f	スタシオン セるヴィス
ガソリン	essence	f	エサンス
軽油	gas-oil	m	ガゾワール
給油する	ravitailler		らヴィタイエ
駐車場	parking	m	パるキング
駐車メーター	parcmètre	m	パるクメートゥる
交通法規	code de la route	m	コードゥ ドゥ ラ るートゥ
交通違反	contravention	f	コントゥらヴァンシオン
スピード違反	excès de vitesse	m	エクセ ドゥ ヴィテス

● [乗り物] 車で③

道路標識	**signal routier**	m	シニャル るーティエ
案内標識	**panneau de direction**	m	パノー ドゥ ディれクシオン
一方通行	**sens unique**	m	サンス ユニック
進入禁止	**entrée interdite**	f	アントゥれー エンテるディットゥ
行き止まり	**voie sans issue**	f	ヴォワ サン ジシュー
駐車禁止	**stationnement interdit**	m	スタシオヌマン エンテるディ
追い越し禁止	**dépassement interdit**	m	デパスマン エンテるディ
Uターン禁止	**défense de faire demi-tour**	f	デファンス ドゥ フェール ドゥミトゥーる
速度制限	**limitation de vitesse**	f	リミタシオン ドゥ ヴィテス
推奨速度	**vitesse conseillée**	f	ヴィテス コンセイエ
チェーン	**chaînes à neige**	f pl.	シェーヌ ア ネージュ
ウインタータイヤ	**pneu hivernal**	m	プヌー イヴェるナル
スパイクタイヤ	**pneu clouté**	m	プヌー クルーテ

自動車のトラブルに関連することば

- panne d'essence (f) ガス欠
  パンヌ　デサンス
- crevaison (f) パンク
  クるヴェーゾン
- panne de moteur (f) エンスト
  パンヌ　ドゥ　モトゥーる
- réparation (f) 修理
  れパらシオン
- vidange (f) オイル交換
  ヴィダンジュ

行動・趣味・文化 [乗り物]
バイク、自転車で

日本語	フランス語	性	読み
125cc以上のオートバイ	moto	f	モト
125cc以下のバイク	vélomoteur	m	ヴェロモトゥーる
50cc以下のミニバイク	cyclomoteur	m	シクロモトゥーる
スクーター	scooter	m	スクトゥーる
オートバイの免許	permis moto	m	ぺるミ モト
ライダー	motocycliste	m/f	モトシクリストゥ
ツーリング	randonnée en moto	f	らンドネー アン モト
バイク店	marchand(e) de motos	m/f	マるシャン(ドゥ) ドゥ モト
ハンドルバー、ハンドル	guidon	m	ギドン
アクセルグリップ	poignée de gaz	f	ポワニエ ドゥ ガズ
フロントブレーキ	frein avant	m	フれン アヴァン
メーター	tableau de bord	m	タブロー ドゥ ボーる
シート、サドル	selle	f	セル
ステップ	repose-pied	m	るポーズピエ
フュエールタンク	réservoir d'essence	m	れぜるヴォワーる デサンス
(車などの) マフラー	tuyau d'échappement	m	テュイヨー デシャップマン
テールランプ	feu arrière	m	フー アりエーる

● [乗り物] バイク、自転車で

オートバイレース	**motocyclisme**	m	モトシクリスム
モトクロス	**moto-cross**	m	モトクロース
ロードレース	**course sur route**	f	クルス シュール ルートゥ
タイムトライアルレース	**course contre la montre**	f	クルス コントゥル ラ モントゥル
自転車	**vélo**	m	ヴェロ
マウンテンバイク	**VTT**	m	ヴェーテーテー
サイクリスト、自転車競技選手	**cycliste**	m f	シクリストゥ
サイクリング、自転車競技	**cyclisme**	m	シクリスム
自転車店	**magasin de cycles**	m	マガゼン ドゥ シクル
グリップ	**poignée**	f	ポワニエ
ペダル	**pédale**	f	ペダル
荷台	**porte-bagages**	m	ポルトゥバガージュ
変速機	**dérailleur**	m	デライユール

〈関連単語〉

サーキット　motodrome (m)　モトドゥローム

競輪場　vélodrome (m)　ヴェロドゥローム

トラックレース　course sur piste (f)　クルス シュール ピストゥ

レーシングシャツ　maillot de course (m)　マイヨ ドゥ クルス

レーシングパンツ　cuissard (m)　キュイサール

ヘルメット　casque (m)　カスク

行動・趣味・文化 [乗り物]
船で

日本語	フランス語	性	読み
船	bateau	m	バトー
小舟	barque	f	バルク
客船	paquebot	m	パックボー
遊覧船	bateau d'excursion	m	バトー デクスキュるシオン
セーヌ川の遊覧船	bateau-mouche	m	バトームーシュ
貨物船	cargo	m	カるゴ
タンカー	pétrolier	m	ペトゥろリエ
フェリー	ferry-boat	m	フェりボートゥ
水中翼船	hydroglisseur	m	イドゥろグリスーる
漁船	bateau de pêche	m	バトー ドゥ ペッシュ
ヨット	yacht	m	ヨットゥ
モーターボート	canot automobile	m	カノー オートモビール
航海	navigation	f	ナヴィガシオン
航路	route maritime	f	るートゥ マリティム
クルージング	croisière	f	クろワジエーる
船室	cabine	f	カビーヌ
甲板	pont	m	ポン

● [乗り物] 船で

救命ボート	canot de sauvetage	m	カノー ドゥ ソーヴタージュ
マスト	mât	m	マ
帆	voile	f	ヴォワール
スクリュー	hélice	f	エリース
錨	ancre	f	アンクる
舵	gouvernail	m	グーヴェるナーユ
乗組員	équipage	m	エキパージュ
船長	capitaine	m	カピテーヌ
港	port	m	ポーる
船着場	embarcadère	m	アンバるカデーる
波止場	quai	m	ケー
防波堤	jetée	f	ジュテー
灯台	phare	m	ファーる

5章 行動・趣味・文化

航海に関連した主な動詞

● quitter le port 出航する
 キテ　ル　ポーる

● jeter l'ancre 停泊する
 ジュテ　ランクる

● faire naufrage 難破する
 フェーる　ノーフらージュ

● chavirer 転覆する
 シャヴィれ

● couler 沈没する
 クーレ

● faire escale 寄港する
 フェーる　エスカル

行動・趣味・文化 [行動]
銀行で

銀行	**banque**	f	バンク
銀行家	**banquier**	m	バンキエ
銀行員	**employé(e) de banque**	m f	アンプロワイエ ドゥ バンク
口座	**compte**	m	コントゥ
口座番号	**numéro de compte**	m	ニュメロ ドゥ コントゥ
預金	**dépôts**	m pl.	デポ
満期	**terme**	m	テるム
引き出す	**retirer**		るティれ
預金通帳	**livret d'épargnes**	m	リヴれ デパるニュ
残高	**solde**	m	ソルドゥ
小切手帳	**carnet de chèque**	m	カるネ ドゥ シェック
貸金庫	**coffre**	m	コッフる
利息	**intérêt**	m	エンテれ
利率	**taux d'intérêt**	m	トー デンテれ
複利	**intérêt composé**	m	エンテれ コンポーゼ
積み立て	**fonds de réserve**	m pl.	フォン ドゥ れぜるヴ
振替	**virement**	m	ヴィるマン

● [行動] 銀行で ●

振込	**versement**	m	ヴェるスマン
手形	**billet**	m	ビエ
約束手形	**billet à ordre**	m	ビエ タ オるドゥる
保証人	**garant(e)**	m/f	ガラン（トゥ）
裏書き	**endossement**	m	アンドスマン
手形割引	**escompte**	m	エスコントゥ
為替	**change**	m	シャンジュ
貸付け	**prêt**	m	プれ
借り入れ	**emprunt**	m	アンプれン
融資	**financement**	m	フィナンスマン
返済	**remboursement**	m	らンブーるスマン
債務	**dette**	f	デットゥ
担保	**hypothèque**	f	イポテック

〈関連単語〉

口座を開く	ouvrir un compte ウーヴりーる エン コントゥ	預ける	déposer デポゼ
送金する	envoyer アンヴォワイエ	現金化する	toucher トゥッシェ
振り込む、払い込む	verser ヴェるセ		
署名する、サインする	signer シニエ		
副署する	contresigner コントゥるシニエ		

5章 ● 行動・趣味・文化

行動・趣味・文化 [行動]
郵便局で

郵便局員	employé(e) des postes	m / f	アンプロワイエ デ ポストゥ
郵便配達人	facteur	m	ファクトゥール
ポスト	boîte aux lettres	f	ボワッ トー レトゥる
投函する	poster		ポステ
集配	levée	f	ルヴェー
配達	distribution	f	ディストゥりビューシオン
郵便物	courrier	m	クーりエ
手紙	lettre	f	レトゥる
葉書	carte postale	m	かるトゥ ポスタル
航空書簡	aérogramme	m	アエログラム
封筒	enveloppe	f	アンヴロップ
小包	colis	m	コリ
印刷物	imprimé	m	エンプりメ
切手	timbre	m	テンブる
記念切手	timbre de collection	m	テンブる ドゥ コレクシオン
切手シート	feuille de timbres	f	フーユ ドゥ テンブる
郵便料金	taxe postale	f	タクス ポスタル

216

[行動] 郵便局で

日本語	フランス語	性	発音
差出人	expéditeur(trice)	m / f	エクスペディトゥーる(トゥりス)
受取人	destinataire	m / f	デスティナテーる
郵便番号	code postal	m	コードゥ ポスタル
消印	cachet postal	m	カシェ ポスタル
速達	exprès	m	エクスプれス
書留	recommandé	m	るコマンデ
局留め郵便	poste restante	f	ポストゥ れスタントゥ
私書箱	BP	f	ベーペー
電報	télégramme	m	テレグらム
郵便為替	mandat postal	m	マンダ ポスタル
郵便振替口座	CCP	m	セーセーペー
郵便振替	virement postal	m	ヴィるマン ポスタル
電信振替	télégramme-virement	m	テレグらムヴィるマン
通常郵便で	prioritaire		プりオリテーる
エコノミー料金で	économique		エコノミック
航空便で	par avion		パ らヴィオン
船便で	par bateau		パる バトー
郵送料金込みの封筒	Prêt à poster	m	プれ タ ポステ
国内・海外便特急サービス	CHRONOPOST	m	クろノポストゥ

5章 ● 行動・趣味・文化

行動・趣味・文化 [行動]
街を歩く

日本語	フランス語	性	カナ
地図	**carte**	f	カるトゥ
市内地図	**plan**	m	プラン
首都	**capitale**	f	カピタル
町	**ville**	f	ヴィル
村	**village**	m	ヴィラージュ
都会人	**citadin(e)**	m/f	シタデン (ディーヌ)
村人	**villageois(e)**	m/f	ヴィラジョワ (ーズ)
歩道	**trottoir**	m	トゥろットワーる
横断歩道	**passage clouté**	m	パッサージュ クルーテ
青(黄・赤)信号	**feu vert (jaune, rouge)**	m	フー ヴェーる (ジョーヌ、るージュ)
歩道橋	**passerelle**	f	パスれル
散歩道	**promenade**	f	プロムナードゥ
アーケード	**passage couvert**	m	パッサージュ クーヴェーる
街灯	**réverbère**	m	れヴェるベーる
地名表示板	**plaque de rue**	f	プラック ドゥ りゅー
看板	**enseigne**	f	アンセーニュ
広告ポスター	**affiche**	f	アフィッシュ

● [行動] 街を歩く ●

旧市街	**vieux quartiers**	*m pl.*	ヴィウー カルティエ
商店街	**quartier commerçant**	*m*	カルティエ コメるサン
広場	**place**	*f*	プラス
公園	**jardin public**	*m*	ジャるデン ピュブリック
噴水	**jet d'eau**	*m*	ジェ ドー
ベンチ	**banc**	*m*	バン
くずかご	**poubelle**	*f*	プーベル
展望台	**belvédère**	*m*	ベルヴェデーる
墓地	**cimetière**	*m*	シムティエーる
河岸	**quai**	*m*	ケー
橋	**pont**	*m*	ポン
欄干	**parapet**	*m*	パらペ
危険防止の手すり、柵	**garde-fou**	*m*	ガるドゥフー

〈関連単語〉

歩く	marcher マるシェ	散歩する	se promener ス プろムネ
ぶらぶら歩く	flâner フラネ		
話す	parler パるレ		
おしゃべりする	causer コーゼ		
考えを言う	discuter ディスキュテ		

219

行動・趣味・文化 [行動]

ショッピングをする

日本語	フランス語	性	読み
客	client(e)	m / f	クリアン (トゥ)
店の主人	patron(ne)	m / f	パトゥロン (ヌ)
店員	vendeur(se)	m / f	ヴァンドゥーる (ズ)
レジ係	caiss<u>i</u>er(ère)	m / f	ケーシエ (-る)
見本、サンプル	échantillon	m	エシャンティヨン
洋服売り場	rayon vêtements	m	れイヨン ヴェットゥマン
ブランド	griffe	f	グりッフ
試着室	cabine d'essayage	f	カビヌ デセイヤージュ
インテリア雑貨売り場	rayon articles d'intérieur	m	れイヨン アるティクル ダンテりユーる
家庭用品売り場	rayon ménager	m	れイヨン メナジェ
電化製品売り場	rayon appareils électriques	m	れイヨン アパれーユ エレクトゥりック
食料品売り場	rayon alimentation	m	れイヨン アリマンタシオン
買い物用カート	chariot	m	シャりオ
レジ	caisse	f	ケース
紙袋	sac en papier	m	サッ カン パピエ
ビニール袋	sac en plastique	m	サッ カン プラスティック
値段	prix	m	プり

● [行動] ショッピングをする ●

直札	**étiquette**	f	エティケットゥ
値引き	**réduction**	f	れデュクシオン
バーゲンセール	**solde**	m	ソルドゥ
付加価値税	**T.V.A.**	f	テーヴェーアー
免税の	**détaxé(e)**		デタクセ
請求	**demande**	f	ドゥマンドゥ
支払い	**paiement**	m	ペーマン
お釣り	**monnaie**	f	モネー
サイン	**signature**	f	シニアテューる
品質	**qualité**	f	カリテ
不良品	**article défectueux**	m	あるティークル デフェクテュー
クレーム	**réclamation**	f	れクラマシオン
払い戻し	**remboursement**	m	らンブーるスマン

ショッピングで使えることば

● faire du lèche-vitrines　ウインドーショッピングをする
　フェーる　デュ　レシュヴィトゥりーヌ

● essayer　試着する、試す　　● échanger　交換する
　エセイエ　　　　　　　　　　　エシャンジェ

● réparer　修理する
　れパれ

● retoucher　サイズ直しをする
　るトゥッシェ

● emballer　包装する
　アンバレ

行動・趣味・文化 [行動]
美容院・理髪店

日本語	フランス語	性	読み
美(理)容院	salon de coiffure	m	サロン ドゥ コワフューる
美容師、理容師	coiffeur(se)	m/f	コワフューる(ズ)
ヘアスタイル	coiffure	f	コワフューる
ヘアカット	coupe	f	クップ
散髪ばさみ	ciseaux de coiffeur	m pl.	シゾー ドゥ コワフューる
バリカン	tondeuse	f	トンドゥーズ
かみそり	rasoir	m	らゾワーる
ヘアブラシ	brosse à cheveux	f	ブろッサ シュヴー
ヘアピン	épingle à cheveux	f	エペング ラ シュヴー
カーラー、カールクリップ	bigoudi	m	ビグーディ
三つ編み	tresse	f	トゥれス
ポニーテール	queue de cheval	f	クー ドゥ シュヴァル
巻き毛	boucle	f	ブークル
前髪	frange	f	フランジュ
前髪をそろえる	égaliser la frange		エガリゼ ラ フランジュ
シニヨン	chignon	m	シニヨン
枝毛	cheveux fourchus	m pl.	シュヴー フーるシュ

222

● [行動] 美容院・理髪店 ●

カラーリング	**coloration**	f	コロらシオン
カラー見本	**nuancier**	m	ニュアンシエ
ブリーチ	**décoloration**	f	デコロらシオン
パーマ	**permanente**	f	ぺるマナントゥ
ブロー	**brushing**	m	ブるッシング
セット	**mise en plis**	f	ミ ザン プリ
トリートメント	**traitement**	m	トゥれートゥマン
ヘアダイ	**teinture**	f	テンテューる
洗髪する	**se faire un shampoing**		ス フェーる エン シャンプワン
髪を染める	**se teindre les cheveux**		ス テンドゥる レ シュヴー
マニキュアを塗る	**se faire une manucure**		ス フェーる ユヌ マニキューる

〈関連単語〉

institut de beauté (m)　エステティックサロン
エンステテュ ドゥ ボーテ

massage (m)　マッサージ
マサージュ

kératine (f)　角質
ケラティヌ

blanchiment (m)　美白
ブランシマン

peau sèche (f)　乾燥肌
ポー セッシュ

peau grasse (f)　オイリー肌
ポー グラス

peau mixte (f)　混合肌
ポー ミクストゥ

amincissement (m)　痩身
アメンシスマン

épilation (f)　脱毛
エピラシオン

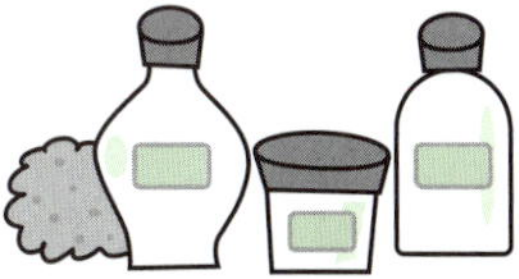

行動・趣味・文化 [行動]
娯楽施設、アウトドア

動物園	zoo	m	ゾー
植物園	jardin botanique	m	ジャルデン ボータニック
水族館	aquarium	m	アクアりオム
プラネタリウム	planétarium	m	プラネタりオム
競馬場	hippodrome	m	イポドゥろム
カジノ	casino	m	カジノ
ルーレット	roulette	f	るーレットゥ
スロットマシン	appareil à sous	m	アパれー ヤ スー
レストランシアター	cabaret	m	カバれー
クラブ	boîte de nuit	f	ボワットゥ ドゥ ニュイ
カラオケ	club de karaoké	m	クルブ ドゥ からオケ
遊園地	parc d'attraction	m	パるク ダトゥらクシオン
メリーゴーランド	manège	m	マネージュ
ジェットコースター	montagnes russes	f pl.	モンターニュ りュス
人形劇	guignol	m	ギニョル
ピクニック	pique-nique	m	ピクニック
ハイキング	excursion	f	エクスキュるシオン

● [行動] 娯楽施設、アウトドア ●

ドライブ	randonnée en voiture	f	ランドネ アン ヴォワテューる
ヒッチハイク	auto-stop	m	オートストップ
海水浴	bain de mer	m	ベン ドゥ メーる
釣り	pêche	f	ペッシュ
カヌー	canoë	m	カノエ
サーフィン	surf	m	スるフ
スキューバダイビング	plongée sous-marine	f	プロンジェ スーマりーヌ
ロッククライミング	escalade	f	エスカラードゥ
パラグライダー	parapente	m	パらパントゥ
乗馬	équitation	f	エキタシオン
キャンプ場	camping	m	カンピング
テント	tente	f	タントゥ
寝袋	sac de couchage	m	サック ドゥ クッシャージュ

Column 子どもの遊びは万国共通

子どものころ、だれでも滑り台で遊んだことがあるでしょう。もちろん、フランスにだって同じように子ども用の設備やおもちゃがあります。

cage à écureuil (f) ジャングルジム
カージャ エキュるーユ

toboggan (m) 滑り台　　balançoire (f) シーソー
トボガン　　　　　　　　バランソワーる

bac à sable (m) 砂場　　tricycle (m) 三輪車
バック ア サーブル　　　　トゥりシクル

行動・趣味・文化 [行動]
スポーツ①

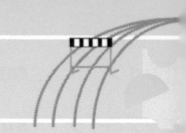

日本語	フランス語	性	発音
スポーツ	sport	m	スポーる
陸上競技	athlétisme	m	アトゥレティスム
トラック競技	course sur piste	f	クーるス シューる ピストゥ
フィールド競技	concours	m	コンクーる
短距離走	course de vitesse	f	クーるス ドゥ ヴィテス
長距離走	course de fond	f	クーるス ドゥ フォン
ハードル競技	course de haies	f	クーるス ドゥ エー
十種競技	décathlon	m	デカトゥロン
マラソン	marathon	m	マらトン
トライアスロン	triathlon	m	トゥりアトゥロン
走り幅跳び	saut en longueur	m	ソー アン ロングーる
走り高跳び	saut en hauteur	m	ソー アン オートゥーる
棒高跳び	saut à la perche	m	ソー ア ラ ぺるシュ
ハンマー投げ	lancement du marteau	m	ランスマン デュ マるトー
砲丸投げ	lancement du poids	m	ランスマン デュ ポワ
水泳	natation	f	ナタシオン
自由形	nage libre	f	ナージュ リーブる

● [行動] スポーツ①

平泳ぎ	**brasse**	f	ブラス
バタフライ	**brasse papillon**	f	ブラス　パピヨン
背泳ぎ	**nage sur le dos**	f	ナージュ　シュール　ル　ド
飛び込み	**plongeon**	m	プロンジョン
シンクロナイズドスイミング	**natation synchronisée**	f	ナタシオン　センクロニゼ
レスリング	**lutte**	f	リュットゥ
重量挙げ	**haltérophilie**	f	アルテロフィリー
ボクシング	**boxe**	f	ボクス
体操	**gymnastique**	f	ジムナスティック
世界記録	**record mondial**	m	るコール　モンディアル
ルール	**règle**	f	れグル
反則	**faute**	f	フォートゥ
ドーピング	**dopage**	m	ドパージュ

〈関連単語〉

athlète (m, f)　スポーツ選手
アトゥレットゥ

nageur(se) (m, f)　水泳選手
ナジューる (ズ)

lutteur(se) (m, f)　レスラー
リュトゥーる (ズ)

boxeur (m)　ボクサー
ボクスーる

judoka (m, f)　柔道の選手
ジュードーカ

5章●行動・趣味・文化

行動・趣味・文化 [行動]

スポーツ②

(小さな)ボール	balle	*f*	バル
(大きな)ボール	ballon	*m*	バロン
ラケット	raquette	*f*	らケットゥ
ネット	filet	*m*	フィレ
テニス	tennis	*m*	テニス
卓球	ping-pong	*m*	ピングポング
シングルス	simple	*m*	センプル
ダブルス	double	*m*	ドゥーブル
チーム	équipe	*f*	エキップ
バレーボール	volley-ball	*m*	ヴォレボール
バスケットボール	basket-ball	*m*	バスケットゥボール
バドミントン	badminton	*m*	バドゥミントン
ハンドボール	handball	*m*	アンドゥバル
ラグビー	rugby	*m*	りュグビー
ホッケー	hockey sur gazon	*m*	オッケー シューる ガゾン
アイスホッケー	hockey sur glace	*m*	オッケー シューる グラース
水球	water-polo	*m*	ワーテるポロ

● [行動] スポーツ②

野球	base-ball	m	ベズボール
ゴルフ	golfe	m	ゴルフ
アルペンスキー	ski alpin	m	スキー アルペン
滑降	descente	f	デサントゥ
回転	slalom	m	スラローム
ノルディックスキー	ski nordique	m	スキー ノるディック
ジャンプ	saut en skis	m	ソー アン スキー
距離	ski de fond	m	スキー ドゥ フォン
複合	combiné nordique	m	コンビネ ノるディック
スノーボード	surf des neiges	m	スるフ デ ネージュ
モーグル	ski de bosses	m	スキー ドゥ ボス
スピードスケート	patinage de vitesse	m	パティナージュ ドゥ ヴィテス
フィギュアスケート	patinage artistique	m	パティナージュ アるティスティック

主要なスポーツの国際大会

- Jeux olympiques (m, pl)　オリンピック
  ジュー　ゾレンピック
- Jeux paralympiques (m, pl)　パラリンピック
  ジュー　パらレンピック
- championnat du monde (m)　世界選手権
  シャンピオナ　デュ　モンドゥ
- coupe du monde (f)　ワールドカップ
  クップ　デュ　モンドゥ
- médaille d'or (d'argent, de bronze)　金（銀、銅）メダル
  メダーユ　ドる　（ダるジャン、　ドゥ　ブロンズ）

行動・趣味・文化 [行動]
サッカー

サッカー	**football**	*m*	フットゥボール
サッカー選手	**footballeur(se)**	*m* / *f*	フットゥボルーる (ズ)
主審	**arbitre**	*m*	あるビートゥる
線審	**juge de ligne**	*m*	ジュッジュ ドゥ リーニュ
サポーター	**supporter**	*m*	シュポるテール
フーリガン	**hooligan**	*m*	ウーリガン
フォワード	**attaquant**	*m*	アタカン
ミッドフィルダー	**milieu de terrain**	*m*	ミリウ ドゥ テれン
ディフェンダー	**défenseur**	*m*	デファンスール
ゴールキーパー	**gardien de but**	*m*	ガるディエン ドゥ ビュー (トゥ)
競技場	**stade**	*m*	スタードゥ
試合	**match**	*m*	マッチ
キックオフ	**coup d'envoi**	*m*	クー ダンヴォワ
ハーフタイム	**mi-temps**	*f*	ミタン
ドリブル	**dribble**	*m*	ドゥりブル
パス	**passe**	*f*	パス
スローイン	**touche**	*f*	トッシュ

● [行動] サッカー ●

センタリング	centrage	m	サントゥラージュ
ヘディング	tête	f	テットゥ
ボレー	volée	f	ヴォレー
シュート	shoot	m	シュートゥ
ゴール、得点	but	m	ビュー（トゥ）
アシスト	assistance	f	アシスタンス
コーナーキック	corner	m	こるネール
フリーキック	coup franc	m	クー フラン
ペナルティーキック	penalty	m	ペナルティー
オフサイド	hors-jeu	m	オるジュー
ハンド	main	f	メン
警告	avertissement	m	アヴェるティスマン
退場	sortie	f	ソるティー
イエロー（レッド）カード	carton jaune (rouge)		カるトン ジョーヌ（るージュ）
予選	éliminatoire	f	エリミナトワーる
トーナメント	tournoi	m	トゥーるノワ
リーグ戦	poule	f	プール
準決勝	demi-finale	f	ドゥミフィナル
決勝	finale	f	フィナル

行動・趣味・文化 [旅行]
旅行をする

日本語	フランス語	性	読み
旅行者	voyageur(se)	m/f	ヴォワイヤジュー<u>る</u>（ズ）
観光客	touriste	m/f	トゥーりストゥ
観光旅行	tourisme	m	トゥーりスム
出張	voyage d'affaires	m	ヴォワイヤージュ ダフェーる
修学旅行	voyage scolaire	m	ヴォワイヤージュ スコレーる
林間(臨海)学校	colonie	f	コロニー
個人旅行	voyage individuel	m	ヴォワイヤージュ エンディヴィデュエル
団体旅行	voyage organisé	m	ヴォワイヤージュ オるガニゼ
海外旅行	voyage à l'étranger	m	ヴォワイヤー ジャ レトゥらンジェ
外国人	étran<u>g</u>er(ère)	m/f	エトゥらンジェ（ーる）
時差	décalage horaire	m	デカラージュ オれーる
添乗員	accompagna<u>t</u>eur(trice)	m/f	アコンパニヤ<u>トゥー</u>る(トゥりス)
日程	programme	m	プろグらム
目的地	destination	f	デスティナシオン
観光ルート	itinéraire touristique	m	イティネれーる トゥーりスティック
観光地	site touristique	m	シットゥ トゥーりスティック
名所	site célèbre	m	シットゥ セレーブる

● [旅行] 旅行をする ●

史跡	monument historique	m	モニュマン イストリック
世界遺産	patrimoine mondial	m	パトゥりモワーヌ モンディアル
リゾート地	station de villégiature	f	スタシオン ドゥ ヴィレジアテユーる
温泉	eaux thermales	f pl.	オー テるマル
ハイシーズン	haute saison	f	オートゥ セゾン
ローシーズン	basse saison	f	バス セゾン
旅費	frais de voyage	m pl.	フれ ドゥ ヴォワイヤージュ
ガイドブック	guide	m	ギッドゥ
スーツケース	valise	f	ヴァリーズ
トランク	malle	f	マル
着替え	vêtements de rechange	m pl.	ヴェットゥマン ドゥ るシャンジュ
パスポート	passeport	m	パスポーる
旅行傷害保険	assurance de voyage	f	アシュらンス ドゥ ヴォワイヤージュ
キャンセル	annulation	f	アニュラシオン
キャンセル待ちの	en liste d'attente		アン リストゥ ダタントゥ
パンフレット	brochure	f	ブろシューる
市内観光	visite de la ville	f	ヴィジットゥ ドゥ ラ ヴィル
城巡り	circuit des châteaux	m	シるキュイ デ シャトー
ディナーショー	dîner-spectacle	m	ディネースペクタークル

5章 行動・趣味・文化

行動・趣味・文化 [旅行]
宿泊

日本語	フランス語	性	読み
ホテル	hôtel	m	オテル
2つ星ホテル	hôtel 2 étoiles	m	オテル ドゥ ゼトワール
モーテル	motel	m	モーテル
ユースホステル	auberge de jeunesse	f	オーベるジュ ドゥ ジュネス
民宿	chambre d'hôte	f	シャンブる ドットゥ
3食付き	en pension complète		アン パンシオン コンプレットゥ
2食付き	en demi-pension		アン ドゥミパンシオン
貸し別荘	gîtes	m pl.	ジットゥ
フロント	réception	f	れセプシオン
ロビー	hall	m	オール
空室	chambre libre	f	シャンブる リーブる
滞在期間	séjour	m	セジューる
チェックイン	entrée	f	アントゥれー
チェックアウト	sortie	f	ソるティー
宿泊カード	fiche	f	フィッシュ
勘定書	note	f	ノートゥ
料金を支払う	régler		れグレ

● [旅行] 宿泊 ●

シングルルーム	**chambre à un lit**	f	シャンブ ら エン リ
ツインルーム	**chambre à deux lits**	f	シャンブ ら ドゥー リ
ダブルルーム	**chambre avec un grand lit**	f	シャンブる アヴェッ ケン グらン リ
スイートルーム	**appartement**	m	アパるトゥマン
バス付き	**avec salle de bains**		アヴェック サル ドゥ ベン
シャワー付き	**avec douche**		アヴェック ドゥーシュ
トイレ付き	**avec cabinet de toilettes**		アヴェック カビネ ドゥ トワレットゥ
テレビ付き	**avec télévision**		アヴェック テレヴィジオン
インターネット接続ができる	**avec accès internet**		アヴェッ カクセ エンテるネットゥ
モーニングコール	**réveil**	m	れヴェーユ
フロント係	**réceptionniste**	m / f	れセプシオニストゥ
ルームメード	**femme de chambre**	f	ファム ドゥ シャンブる
ポーター	**porteur**	m	ポるトゥーる

ホテルの設備やサービス

● **coffre-fort** (m) セーフティーボックス
コフるフォーる

● **ligne intérieure** (f) 内線
リーニュ エンテりユーる

● **service de blanchisserie** (m)
セるヴィス ドゥ ブランシスりー
ランドリーサービス

● **service d'étage** (m) ルームサービス
セるヴィス デタージュ

● **mini-bar** (m) ミニバー
ミニバーる

● **pourboire** (m) チップ
プーるボワーる

5章 ● 行動・趣味・文化

行動・趣味・文化 [旅行]
観光

観光案内所	**office du tourisme**	*m*	オフィス デュ トゥーリスム
記念碑	**monument**	*m*	モニュマン
宮殿	**palais**	*m*	パレ
城	**château**	*m*	シャトー
塔	**tour**	*f*	トゥール
城塞	**forteresse**	*f*	フォるトゥれス
砦	**citadelle**	*f*	シタデル
大聖堂	**cathédrale**	*f*	カテドゥラル
教会	**église**	*f*	エグリーズ
礼拝堂	**chapelle**	*f*	シャペル
地下墓所	**catacombes**	*f pl.*	カタコンブ
(カトリック以外の) 教会、寺院	**temple**	*m*	タンプル
モスク	**mosquée**	*f*	モスケー
シナゴーグ	**synagogue**	*f*	シナゴーグ
修道院	**couvent**	*m*	クーヴァン
大修道院	**abbaye**	*f*	アベイ
廃墟	**ruines**	*f pl.*	りゅイーヌ

● [旅行] 観光 ●

洞窟	**grotte**	*f*	グロットゥ
展覧会、博覧会	**exposition**	*f*	エクポジシオン
見本市	**foire**	*f*	フォワール
写真をとる	**prendre des photos**		プらンドゥる デ フォト
メモリーカード	**carte mémoire**	*f*	かるトゥ メモワール
入場料金	**tarif d'entrée**	*m*	タリフ ダントゥれー
入場無料	**entrée libre**	*f*	アントゥれー リーブる
団体割引	**réduction pour les groupes**		れデュクシオン プる レ グるップ
おみやげ	**souvenir**	*m*	スーヴニーる
海岸	**plage**	*f*	プラージュ
スキー場	**station de ski**	*f*	スタシオン ドゥ スキー
ゲレンデ	**piste**	*f*	ピストゥ
リフト	**télésiège**	*m*	テレシエージュ

5章 ● 行動・趣味・文化

〈関連単語〉

海水パンツ	slip de bain (m) スリップ ドゥ ベン
ビーチパラソル	parasol de plage (m) パらソル ドゥ プラージュ
日焼け	bronzage (m) ブろンザージュ
スキー板	planche (f) プランシュ
ストック	bâtons (m, pl.) バトン

行動・趣味・文化 [文化]
友情、恋愛

日本語	フランス語	性	発音
友情	amitié	f	アミティエ
恋、愛	amour	m	アムーる
知人	connaissance	f	コネサンス
仲間	camarade	m/f	カマらードゥ
同僚	collègue	m/f	コレーグ
友だち	ami(e)	m/f	アミ
幼なじみ	ami(e) d'enfance	m/f	アミ ダンファンス
ボーイフレンド	copain	m	コペン
ガールフレンド	copine	f	コピーヌ
恋人	petit(e) ami(e)	m/f	プティッ タミ
カップル、夫婦	couple	m	クープル
握手を交わす	se serrer la main		ス せれ ラ メン
ビズをする	faire une bise		フェーる ユヌ ビズ
愛の告白	déclaration d'amour	f	デクららシオン ダムーる
キスをする	embrasser		アンブらセ
デートをする	sortir (partir型)		ソるティーる
セックスをする	faire l'amour		フェーる ラムーる

238

● [文化] 友情、恋愛 ●

出会い	**rencontre**	f	らンコントゥる
別れ	**séparation**	f	セパらシオン
会話	**conversation**	f	コンヴェるサシオン
対話	**dialogue**	m	ディアローグ
仲のよい(悪い)	**s'entendre bien(mal)**		サンタンドゥる ビエン(マル)
相談する	**consulter**		コンシュルテ
忠告する	**conseiller**		コンセイエ
～をほめる(けなす)	**dire du bien (mal) \<de\>**		ディーる デュ ビエン(マル) \<ドゥ\>
陰口	**commérage**	m	コメらージュ
けんか	**querelle**	f	クれル
口論	**dispute**	f	ディスピュットゥ
非難	**blâme**	m	ブラーム
誤解	**malentendu**	m	マランタンデュ
仲直りする	**se réconcilier**		ス れコンシリエ
言い寄る	**courtiser**		クーるティゼ
ナンパする	**draguer**		ドゥらゲ
誘惑する	**séduire（conduire型）**		セデュイーる
ギャル	**nénette**	f	ネネットゥ
ブリっ子	**sainte nitouche**	f	セントゥ ニトゥッシュ

5章●行動・趣味・文化

行動・趣味・文化 [文化]
映画

(全体としての)映画、映画館	cinéma	m	シネマ
(1本1本の)映画	film	m	フィルム
予告編	bande-annonce	f	バンダノンス
恋愛映画	film d'amour	m	フィルム ダムール
スリラー映画	thriller	m	トゥりルール
アニメ映画	film d'animation	f	フィルム ダニマシオン
SF映画	film science-fiction	m	フィルム シアンスフィクシオン
ドキュメンタリー映画	film documentaire	m	フィルム ドキュマンテール
字幕	sous-titre	m	スーティトゥる
吹き替え	doublage	m	ドゥブラージュ
ロードショー	« Exclusive »		エクスクりュシヴ
再上映	« Reprise »		るプリーズ
特集	« Festival »		フェスティヴァル
試写会	avant-première	f	アヴァンプるミエール
封切り	mise en circulation	f	ミ ザン シるキュラシオン
上映	séance	f	セアンス
スクリーン	écran	m	エクらン

● [文化] 映画 ●

映画に携わる人	cinéaste	m f	シネアストゥ
映画ファン	cinéphile	m f	シネフィール
プロデューサー	producteur(trice)	m f	プロデュクトゥール（トゥリス）
映画監督	réalisateur(trice)	m f	れアリザトゥール（トゥリス）
シナリオライター	scénariste	m f	セナリストゥ
キャスティング	distribution des rôles	f	ディストゥりビューシオン デ ロール
俳優	acteur(trice)	m f	アクトゥール（トゥリス）
主演俳優	tête d'affiche	f	テットゥ ダフィッシュ
スター	star	f	スターる
声優	acteur(trice) de doublage	m f	アクトゥール（トゥリス） ドゥ ドゥブラージュ
エキストラ	figurant(e)	m f	フィギュらン（トゥ）
映画を撮影する、出演する	tourner		トゥるネ
映画祭	festival de cinéma	m	フェスティヴァル ドゥ シネマ
撮影所	studio	m	ステュディオ
セット	set	m	セットゥ
ロケ	extérieurs	m pl.	エクテりユーる
録音	prise de son	f	プりズ ドゥ ソン
特殊効果	effets spéciaux	m pl.	エフェ スペシオー
編集	montage	m	モンタージュ

5章 ● 行動・趣味・文化

行動・趣味・文化 [文化]
音楽

音楽	**musique**	f	ミュジック
クラシック	**classique**	m	クラシック
室内楽	**musique de chambre**	f	ミュジック ドゥ シャンブる
オペラ	**opéra**	m	オペら
オペレッタ	**opérette**	f	オペれットゥ
ポップス	**pop**	m/f	ポップ
ジャズ	**jazz**	m	ジャズ
ロック	**rock**	m	ろック
歌	**chanson**	f	シャンソン
民謡	**chanson folklorique**	f	シャンソン フォルクロりック
コンサート	**concert**	m	コンセーる
リサイタル	**récital**	m	れシタル
演奏	**exécution**	f	エグゼキューシオン
伴奏	**accompagnement**	m	アコンパニュマン
演奏者	**interprète**	m/f	エンテるプれットゥ
歌手	**chanteur(se)**	m/f	シャントゥーる (ズ)
作曲	**composition**	f	コンポジシオン

242

● [文化] 音楽 ●

編曲	**arrangement**	*m*	アらンジュマン
歌詞	**paroles**	*f* *pl.*	パロール
合唱、合唱団	**chorale**	*f*	コラール
交響曲	**symphonie**	*f*	サンフォニー
協奏曲	**concerto**	*m*	コンセるト
序曲	**ouverture**	*f*	ウーヴェるテューる
前奏曲	**prélude**	*m*	プれリュードゥ
ソナタ	**sonate**	*f*	ソナットゥ
オーケストラ	**orchestre**	*m*	オるケストゥる
吹奏楽団	**harmonie**	*f*	アるモニー
指揮者	**chef d'orchestre**	*m*	シェフ ドるケストゥる
リハーサル	**répétition**	*f*	れペティシオン
アンコール	**bis**	*m*	ビース

〈関連単語〉

楽曲	morceau (m) モるソー	楽譜	partition (f) パるティシオン
長(短)調	ton majeur(mineur) (m) トン マジューる(ミヌーる)	音符	note (f) ノートゥ
和音	accord (m) アコーる		
音階	gamme (f) ガム		
リズム	rythme (m) リトゥム		

243

行動・趣味・文化 [文化]
楽器

日本語	フランス語	性	読み
弦楽器	instrument à cordes	m	エンストゥるマン ア コるドゥ
バイオリン	violon	m	ヴィオロン
ビオラ	alto	m	アルト
チェロ	violoncelle	f	ヴィオロンセル
コントラバス	contrebasse	f	コントゥるバス
ギター	guitare	f	ギターる
ハープ	harpe	f	アるプ
マンドリン	mandoline	f	マンドリーヌ
管楽器	instrument à vent	m	エンストゥるマン ア ヴァン
フルート	flûte	f	フリュートゥ
オーボエ	hautbois	m	オーボワ
クラリネット	clarinette	f	クラりネットゥ
ファゴト	basson	m	バソン
トランペット	trompette	f	トゥろンペットゥ
ホルン	cor	m	コる
トロンボーン	trombone	m	トゥろンボーヌ
チューバ	tuba	m	テューバ

● [文化] 楽器

打楽器	instrument de percussion	m	エンストゥるマン ドゥ ペるキュシオン
打楽器全体	batterie	f	バットゥリー
ティンパニ	timbale	f	タンバル
トライアングル	triangle	m	トゥりアングル
シンバル	cymbales	f pl.	センバル
大太鼓	grosse caisse	f	グロス ケース
小太鼓	caisse claire	f	ケース クレーる
ドラム	tambour	m	タンブーる
カスタネット	castagnettes	f pl.	カスタニエットゥ
鍵盤楽器	instrument à clavier	m	エンストゥるマン ア クラヴィエ
ピアノ	piano	m	ピアノ
オルガン	orgue	m	オるグ
チェンバロ	clavecin	m	クラヴセン

〈関連単語〉

譜面台	pupitre (m) ピュピートゥる	弦	corde (f) コるドゥ	弓	archet (m) アるシェ
マウスピース	embouchure (f) アンブシューる				
バチ、タクト	baguette (f) バゲットゥ				
鍵盤	clavier (m) クラヴィエ				
鍵(けん)、キー	touche (f) トゥッシュ				

5章 ● 行動・趣味・文化

245

行動・趣味・文化 [文化]
演劇、ダンス

演劇、劇場	**théâtre**	m	テアートゥる
喜劇	**comédie**	f	コメディー
悲劇	**tragédie**	f	トゥらジェディー
ドラマ	**drame**	m	ドゥらム
メロドラマ	**mélodrame**	m	メロドゥらム
ミュージカル	**musical**	m	ミュジカル
劇団	**troupe**	f	トゥるープ
演出家	**metteur en scène**	m	メトゥール アン セーヌ
舞台監督	**régisseur**	m	れジスール
戯曲	**pièce de théâtre**	f	ピエス ドゥ テアートゥる
筋書き	**intrigue**	f	エントゥりーグ
台本、台詞	**texte**	m	テクストゥ
役	**rôle**	m	ろール
役者	**comédien(ne)**	m/f	コメディエン(ヌ)
舞台	**scène**	f	セーヌ
舞台装置	**décor**	m	デコーる
舞台照明	**éclairage**	m	エクレらージュ

● [文化] 演劇、ダンス ●

舞台そで	coulisse	f	クーリス
楽屋	loge d'acteurs	f	ロッジュ ダクトゥール
バレエ	ballet	m	バレー
バレエ団	corps de ballet	m	コール ドゥ バレー
モダンダンス	danse contemporaine	f	ダンス コンタンポれーヌ
エアロビクス	aérobic	m	アエろビック
ジャズダンス	danse de jazz	f	ダンス ドゥ ジャズ
ダンサー	danseur(se)	m f	ダンスーる（ズ）
人気ダンサー	étoile	f	エトワール
パートナー	partenaire	m f	パるトゥネーる
ステップ	pas	m	パ
トーシューズ	chaussons de pointe	m pl.	ショーソン ドゥ ポワントゥ
チュチュ	tutu	m	テュテュ

観劇に関することば

- représentation (f) 公演
  るプれザンタシオン
- entracte (m) 幕間
  アントゥらクトゥ
- salle (f) 客席
  サル
- fauteuil d'orchestre (m) 1階席
  フォートゥーユ ドるケストる
- vestiaire (m) クローク
  ヴェスティエーる
- acte (m) 幕
  アクトゥ
- spectateur(trice) (m, f) 観客
  スペクタトゥーる（トゥりス）

Bravo

行動・趣味・文化 [文化]

文学

古典文学	littérature classique	f	リテらテューる クラシック
現代文学	littérature contemporaine	f	リテらテューる コンタンポれーヌ
作家	écrivain	m	エクりヴェン
小説家	romancier(ère)	m/f	ろマンシエ (ーる)
詩人	poète	m	ポエットゥ
著者	auteur	m	オートゥーる
作品	œuvre	f	ウーヴる
文学双書	série littéraire	f	セりー リテれーる
長編小説	roman	m	ろマン
中編小説	nouvelle	f	ヌーヴェル
短編小説	conte	m	コントゥ
歴史小説	roman historique	m	ろマン イストりック
推理小説	roman policier	m	ろマン ポリシエ
恋愛小説	roman d'amour	m	ろマン ダムーる
新聞連載小説	feuilleton	m	フーユトン
寓話	fable	f	ファーブル
神話	mythe	m	ミットゥ

● [文化] 文学 ●

随筆	**essai**	*m*	エセー
伝記	**biographie**	*f*	ビオグらフィー
自伝	**autobiographie**	*f*	オートビオグらフィー
童話	**conte pour enfants**	*m*	コントゥ プ らンファン
韻文詩	**poème en vers**	*m*	ポエム アン ヴェーる
散文詩	**poème en prose**	*m*	ポエム アン プローズ
叙事詩	**poème épique**	*m*	ポエム エピック
登場人物	**personnage**	*m*	ぺるソナージュ
男性主人公	**héros**	*m*	エろー
女性主人公	**héroïne**	*f*	エロイヌ
傑作	**chef-d'œuvre**	*m*	シェドゥーヴる
ベストセラー	**best-seller**	*m*	ベストゥセルーる
文学賞	**prix littéraire**	*m*	プり リテれーる

〈関連単語〉

古典主義	classicisme (m) クラシスム	ロマン主義	romantisme (m) ろマンティスム
写実主義	réalisme (m) れアリスム	象徴派	symbolisme (m) センボリスム
自然主義	naturalisme (m) ナチュらリスム		
実存主義	existentialisme (m) エグジスタンシアリスム		
ヌーボーロマン	nouveau roman (m) ヌーヴォー ろマン		

5章 ● 行動・趣味・文化

行動・趣味・文化 [文化]
美術

日本語	フランス語	性	読み
美術	beaux-arts	*m pl.*	ボザール
(全体としての)絵	peinture	*f*	ペンテューる
(1枚1枚の)絵	tableau	*m*	タブロー
画家	peintre	*m f*	ペントゥる
彫刻家	sculpteur	*m*	スキュルトゥーる
モデル	modèle	*m*	モデル
油絵	huile	*f*	ユイル
水彩画	aquarelle	*f*	アクアれール
パステル画	pastel	*m*	パステル
フレスコ画	fresque	*f*	フれスク
風景画	paysage	*m*	ペイザージュ
肖像画	portrait	*m*	ポるトれ
静物画	nature morte	*f*	ナテューる モるトゥ
抽象画	abstrait	*m*	アプストゥれ
アトリエ	atelier	*m*	アトゥリエ
カンバス	toile	*f*	トワル
絵の具	couleur	*f*	クールーる

250

● [文化] 美術 ●

絵筆	**pinceau**	m	パンソー
デッサン	**dessin**	m	デッサン
クロッキー	**croquis**	m	クロキー
スケッチ	**esquisse**	f	エスキス
下書き	**ébauche**	f	エボーシュ
遠近法	**perspective**	f	ペルスペクティヴ
版画	**estampe**	f	エスタンプ
リトグラフ	**lithographie**	f	リトグらフィー
彫刻	**sculpture**	f	スキュルテューる
全身像	**statue**	f	スタテュー
胸像	**buste**	m	ビュストゥ
上半身像、トルソー	**torse**	m	トるス
画廊	**galerie d'art**	f	ガルりー ダーる

〈関連単語〉

ルネサンス	Renaissance (f) るネサンス	バロック	baroque (m) バック
口ココ	rococo (m) ろココ	印象派	impressionisme (m) エンプれシオニスム
アールヌーボー	art nouveau (m) アール ヌーヴォー		
超現実主義	surréalisme (m) シューるれアリスム		
キュービズム	cubisme (m) キュビスム		

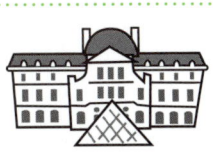

行動・趣味・文化 [文化]
趣味、娯楽

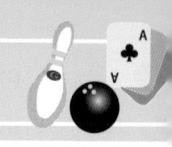

趣味、暇つぶし	**passe-temps**	*m*	パスタン
特技	**violon d'Ingres**	*m*	ヴィオロン デングる
ビリヤードをする	**jouer au billard**		ジュエ オー ビヤーる
ボウリングをする	**jouer au bowling**		ジュエ オー ボーリング
ペタンクをする	**jouer à la pétanque**		ジュエ ア ラ ペタンク
ジョギングをする	**faire du jogging**		フェーる デュ ジョギング
タロット	**tarots**	*m pl.*	タロ
トランプをする	**jouer aux cartes**		ジュエ オー カるトゥ
ポーカーをする	**jouer au poker**	*m*	ジュエ オー ポケーる
神経衰弱	**concentration**	*f*	コンサントゥらシオン
ババ抜き	**vieux garçon**	*m*	ヴィウー ガるソン
トランプ占い	**cartomancie**	*f*	カるトマンシー
星占い	**astrologie**	*f*	アストゥろロジー
手相占い	**chiromancie**	*f*	シロマンシー
手品、奇術	**prestidigitation**	*f*	プれスティディジタシオン
チェス	**échecs**	*m pl.*	エシェック
クロスワードパズル	**mots croisés**	*m pl.*	モ クろワゼ

252

● [文化] 趣味、娯楽

陶芸	**céramique**	f	セラミック
ガーデニング	**jardinage**	m	ジャルディナージュ
手芸	**art manuel**	m	アール マニュエル
刺繍	**broderie**	f	ブロードゥリー
切手収集	**collection de timbres**	f	コレクシオン ドゥ タンブる
植物採集	**herborisation**	f	エるボリザシオン
バードウォッチング	**ornithologie**	f	オるニトロジー
読書	**lecture**	f	レクテューる
テレビで映画を観る	**regarder des téléfilms**		るガるデ デ テレフィルム
服を作る	**faire de la couture**		フェーる ドゥ ラ クテューる
友だちを招く	**inviter des amis**		エンヴィテ デ ザミ
かくれんぼ	**cache-cache**	m	カッシュカッシュ
鬼ごっこ	**colin-maillard**	m	コレンマイヤーる

カメラ撮影に関連したことば

- **appareil photos** (m) カメラ
  アパれーユ フォト
- **objectif** (m) レンズ
  オブジェクティフ
- **flash** (m) フラッシュ
  フラッシュ
- **développement** (m) 現像
  デヴロップマン
- **tirage** (m) 焼き付け
  ティらージュ
- **trépied** (m) 三脚
  トゥれピエ
- **obturateur** (m) シャッター
  オプテュらトゥーる

行動・趣味・文化 [文化]
有名人

ジャンヌ・ダルク	**Jeanne d'Arc**	ジャンヌ ダるク
フランソワ１世	**François 1ᵉʳ**	フらンソワ プるミエ
アンリ４世	**Henri IV**	アンり カトゥる
リシュリュー	**le cardinal de Richelieu**	ル カるディナル ドゥ りシュリウー
ルイ１４世	**Louis XIV**	ルイ カトるズ
マリー＝アントワネット	**Marie-Antoinette**	マりーアントワネットゥ
ロベスピエール	**Robespierre**	ろベスピエーる
ナポレオン１世	**Napoléon Bonaparte**	ナポレオン ボナパるトゥ
デカルト	**René Descartes**	るネ デカるトゥ
ルソー	**Jean-Jacques Rousseau**	ジャンジャック るソー
パスカル	**Blaise Pascal**	ブレーズ パスカル
ユーゴー	**Victor Hugo**	ヴィクトる ユーゴー
バルザック	**Honoré de Balzac**	オノれ ドゥ バルザック
プルースト	**Marcel Proust**	マるセル プるーストゥ
サンテグジュペリ	**Antoine de Saint-Exupéry**	アントワーヌ ドゥ センテグジュペり
サルトル	**Jean-Paul Sartre**	ジャンポール サるトゥる
ベルリオーズ	**Hector Berlioz**	エクトる べるリオーズ

● [文化] 有名人 ●

ドビッシー	**Claude Debussy**	クロードゥ ドゥビュッシー
ラベル	**Maurice Ravel**	モーリス ラヴェル
ドラクロワ	**Eugène Delacroix**	ウジェーヌ ドゥラクろワ
モネ	**Claude Monet**	クロードゥ モネ
ルノアール （画家）	**Pierre Auguste Renoir**	ピエール オーギュストゥ ルノワール
セザンヌ	**Paul Cézanne**	ポール セザンヌ
マチス	**Henri Matisse**	アンり マティス
パスツール	**Louis Pasteur**	ルイ パストゥール
クーベルタン	**Pierre de Coubertin**	ピエール ドゥ クーベるテン
ココ・シャネル	**Coco Chanel**	ココ シャネル
クリスチャン・ ディオール	**Christian Dior**	クりスティアン ディオール
イブ・サンロー ラン	**Yves Saint Laurent**	イヴ セン ロラン
エディット・ ピアフ	**Édith Piaf**	エディットゥ ピアフ
イブ・モンタン	**Yves Montand**	イヴ モンタン
ブラッサンス	**Georges Brassens**	ジョるジュ ブらサンス
ルノアール （映画監督）	**Jean Renoir**	ジャン るノワール
ゴダール	**Jean-Luc Godard**	ジャンリュック ゴダール
ベジャール	**Maurice Béjart**	モりス ベジャール
マルセル・ マルソー	**Marcel Marceau**	マるセル マるソー

5章●行動・趣味・文化

À propos!

フランスは人種のるつぼ

"フランス人"といっても、統一的なイメージは不可能です。移民を受け入れる伝統が古くからあるからです。皇帝ナポレオンも、もともとは外国人でした。さらに国内で生まれた移民の子どもには、ほとんど自動的にフランス国籍が与えられます。サルコジ大統領はハンガリー、サッカーの元フランス代表ジダン（Zinedine Zidane）はアルジェリア移民の子ですが、正真正銘のフランス人です。

「帰化　naturalisation (f) ナテュラリザシオン」によってフランス人になるケースもあります。ポーランド出身のキューリー夫人（Marie Curie）や、日本の藤田嗣治（Léonard Foujita）などは国籍変更し、フランス人となりました。

この国が人種のるつぼであるのは、サッカーのフランスナショナルチーム（les Bleus (m, pl.)）を見るとよくわかります。本当にヨーロッパのチームかと疑いたくなるほど肌の色がさまざまです。

そんなフランスにあって、日本ではあまり知られていないものの、全国民の敬愛を集めていた2人の人物を紹介します。ピエール神父とコリュッシュです。

ピエール神父（l'abbé Pierre）は1912年生まれです。第2次世界大戦中はレジスタンスに身を投じ、戦後はホームレス（S.D.F. (m, f)）など、社会から疎外された人々の救済に献身しました。フランス人から最も愛されている人物に17回選ばれています。2007年に亡くなってからも、神父の創設したエマウス運動（Mouvement Emaüs (m)）は、世界各地で積極的な活動を続けています。

コリュッシュ（Coluche）は1944年生まれのコメディアンでしたが、パリで生活に窮している人々のために無料で昼食を提供する「心のレストランRestaurants du cœur」を開きました。1986年に亡くなりましたが、彼の遺志は今も引き継がれ、多くのボランティアが活動を支えています。

6章

自然と環境

自然と環境
気象

気候	**climat**	*m*	クリマ
天候	**temps**	*m*	タン
自然現象	**phénomène naturel**	*m*	フェノメヌ ナテュれル
気温	**température**	*f*	タンぺらテューる
湿度	**humidité**	*f*	ユミディテ
晴れている	**Il fait beau.**		イル フェ ボー
天気が悪い	**Il fait mauvais.**		イル フェ モーヴェ
曇っている	**Le ciel est couvert.**		ル シエル エ クーヴェール
雨が降る	**Il pleut.**		イル プルー
雪が降る	**Il neige.**		イル ネージュ
風が吹く	**Il fait du vent.**		イル フェ デュ ヴァン
湿度が高い	**Il fait humide.**		イル フェ ユミッドゥ
霧が出ている	**Il y a du brouillard.**		イ リ ヤ デュ ブるイヤール
霰が降る	**Il grêle.**		イル グれール
雷が鳴る	**Il tonne.**		イル トンヌ
霜が下りる	**Il gèle.**		イル ジェール
雲	**nuage**	*m*	ニュアージュ

● 気象 ●

雨	**pluie**	f	プリュイ
こわか雨	**averse**	f	アヴェるス
雷雨	**orage**	m	オらージュ
豪雨	**déluge**	m	デリュージュ
洪水	**inondation**	f	イノンダシオン
雷	**foudre**	f	フードゥる
稲光り	**éclair**	m	エクレーる
風	**vent**	m	ヴァン
そよ風	**brise**	f	ブりーズ
突風	**rafale**	f	らファル
台風	**typhon**	m	ティフォン
ハリケーン	**ouragan**	m	ウらガン
警報	**alerte**	f	アレるトゥ

― 〈関連単語〉 ―

天気予報	météo (f) メテオ	低気圧	basse pression (f) バス プれシオン
寒冷前線	front froid (m) フろン フろワ	フェーン現象	fœhn (m) フーヌ
風速	vitesse du vent (f) ヴィテス デュ ヴァン		
降水量	précipitations (f, pl.) プれシピタシオン		
降雪量	enneigement (m) アンネージュマン		

自然と環境
自然①

自然	nature	f	ナテューる
地球	Terre	f	テる
陸地	terre	f	テる
大陸	continent	m	コンティナン
経度	longitude	f	ロンジテュードゥ
緯度	latitude	f	ラティテュードゥ
赤道	équateur	m	エクワトゥーる
海抜	altitude	f	アルティテュードゥ
地平線	horizon	m	オリゾン
子午 (しご) 線	méridien	m	メリディエン
山	montagne	f	モンターニュ
～山	mont ～	m	モン ～
火山	volcan	m	ヴォルカン
山脈	chaîne de montagnes	f	シェーヌ ドゥ モンターニュ
山頂	sommet	m	ソメ
稜線、尾根	crête	f	クれットゥ
山のふもと	pied de la montagne	m	ピエ ドゥ ラ モンターニュ

● 自然①

丘	colline	f	コリーヌ
峠	col	m	コル
盆地	bassin	m	バッセン
谷	vallée	f	ヴァレー
峡谷	ravin	m	らヴェン
崖	falaise	f	ファレーズ
絶壁	précipice	m	プレシピス
森林	forêt	f	フォれ
森	bois	m	ボワ
小さな森、茂み	bosquet	m	ボスケ
高原	plateau	m	プラトー
平原	plaine	f	プレーヌ
草原	prairie	f	プれーりー
砂漠	désert	m	デゼーる
砂丘	dune	f	デュヌ
オアシス	oasis	f	オアジス
氷河	glacier	m	グラシエ
原生林	forêt vierge	f	フォれ ヴィエるジュ
万年雪	neiges permanentes	f pl.	ネージュ ペるマナントゥ

6章 ● 自然と環境

自然と環境
自然②

湖	**lac**	*m*	ラック
沼	**marais**	*m*	マれ
池	**étang**	*m*	エタン
泉	**fontaine**	*f*	フォンテーヌ
滝	**cascade**	*f*	カスカードゥ
川	**rivière**	*f*	りヴィエール
大河	**fleuve**	*m*	フルーヴ
小川	**ruisseau**	*m*	りゅイソー
急流	**torrent**	*m*	トらン
支流	**affluent**	*m*	アフリュアン
流域	**bassin**	*m*	バッセン
岩場	**rocher**	*m*	ろシェ
川岸	**rive**	*f*	りヴ
浅瀬	**gué**	*m*	ゲ
水源	**source**	*f*	スるス
流れ	**cours**	*m*	クーる
激流	**courant impétueux**	*m*	クーらン エンペテュウー

● 自然②

上流	**amont**	m	アモン
下流	**aval**	m	アヴァル
流れる	**couler**		クーレ
あふれる	**déborder**		デボるデ
せき止める	**endiguer**		アンディゲ
澄んでいる	**clair(e)**		クレーる
よどんでいる	**stagnant(e)**		スタグナン（トゥ）
土手	**berge**	f	べるジュ
堤防	**digue**	f	ディーグ
河口	**embouchure**	f	アンブシューる
三角州	**delta**	m	デルタ
運河	**canal**	m	カナル
ダム	**barrage**	m	バらージュ

6章 ● 自然と環境

川に関連したことば

- passer une rivière 川を渡る
  パセ　ユヌ　りヴィエーる
- pont suspendu (m) 吊り橋
  ポン　シュスパンデュ
- canot (m) ボート
  カノー
- bac (m) 渡し船
  バック
- radeau (m) いかだ
  らドー
- jeter un pont 橋をかける
  ジュテ　アン　ポン
- navigation fluviale (f) 河川交通
  ナヴィガシオン　フリューヴィアル

自然と環境
自然③

海	**mer**	f	メーる
大海	**océan**	m	オセアン
海峡	**détroit**	m	デトゥろワ
大きい湾	**golfe**	m	ゴルフ
小さい湾	**baie**	f	ベー
入り江	**anse**	f	アンス
岬	**cap**	m	カップ
沖	**large**	m	らるジュ
海岸	**bord de la mer**	m	ボーる ドゥ ラ メーる
海岸線	**ligne côtière**	f	リーニュ コティエーる
島	**île**	f	イル
小島	**îlot**	m	イロ
半島	**péninsule**	f	ペネンシュル
列島	**archipel**	m	あるシペル
海水	**eau de mer**	f	オー ドゥ メーる
海流	**courant marin**	m	クーらン マれン
満ち潮	**marée haute**	f	マれー オートゥ

● 自然③

干き潮	**marée basse**	m	マれー バス
大潮	**vive-eau**	f	ヴィヴォー
波	**vague**	f	ヴァーグ
高潮	**raz-de-marée**	m	らドゥマれー
津波	**tsunami**	m	ツナーミ
太平洋	**Océan Pacifique**	m	オセアン パシフィック
大西洋	**Océan Atlantique**	m	オセアン アトゥランティック
インド洋	**Océan Indien**	m	オセアン エンディエン
地中海	**Mer Méditerranée**	f	メール メディテらネー
エーゲ海	**Mer Égée**	f	メール エジェ
アドリア海	**Mer Adriatique**	f	メール アドゥりアティック
ドーバー海峡	**Manche**	f	マンシュ
ジブラルタル海峡	**détroit de Gibraltar**	m	デトゥろワ ドゥ ジブらルタる

Column 主要な島の呼び方

「日本列島」は archipel nippon (m) と呼ばれています。世界には、ほかにもいろいろ有名な島があります。

Corse (f) コルシカ島/ Sardaigne (f) サルジニア島/ Sicile (f) シシリア島/ île de Pâques (f) イースター島/ Antilles (f, pl) 仏領アンティル諸島/ îles Canaries (f, pl) カナリア諸島

自然と環境
鉱物

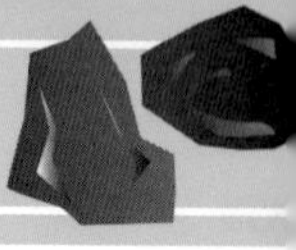

石	pierre	f	ピエーる
岩	roche	f	ろッシュ
火成岩	roche magmatique	f	ろッシュ マグマティック
花崗岩	granite	m	グらニットゥ
玄武岩	basalte	m	バザルトゥ
雲母	mica	m	ミカ
石英	quartz	m	クワるツ
堆積岩	roche sédimentaire	f	ろッシュ セディマンテーる
石灰岩	calcaire	m	カルケーる
大理石	marbre	m	マるブる
砂岩	grès	m	グれ
粘土	argile	f	アるジル
金属	métal	m	メタル
鉱石	minerai	m	ミヌレ
鉱脈	filon	m	フィロン
金鉱脈	gisement aurifère	m	ジズマン オーりフェーる
砂金	paillette	f	パイエットゥ

● 鉱物 ●

銅	**cuivre**	m	キュイーヴる
鉛	**plomb**	m	プロン
錫 (すず)	**étain**	m	エテン
亜鉛	**zinc**	m	ゼング
鉄	**fer**	m	フェる
砂鉄	**limaille de fer**	f	リマーユ ドゥ フェる
マンガン	**manganèse**	m	マンガネーズ
石炭	**charbon**	m	シャるボン
水銀	**mercure**	m	メるキューる
チタン	**titane**	m	ティターヌ
放射性物質	**substance radioactive**	f	シュプスタンス らディオアクティヴ
ウラン	**uranium**	m	ユらニオム
プルトニウム	**plutonium**	m	プリュトニオム

〈関連単語〉

鋼鉄　acier (m)　　合金　alliage (m)
　　　アシエ　　　　　　　　アリアージュ

鉱物資源　ressources minérales (f, pl.)
　　　　　るスーるス　　ミネラル

埋蔵量　réserves (f, pl.)
　　　　れぜるヴ

鉱山　mine (f)　　鉱山作業員　mineur (m)
　　　ミーヌ　　　　　　　　　　ミヌーる

採掘現場、切羽　chantier (m)
　　　　　　　　シャンティエ

6章 ● 自然と環境

自然と環境
宇宙

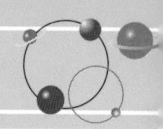

天体	astre	m	アストゥる
太陽系	système solaire	m	システム ソレーる
太陽	Soleil	m	ソレーユ
月	Lune	f	リュヌ
三日月	croissant	m	クロワッサン
火星	Mars	m	マるス
水星	Mercure	m	メるキューる
木星	Jupiter	m	ジュピテーる
金星	Vénus	f	ヴェニュス
土星	Saturne	m	サテュるヌ
天王星	Uranus	m	ユらニュス
海王星	Neptune	m	ネプテュヌ
銀河	Galaxie	f	ガラクシー
星雲	nébuleuse	f	ネビュルーズ
星座	constellation	f	コンステラシオン
光年	année-lumière	f	アネーリュミエーる
恒星	étoile fixe	f	エトワール フィクス

● 宇宙 ●

惑星	**planète**	f	プラネットゥ
衛星	**satellite**	m	サテリットゥ
彗星	**comète**	f	コメットゥ
流れ星	**météore**	m	メテオール
隕石	**météorite**	m	メテオリットゥ
新星	**nova**	f	ノヴァ
自転	**rotation**	f	ろタシオン
公転	**révolution**	f	れヴォリューシオン
軌道	**orbite**	f	オるビットゥ
天文台	**observatoire**	m	オブセるヴァトワーる
望遠鏡	**téléscope**	m	テレスコープ
日食	**éclipse de Soleil**	f	エクリプス ドゥ ソレーユ
月食	**éclipse de Lune**	f	エクリプス ドゥ リュヌ

宇宙開発に関連したことば

- fusée (f) ロケット
  フュゼ
- satellite météorologique (f) 気象衛星
  サテリットゥ　メテオロロジック
- navette spatiale (f) スペースシャトル
  ナヴェットゥ　スパシアル
- station spatiale (f) 宇宙ステーション
  スタシオン　スパシアル
- astronaute (m, f) 宇宙飛行士
  アストゥロノートゥ
- atmosphère (f) 大気圏
  アトゥモスフェーる
- apesanteur (f) 無重力
  アプザントゥーる

6章 ● 自然と環境

自然と環境
生物

種 (しゅ)	**espèce**	f	エスペス
進化	**évolution**	f	エヴォリューシオン
退化	**dégénérescence**	f	デジェネれサンス
絶滅	**extinction**	f	エクステンクシオン
突然変異	**mutation**	f	ミュタシオン
遺伝	**hérédité**	f	エれディテ
隔世遺伝	**atavisme**	m	アタヴィスム
遺伝子	**gène**	m	ジェーヌ
染色体	**chromosome**	m	クろモゾム
DNA	**ADN**	m	アーデーエヌ
呼吸	**respiration**	f	れスピらシオン
新陳代謝	**métabolisme**	m	メタボリスム
光合成	**photosynthèse**	f	フォトセンテーズ
生殖	**reproduction**	f	るプロデュクシオン
脂肪	**graisse**	f	グれース
たんぱく質	**protéine**	f	プろテイヌ
アミノ酸	**aminoacide**	m	アミノアシッドゥ

● 生物 ●

酵素	**enzyme**	f	アンジム
炭水化物	**glucide**	m	グリュシッドゥ
でんぷん	**amidon**	m	アミドン
ブドウ糖	**glucose**	m	グリュコーズ
カルシウム	**calcium**	m	カルシオム
ビタミン	**vitamine**	f	ヴィタミヌ
細胞	**cellule**	f	セリュール
細胞分裂	**divison cellulaire**	f	ディヴィジオン セリュレーる
微生物	**micro-organisme**	m	ミクロおるガニスム
細菌	**bactérie**	f	バクテリー
ウイルス	**virus**	m	ヴィりゅス
バイオテクノロジー	**biotechnologie**	f	ビオテクノロジー
遺伝子工学	**génie génétique**	m	ジェニー ジェネティック
生化学	**biochimie**	f	ビオシミー
遺伝子組み換え	**manipulation génétique**	f	マニピュラシオン ジェネティック
ゲノム	**génome**	m	ジェノム
クローン	**clone**	m	クローヌ
インターフェロン	**interféron**	m	エンテるフェロン
万能細胞	**cellule souche pluripotente**	f	セリュール スッシュ プリュりポタントゥ

6章 ● 自然と環境

自然と環境
植物

植物学	botanique	f	ボタニック
植物	plante	f	プラントゥ
熱帯植物	plante tropicale	f	プラントゥ トゥろピカル
高山植物	plante alpine	f	プラン タルピーヌ
常緑樹	arbre à feuilles persistantes	m	アるブ ら フーユ ぺるシスタントゥ
落葉樹	arbre à feuilles caduques	m	アるブ ら フーユ カデュック
針葉樹	conifère	m	コニフェーる
広葉樹	feuillu	m	フーユ
幹	tronc	m	トゥろン
梢	cime	f	シム
枝	branche	f	ブランシュ
小枝	rameau	m	らモー
つる	sarment	m	サるマン
芽	bourgeon	m	ブるジョン
葉	feuille	f	フーユ
葉むら	feuillage	m	フーヤージュ
樹皮	écorce	f	エコるス

● 植物

根	**racine**	f	らシーヌ
年輪	**cerne**	m	セルヌ
切り株	**souche**	f	スッシュ
茎	**tige**	f	ティージュ
とげ	**épine**	f	エピーヌ
花冠	**corolle**	f	コロール
花びら	**pétale**	m	ペタル
雄しべ	**étamine**	f	エタミーヌ
雌しべ	**pistil**	m	ピスティル
花粉	**pollen**	m	ポレン
果実	**fruit**	m	フリュイ
種子	**semence**	f	スマンス
皮	**peau**	f	ポー

6章 ● 自然と環境

園芸に関連したことば

horticulture (f) 園芸栽培
オルティキュルテューる

serre (f) 温室
セる

floraison (f) 開花
フロれゾン

féconder 受精させる
フェコンデ

inséminer 人工受精する
エンセミネ

自然と環境
木

木	**arbre**	m	アるブる
松	**pin**	m	パン
からまつ	**mélèze**	m	メレーズ
糸杉	**cyprès**	m	シプれ
ヒマラヤ杉	**cèdre**	m	セードぅる
プラタナス	**platane**	m	プラターヌ
リラ	**lilas**	m	リラ
月桂樹	**laurier**	m	ローりエ
菩提樹	**tilleul**	m	ティユール
ポプラ	**peuplier**	m	ププリエ
ぶな	**hêtre**	m	エートぅる
もみの木	**sapin**	m	サパン
にれ	**orme**	m	オるム
なら、樫	**chêne**	m	シェーヌ
シダレヤナギ	**saule pleureur**	m	ソール プルるーる
かえで	**érable**	m	エらーブル
しらかば	**bouleau**	m	ブーロー

● 木 ●

くましで	**charme**	m	シャルム
棕櫚 (しゅろ)	**palmier**	m	パルミエ
桜	**cerisier**	m	スリジエ
プラムの木	**prunier**	m	プリュニエ
リンゴの木	**pommier**	m	ポミエ
桃の木	**pêcher**	m	ペシェ
洋ナシの木	**poirier**	m	ポワリエ
ざくろの木	**grenadier**	m	グルナディエ
オリーブの木	**olivier**	m	オリヴィエ
くるみの木	**noyer**	m	ノワイエ
栗の木	**châtaignier**	m	シャテニエ
マロニエ	**marronnier**	m	マロニエ
椰子の木	**cocotier**	m	ココティエ

6章 ● 自然と環境

― 〈関連単語〉 ―

松林	pinède (f) ピネードゥ	杉林	cyprière (f) シプリエール
ポプラ並木	rangée de peupliers (f) ランジェ ドゥ ププリエ		
果樹園	verger (m) ヴェルジェ		
リンゴ畑	pommeraie (f) ポムれー		
オリーブ畑	oliveraie (f) オリヴれー		

自然と環境
花①

花	**fleur**	*f*	フルーる
アイリス	**iris**	*m*	イりス
朝顔	**volubilis**	*m*	ヴォりュビりス
あざみ	**chardon**	*m*	シャるドン
あじさい	**hortensia**	*m*	オるタンシア
アネモネ	**anémone**	*f*	アネモーヌ
あやめ	**iris de marée**	*m*	イりス ドゥ マれー
エーデルワイス	**edelweiss**	*m*	エーデルヴェース
カーネーション	**œillet**	*m*	ウイエ
菊	**chrysanthème**	*m*	クりザンテーム
夾竹桃 (きょうちくとう)	**laurier-rose**	*m*	ローりエろーズ
きんせんか	**souci**	*m*	スーシ
きんぽうげ	**bouton d'or**	*m*	ブートン ドーる
グラジオラス	**glaïeul**	*m*	グライユール
クレマティス	**clématite**	*f*	クれマティートゥ
クローバー	**trèfle**	*m*	トゥれフル
クロッカス	**crocus**	*m*	クろキュス

276

● 花① ●

けし	**pavot**	m	パヴォ
コスモス	**cosmos**	m	コスモス
桜草	**primevère**	f	プリムヴェール
サフラン	**safran**	m	サフラン
さんざし	**aubépine**	f	オーベピーヌ
三色すみれ	**pensée**	f	パンセー
ジギタリス	**digital**	m	ディジタル
シクラメン	**cyclamen**	m	シクラメヌ
しゃくなげ	**rhododendron**	m	ろドデンドゥロン
すいかずら	**chèvrefeuille**	m	シェーヴるフーユ
水仙	**narcisse**	m	ナるシス
睡蓮	**nénuphar**	m	ネニュファール
すずらん	**muguet**	m	ミュゲ

Column ガーデニング

ガーデニングをする人はたくさんいますが、最近は家庭菜園で野菜を育てる人も増えたようです。

jardin potager (m) 菜園/ plante verte (f) 観葉植物/ pot (m)
ジャるデン ポタジェ　　　　　　　プラントゥ ヴェるトゥ　　　　　　ポ

植木鉢/ bac (m) プランター /
　　　　　バック

engrais (m) 肥料/ terre acide (f)
アングれ　　　　　　　テる アシッドゥ

酸性の土/ terreau (m) 腐葉土
　　　　　　テローー

自然と環境
花②

すみれ	**violette**	*f*	ヴィオレットゥ
ゼラニウム	**géranium**	*m*	ジェらニオム
ダリア	**dahlia**	*m*	ダリヤ
たんぽぽ	**pissenlit**	*m*	ピサンリ
チューリップ	**tulipe**	*f*	テュリップ
つげ	**buis**	*m*	ビュイ
つつじ	**azalée**	*f*	アザレー
椿	**camélia**	*m*	カメリヤ
菜種	**colza**	*m*	コルザ
にわとこ	**sureau**	*m*	シュろー
ばら	**rose**	*f*	ろーズ
ひいらぎ	**houx**	*m*	ウー
ヒース	**bruyère**	*f*	ブりゅイエーる
ひなぎく	**marguerite**	*f*	マるグりットゥ
ひまわり	**tournesol**	*m*	トゥーるヌソル
ヒヤシンス	**jacinthe**	*f*	ジャセントゥ
昼顔	**liseron**	*m*	リズろン

● 花② ●

藤	**glycine**	f	グリシーヌ
ベゴニア	**bégonia**	m	ベゴニヤ
ベラドンナ	**belle-dame**	f	ベルダム
牡丹	**pivoine**	f	ピヴォワーヌ
ミモザ	**mimosa**	m	ミモザ
木蓮	**magnolia**	m	マニョリヤ
矢車草	**bleuet**	m	ブルーエ
百合	**lys**	m	リス
ラベンダー	**lavande**	f	ラヴァンドゥ
蘭	**orchidée**	f	オルシデ
リラ	**lilas**	m	リラ
りんどう	**gentiane**	f	ジャンティアーヌ
忘れな草	**myosotis**	m	ミオゾティス

〈関連単語〉

植物相	flore (f) フローる	着生植物	plante épiphyte (f) プラントゥ エピフィットゥ
寄生植物	plante parasite (f) プラントゥ パらジットゥ	岩生植物	saxicole (m) サクシコール
薬草	plante médicale (f) プラントゥ メディカル		
煎じる	infuser エンフュゼ		
民間療法	remède de bonne femme (m) るメードゥ ドゥ ボンヌ ファム		

自然と環境
鳥

鳥	**oiseau**	m	オワゾー
水鳥	**oiseau aquatique**	m	オワゾー アクワティック
雀	**moineau**	m	モワノー
インコ	**perruche**	f	ぺリュッシュ
カナリア	**canari**	m	カナリー
オウム	**perroquet**	m	ぺロケ
孔雀	**paon**	m	パーン
ダチョウ	**autruche**	f	オートゥりゅシュ
ヒバリ	**alouette**	f	アルーエットゥ
ツグミ	**grive**	f	グリーヴ
ナイチンゲール	**rossignol**	m	ろシニョール
カササギ	**pie**	f	ピー
カッコウ	**coucou**	m	クークー
キツツキ	**pic**	m	ピック
フクロウ	**chouette**	f	シュエットゥ
ミミズク	**hibou**	m	イブー
鳩	**colombe**	f	コロンブ

●鳥●

カラス	**corbeau**	*m*	コルボー
ツバメ	**hirondelle**	*f*	イロンデル
鷺	**héron**	*m*	エロン
鷹	**faucon**	*m*	フォーコン
ハゲタカ	**vautour**	*m*	ヴォートゥール
鷲	**aigle**	*m*	エーグル
トビ	**milan**	*m*	ミラン
コウノトリ	**cigogne**	*m*	シゴーニュ
白鳥	**cygne**	*m*	シーニュ
雁、ガチョウ	**oie**	*f*	オワ
鶴	**grue**	*f*	グリュー
カモメ	**mouette**	*f*	ムエットゥ
アホウドリ	**albatros**	*m*	アルバトゥロス
ペンギン	**manchot**	*m*	マンショ
ペリカン	**pélican**	*m*	ペリカン
くちばし	**bec**	*m*	ベック
翼	**aile**	*f*	エール
羽根	**plume**	*f*	プリューム
ひな、ひよこ	**poussin**	*m*	プーセン

自然と環境
虫、爬虫類

昆虫	insecte	m	エンセクトゥ
蝶	papillon	m	パピヨン
モンシロチョウ	piéride du chou	f	ピエリッドゥ デュ シュー
アゲハチョウ	porte-queue	m	ポるトゥクー
蛾	papillon nocturne	m	パピヨン ノクテュるヌ
ハエ	mouche	f	ムーシュ
蚊	moustique	m	ムースティック
蜜蜂	abeille	f	アベーユ
蜘蛛	araignée	f	アれニエ
ゴキブリ	blatte	f	ブラットゥ
セミ	cigale	f	シガル
バッタ	sauterelle	f	ソートゥれル
黄金虫	scarabée	m	スカらべ
カブトムシ	scarabée rhinocéros	m	スカらべ りノセロス
クワガタ	lucane	m	リュカーヌ
トカゲ	lézard	m	レザーる
カマキリ	mante religieuse	f	マントゥ るリジウーズ

虫、爬虫類

日本語	フランス語	性	カナ
テントウ虫	coccinelle	f	コクシネル
コオロギ	grillon	m	グリヨン
トンボ	libellule	f	リベリュール
蟻	fourmi	f	フーるミ
ノミ	puce	f	ピュス
シラミ	pou	m	プー
ミミズ	ver de terre	m	ヴェる ドゥ テーる
蚕 (かいこ)	ver à soie	m	ヴェ ら ソワ
蛇	serpent	m	セるパン
マムシ	vipère	f	ヴィペーる
ガラガラヘビ	crotale	m	クろタール
ニシキヘビ	python	m	ピトン
ボア	boa	m	ボア
幼虫	larve	f	らるヴ
繭 (まゆ)	cocon	m	ココン
蛹 (さなぎ)	chrysalide	f	クりザリッドゥ
毛虫	chenille	f	シュニーユ
成虫	imago	m	イマーゴ
触覚	antenne	f	アンテンヌ

6章 ● 自然と環境

自然と環境
動物①

動物	animal	m	アニマル
（人間以外の）動物、獣	bête	f	ベットゥ
ほ乳類	mammifères	m pl.	マミフェーる
象	éléphant	m	エレファン
ライオン	lion	m	リオン
チーター	guépard	m	ゲパーる
ヒョウ	panthère	f	パンテーる
虎	tigre	m	ティーグる
カバ	hippopotame	m	イポポタム
サイ	rhinocéros	m	りノセロス
シマウマ	zèbre	m	ゼーブる
ロバ	âne	m	アーヌ
雄（雌）ラバ	<u>mulet</u>(mule)	m / f	<u>ミュレ</u>（ミュール）
キリン	girafe	f	ジらフ
ヒトコブラクダ	dromadaire	m	ドゥろマデーる
フタコブラクダ	chameau	m	シャモー
水牛	buffle	m	ビュフル

● 動物①

イノシシ	**sanglier**	m	サングリエ
熊	**ours**	m	うるす
アナグマ	**blaireau**	m	ブレロー
雄(雌)ヤギ	**bouc(chèvre)**	m/f	ブック (シェーヴる)
雄(雌)鹿	**cerf(biche)**	m/f	セーる (ビッシュ)
カモシカ	**chamois**	m	シャモワ
猿	**singe**	m	センジュ
ゴリラ	**gorille**	m	ゴりーユ
チンパンジー	**chimpanzé**	m	シェンパンゼ
犬	**chien**	m	シエン
ブルドッグ	**bouledogue**	m	ブルドーグ
シェパード	**berger allemand**	m	べるジェ アルマン
セントバーナード	**saint-bernard**	m	センべるナーる

〈関連単語〉

子ライオン	lionceau (m) リオンソー	子馬	poulain (m) プーレン
子豚	porcelet (m) ポるスレ	子熊	ourson (m) うるソン
子鹿	faon (m) ファーン		
子犬	chiot (m) シオ		
子猫	chaton (m) シャトン		

自然と環境
動物②

日本語	フランス語	性	発音
オオカミ	loup	*m*	ルー
ハイエナ	hyène	*f*	イエーヌ
羊	mouton	*m*	ムートン
狐	renard	*m*	るナーる
リス	écureuil	*m*	エキュるーユ
ビーバー	castor	*m*	カストーる
カワウソ	loutre	*f*	ルートゥる
イタチ	belette	*f*	ブレットゥ
モグラ	taupe	*f*	トープ
猫	chat	*m*	シャ
シャム猫	chat siamois	*m*	シャ シヤモワ
ペルシャ猫	persan	*m*	ぺるサン
大山猫	lynx	*m*	レンクス
ヒキガエル	crapaud	*m*	クらポー
オタマジャクシ	têtard	*m*	テターる
ネズミ	rat	*m*	ら
ハツカネズミ	souris	*f*	スーり

● 動物②

モルモット	cochon d'Inde	m	コション デンドゥ
コウモリ	chauve-souris	f	ショーヴスーリ
鯨	baleine	f	バレーヌ
イルカ	dauphin	m	ドーフェン
アザラシ	phoque	m	フォック
オットセイ	otarie	f	オタリー
クラゲ	méduse	f	メデューズ
ラッコ	loutre de mer	f	ルートゥる ドゥ メーる
ヒトデ	étoile de mer	f	エトワール ドゥ メーる
ナマコ	concombre de mer	m	コンコンブる ドゥ メーる
ワニ	crocodile	m	クろコディル
亀	tortue	f	トるテュ
恐竜	dinosaure	m	ディノゾーる

6章 ● 自然と環境

犬に関連したことば

- niche (f) ニッシュ 犬小屋
- dressage (m) ドゥれサージュ しつけ
- mordre (attendre型) もるドゥる かむ
- rage (f) らージュ 狂犬病
- vétérinaire (m,f) ヴェテりネーる 獣医
- pâtée (f) パテ えさ
- aboyer アボワイエ 吠える

287

À propos!

ペットの犬には、タトゥーが入っている

　フランスは、ヨーロッパで最もペットの多い国だそうです。いちばん多いのは、やはり犬と猫で、約1750万匹飼われています。

　フランスのペットといえば犬のイメージが強いですが、最近は猫の数が上回るようになりました。庭付きの家が減っただけでなく、路上に落とすフンの取り締まりが厳しくなり、最高で457ユーロの罰金が課されるようになったことが大きいでしょう。

　ちなみに飼い犬は、耳や腹、尻に「タトゥー　tatouage (m)　タトゥアージュ」を入れています。これがないと保健所の公式書類が発行されないからです。盗難や迷子のときは、タトゥーにあるナンバーを動物愛護協会（SPA (f)）に連絡します。

　犬や猫のほかに、「金魚　poisson rouge (m)　ポワソン るージュ」「熱帯魚 poisson tropical (m)　ポワソン トゥろピカル」「文鳥　moineau de Java (m)　モワノー ドゥ ジャヴァ」「九官鳥　mainate (m)　メナットゥ」「ハムスター　hamster (m)　アムステーる」なども人気があります。

　そんなフランス人が本当に動物好きかといわれると、ちょっと首をかしげてしまいます。肉屋へ行くと、皮をはいだウサギや鶏がぶら下がっていますし、牛の頭もそのまま陳列されています。

　そして秋からの「狩猟シーズン　saison de la chasse (f)　セゾン ドゥ ラ シャス」が始まると、ハンターたちは嬉々として獲物をとりに出かけます。「狩猟肉　gibier (m)　ジビエ」としてp142～143に鹿肉などの単語を入れましたが、ほかにも「マガモ　colvert (m)　コルヴェーる」、日本では天然記念物の「ライチョウ　grouse (f)　グるーズ」などがポピュラーです。

　食用動物と愛玩動物の区別は、国によって大きく異なります。フランスが反捕鯨の急先鋒なのは、鯨に対するイメージが日本とは違っているからではないでしょうか。

7章
病気・トラブル

病気・トラブル [病気]
病院①

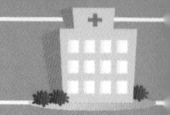

赤十字社	**Croix-Rouge**	m	クロワルージュ
国立病院	**hôpital national**	m	オピタル ナシオナル
市(町・村)立病院	**hôpital municipal**	m	オピタル ミュニシパル
大学医療センター	**CHU**	m	セーアッシュユー
総合病院	**polyclinique**	f	ポリクリニック
緊急医療救助サービス	**SAMU**	m	サミュ
無料診療所	**dispensaire**	m	ディスパンセール
臨床検査所	**laboratoire d'analyses médicales**	m	ラボらトワール ダナリズ メディカル
レントゲンセンター	**radiologie**	f	らディオロジー
(学校などの)医務室	**infirmerie**	f	エンフィるムりー
私立病院、診療所	**clinique**	f	クリニック
小規模診療所	**cabinet de consultation**	m	カビネ ドゥ コンシュルタシオン
ホスピス	**hospice**	m	オスピス
老人ホーム	**maison de retraite**	f	メゾン ドゥ るトゥれットゥ
産院	**maternité**	f	マテるニテ
精神病院	**maison de santé**	f	メゾン ドゥ サンテ
医者	**médecin**	m	メドゥセン

● [病気] 病院①

医学博士	docteur	m	ドクトゥーる
医師団	corps médical	m	コーる メディカル
一般医	généraliste	m/f	ジェネらリストゥ
専門医	spécialiste	m/f	スペシアリストゥ
臨床医	clinicien	m	クリニシエン
レントゲン専門医	radiologue	m/f	らディオローグ
精神療法医	thérapeute	m/f	テらプートゥ
ホームドクター	médecin de famille	m	メドゥセン ドゥ ファミーユ
看護師	infirmier(ère)	m/f	エンフィるミエ（ーる）
インターン	interne	m/f	エンテるヌ
病人	malade	m/f	マラードゥ
患者	patient(e)	m/f	パシヤン（トゥ）
（病院側から見た）患者	client(e)	m/f	クリヤン（トゥ）

社会保障に関連したことば

● sécurité sociale (f) 社会保障
　セキュリテ　ソシアル

● assurance maladies (f) 疾病保険
　アシュらンス　マラディー

● assurance accidents individuelle (f) 傷害保険
　アシュらンス　アクシダン　エンディヴィデュエル

● carte Vitale (f) 健康保険カード　● mutuelle (f) 共済組合
　かるトゥ　ヴィタル　　　　　　　　　ミュテュエル

● couverture médicale universelle (f) 全医療保険
　クーヴェるテューる　メディカル　ユニヴェるセル

病気・トラブル [病気]
病院② (診療科)

内科	médecine des maladies internes	f	メドゥシーヌ デ マラディー エンテるヌ
心療内科	médecine psychosomatique	f	メドゥシーヌ プシコソマティック
外科	**chirurgie**	f	シりゅるジー
外科医	**chirurgien(ne)**	m f	シりゅるジエン (ヌ)
整形外科	**orthopédie**	f	オるトペディー
整形外科医	**orthopédiste**	m f	オるトペディストゥ
脳外科	**neurochirurgie**	f	ヌーろシりゅるジー
形成外科	**chirurgie plastique**	f	シりゅるジー プラスティック
皮膚科	**dermatologie**	f	デるマトロジー
皮膚科医	**dermatologue**	m f	デるマトローグ
小児科	**pédiatrie**	f	ペディアトゥりー
小児科医	**pédiatre**	m f	ペディアトゥる
耳鼻咽喉科	**oto-rhino-laryngologie**	f	オトりノラれンゴロジー
耳鼻咽喉科医	**oto-rhino-laryngologiste**	m f	オトりノラれンゴロジストゥ
産科	**obstétrique**	f	オプステトゥりック
産科医	**obstétricien(ne)**	m f	オプステトゥりシエン (ヌ)
婦人科	**gynécologie**	f	ジネコロジー

● [病気] 病院②(診療科) ●

婦人科医	**gynécologue**	m f	ジネコローグ
泌尿器科	**urologie**	f	ユロロジー
泌尿器科医	**urologue**	m f	ユロローグ
性病科	**vénérologie**	f	ヴェネロロジー
性病科医	**vénérologiste**	m f	ヴェネロロジストゥ
眼科	**ophtalmologie**	f	オフタルモロジー
眼科医	**ophtalmologue**	m f	オフタルモローグ
神経科	**neurologie**	f	ヌーロロジー
神経科医	**neurologiste**	m f	ヌーロロジストゥ
精神科	**psychiatrie**	f	プシキアトゥりー
精神科医	**psychiatre**	m f	プシキアートゥる
精神分析	**psychanalyse**	f	プシカナリーズ
精神分析医	**psychanalyste**	m f	プシカナリストゥ

〈関連単語〉

| 診察室 | cabinet de consultation (f)
 カビネ ドゥ コンシュルタシオン | 病棟 | pavillon (m)
 パヴィヨン |

病室　chambre de malade (f)
　　　シャンブる　ドゥ　マラードゥ

レントゲン室　salle d'examen radiographique (f)
　　　　　　　サル　デグザメン　らディオグらフィック

手術室　salle d'opération (f)
　　　　サル　ドペらシオン

集中治療室　salle de soins intensifs (f)
　　　　　　サル　ドゥ　ソワン　ゼンタンシフ

病気・トラブル [病気]
病気①

病気	**maladie**	*f*	マラディー
頭痛	**mal de tête**	*m*	マル ドゥ テットゥ
発作	**crise**	*f*	クリーズ
息切れ	**essouflement**	*m*	エスーフルマン
熱	**fièvre**	*f*	フィエーヴる
体温	**température**	*f*	タンぺらテューる
脈拍	**pouls**	*m*	プー
心拍	**battements du cœur**	*m pl.*	バトゥマン デュ クーる
風邪	**rhume**	*m*	りゅーム
インフルエンザ	**grippe**	*f*	グリップ
百日咳	**coqueluche**	*f*	コクリュッシュ
おたふく風邪	**oreillons**	*m pl.*	オレイヨン
風疹 (ふうしん)	**rubéole**	*f*	りゅベオル
はしか	**rougeole**	*f*	るージョール
花粉症	**rhume des foins**	*m*	りゅーム デ フォワン
気管支炎	**bronchite**	*f*	ブロンシットゥ
喘息 (ぜんそく)	**asthme**	*m*	アスム

● [病気] 病気①

肺炎	**pneumonie**	f	プヌモニー
肺結核	**tuberculose pulmonaire**	f	テュベるキュローズ ピュルモネーる
口内炎	**stomatite**	f	ストマティットゥ
扁桃腺炎	**amygdalite**	f	アミダリットゥ
副鼻腔炎	**sinusite**	f	シニュジットゥ
蓄膿 (ちくのう)	**infection sous-durale**	f	エンフェクシオン スーデュらル
心臓病	**maladie cardiaque**	f	マラディー カるディアック
狭心症	**angine de poitrine**	f	アンジーヌ ドゥ ポワトゥりーヌ
心筋梗塞	**infarctus du myocarde**	m	エンファるクテュス デュ ミオカるドゥ
心不全	**insuffisance cardiaque**	f	エンスフィザンス カるディアック
心臓弁膜症	**insuffisance valvulaire**	f	エンシュフィザンス ヴァルヴュレーる
不整脈	**pouls irrégulier**	m	プー イれギュリエ
心臓マヒ	**paralysie cardiaque**	f	パらリジー カるディアック

7章 ● 病気・トラブル

症状を伝えるための表現

● **enrhumé(e)** 風邪をひいている
アンりゅーメ

● **avoir des vertiges** めまいがする
アヴォワーる デ ヴェるティージュ

● **avoir mal au cœur** 吐き気がする
アヴォワーる マ ロー クーる

● **se sentir las(se)** (partir型) 身体がだるい
ス サンティーる ラ(ス)

● **avoir des frissons** 寒気がする
アヴォワーる デ フりソン

● **avoir le nez bouché** 鼻が詰まる
アヴォワーる ル ネ ブーシェ

病気・トラブル [病気]

病気②

脳炎	encéphalite	f	アンセファリットゥ
脳膜炎	méningite	f	メネンジットゥ
脳卒中	apoplexie cérébrale	f	アポプレクシー セれブラル
脳貧血	anémie cérébrale	f	アネミー セれブラル
脳梗塞	infarctus cérébral	m	エンファるクテュス セれブラル
脳腫瘍	tumeur cérébrale	f	テュムーる セれブラル
脳出血	hémorragie cérébrale	f	エモらジー セれブラル
脳血栓	thrombose cérébrale	f	トゥろンボーズ セれブラル
くも膜下出血	hémorragie méningée	f	エモらジー メネンジェ
脳軟化症	ramollissement cérébral	m	らモリスマン セれブラル
アルツハイマー病	maladie d'Alzheimer	f	マラディー ダルツァイムーる
パーキンソン病	maladie de Parkinson	f	マラディー ドゥ パるキヌソヌ
日射病	insolation	f	エンソラシオン
結膜炎	conjonctivite	f	コンジョンクティヴィットゥ
ものもらい	orgelet	m	オるジュレ
白内障	cataracte	f	カタらクトゥ
緑内障	glaucome	m	グロコーム

● [病気] 病気②

網膜はく離	décollement de la rétine	m	デコルマン ドゥ ラ れティーヌ
中耳炎	otite	f	オティートゥ
耳あか	cérumen	m	セりゅメヌ
鼓膜	tympan	m	テンパン
リウマチ	rhumatisme	m	りゅーマティスム
痛風	goutte	f	グットゥ
神経痛	névralgie	f	ネヴらルジー
ヘルニア	hernie	f	エるニー
皮膚炎	dermatite	f	デるマティットゥ
じんましん	urticaire	f	ユるティケーる
水ぼうそう	varicelle	f	ヴァりセル
やけど	brûlure	f	ブりゅリューる
破傷風	tétanos	m	テタノス

〈関連単語〉

失神	évanouissement (m) エヴァヌイスマン	意識不明	coma (m) コーマ
湿疹	éruption (f) エりゅプシオン	かゆみ	démangeaison (f) デマンジェーゾン
腫れ	enflure (f) アンフリューる		
むくみ	gonflement (m) ゴンフルマン		
虫さされ	piqûre d'insecte (f) ピキューる ダンセクトゥ		

病気・トラブル [病気]

病気③

腹痛	mal de ventre	m	マル ドゥ ヴァントゥる
食中毒	intoxication alimentaire	f	エントクシカシオン アリマンテーる
消化不良	indigestion	f	エンディジェスティオン
嘔吐 (おうと)	vomissement	m	ヴォミスマン
下痢 (げり)	diarrhée	f	ディアれー
便秘	constipation	f	コンスティパシオン
胃炎	gastrite	f	ガストゥりットゥ
胃潰瘍	ulcère de l'estomac	m	ユルセーる ドゥ レストマ
胃痙攣	crampe d'estomac	f	クらンプ デストマ
十二指腸炎	ulcère duodénal	m	ユルセーる デュオデナル
大腸カタル	colite	f	コリットゥ
盲腸炎	appendicite	f	アペンディシットゥ
腸ねん転	torsion intestinale	f	トるシオン エンテスティナル
腸閉塞	occlusion intestinale	f	オクリュージオン エンテスティナル
痔	hémorroïdes	f pl.	エモろイッドゥ
肝炎	hépatite	f	エパティットゥ
肝硬変	cirrhose du foie	f	シローズ デュ フォワ

298

● [病気] 病気③ ●

胆石	calcul biliaire	m	カルキュル ビリエール
腎炎	néphrite	f	ネフリットゥ
腎盂炎	pyélite	f	ピエリットゥ
ネフローゼ	néphrose	f	ネフろーズ
尿毒症	urémie	f	ユれミー
膀胱炎	cystite	f	システィットゥ
前立腺肥大	hypertrophie de la prostate		イペるトゥろフィー ドゥ ラ プろスタートゥ
生理痛	dysménorrhée	f	ディスメノれー
高血圧	hypertension	f	イペるタンシオン
動脈硬化	artériosclérose	f	あるテリオスクレろーズ
糖尿病	diabète	m	ディアベットゥ
がん	cancer	m	カンセール
ポリープ	polype	m	ポリープ

症状を表す形容詞

- aigu(ë) エーギュ 急性の
- bénin(nigne) ベナン (ニーニュ) 良性の
- congénital(e) コンジェニタル 先天的な
- acquis(e) アキ (ーズ) 後天的な
- viral(e) ヴィラル ウイルス性の

- chronique クろニック 慢性の
- malin(ligne) マラン (リーニュ) 悪性の

病気・トラブル [病気]
病気④

過食症	boulimie	f	ブーリミー
拒食症	anorexie	f	アノれクシー
精神障害	troubles mentaux	m pl.	トゥるーブル マントー
躁うつ病	cyclothymie	f	シクロティミー
強迫神経症	TOC	m	テーオーセー
てんかん	épilepsie	f	エピレプシー
不眠症	insomnie	f	エンソムニー
ノイローゼ	névrose	f	ネヴろーズ
自律神経失調症	dystonie neurovégétative	f	ディストニー ヌーろヴェジェタティヴ
夢遊病	somnambulisme	m	ソムナンビュリスム
被害妄想	manie de la persécution	f	マニー ドゥ ラ ペるセキューシオン
虚言癖	mythomanie	f	ミトマニー
アルコール依存症	alcoolisme	m	アルコリスム
薬物依存症	intoxication médicamenteuse	f	エントクシカシオン メディカマントゥーズ
伝染病	épidémie	f	エピデミー
感染	infection	f	エンフェクシオン
細菌汚染	contamination	f	コンタミナシオン

潜伏期	**incubation**	*f*	エンキュバシオン
コレラ	**choléra**	*m*	コレら
赤痢 (せきり)	**dysenterie**	*f*	ディサントゥりー
ペスト	**peste**	*f*	ペストゥ
チフス	**typhus**	*m*	ティフュス
マラリア	**paludisme**	*m*	パリュディスム
エボラ出血熱	**fièvre Ebola**	*f*	フィエーヴる エボラ
白血病	**leucémie**	*f*	ルーセミー
性病	**MST**	*f*	エムエステー
梅毒	**syphilis**	*f*	シフィリス
淋病	**blennorragie**	*f*	ブレンノらジー
ヘルペス	**herpès**	*m*	エるペス
エイズ	**sida**	*m*	シーダ

7章●病気・トラブル

感染病に関連したことば

●**isolement** (m) 隔離
イゾルマン

●**pavillon des contagieux** (m) 隔離病棟
パヴィヨン デ コンタジウー

●**infection nosocomiale** (f) 院内感染
エンフェクシオン ノゾコミアル

●**stérilisation** (f) 殺菌
ステリリザシオン

●**désinfection** (f) 消毒
デゼンフェクシオン

●**vaccination** (f) 予防接種
ヴァクシナシオン

病気・トラブル [病気]
けが

傷	blessure	f	ブレシューる
(医学用語で)外傷	trauma	m	トゥろーマ
重傷	blessure grave	f	ブレシューる グらーヴ
軽傷	blessure légère	f	ブレシューる レジェーる
致命傷	blessure mortelle	f	ブレシューる モるテル
激痛	douleur aiguë	f	ドゥールーる エーギュ
鈍痛	douleur sourde	f	ドゥールーる スるドゥ
傷口	plaie	f	プレ
打撲傷	contusion	f	コンテュジオン
こぶ	bosse	f	ボス
あざ	meurtrissure	f	ムるトゥりシューる
青あざ	bleu	m	ブルー
傷跡	cicatrice	f	シカトゥりス
切り傷	coupure	f	クピューる
刺し傷	piqûre	f	ピキューる
かみ傷	morsure	f	モるシューる
すり傷	éraflure	f	エらフリューる

● [病気] けが ●

ひっかき傷	égratignure	f	エグらティニューる
できもの	tumeur	f	テュムーる
繊維腫	fibrome	m	フィブろーム
腫れ物	grosseur	f	グろスーる
吹き出物	bouton	m	ブートン
水ぶくれ	ampoule	f	アンプール
膿 (うみ)	abcès	m	アプセ
化膿	suppuration	f	シュピュらシオン
骨折	fracture	f	フらクテューる
脱臼	luxation	f	リュクサシオン
ねんざ	entorse	f	アントるス
軽いねんざ	foulure	f	フリューる
ムチ打ち症	coup du lapin	m	クー デュ ラペン

Column けがの治療で役立つ言葉を覚えよう

けがといっても、絆創膏ですんでしまうものもあれば、松葉杖が必要な場合もあります。こうした言葉を覚えておけば、いざというときに役に立ちます。

compresse (f) ガーゼ / cataplasme (m) 湿布薬 / pansement
コンプれス　　　　　　　　　カタプラスム　　　　　　　　　　パンスマン
(m) 包帯 / sparadrap (m) 絆創膏 / plâtre
　　　　　スパらドゥら　　　　　　　プラートゥる
(m) ギブス / béquille (f) 松葉杖
　　　　　　ベキーユ

病気・トラブル [病気]
診療①

診察	consultation	f	コンシュルタシオン
診断	diagnostic	m	ディアノスティック
カルテ	fiche médicale	f	フィッシュ メディカル
診断書	certificat médical	m	セるティフィカ メディカル
処方せん	ordonnance	f	オるドナンス
聴診器	stéthoscope	m	ステトスコープ
血液検査	analyse de sang	f	アナリーズ ドゥ サン
尿検査	analyse d'urines	f	アナリーズ デュりーヌ
レントゲン検査	radiographie	f	らディオグらフィー
胃カメラ	gastroscopie	f	ガストゥロスコピー
バリウム	baryum	m	バりオム
断層撮影法	tomographie	f	トモグらフィー
CTスキャン	scanographie	f	スカノグらフィー
超音波診断法	échographie	f	エコグらフィー
内視鏡	endoscope	m	アンドスコープ
ファイバースコープ	fibroscope	m	フィブろスコープ
脳波	électroencéphalogramme	m	エレクトゥろアンセファログらム

● [病気] 診療①

心電図	**électrocardiogramme**	m	エレクトゥろかるディオグラム
治療法	**thérapeutique**	f	テラプティック
心理療法	**psychothérapie**	f	プシコテらピー
鍼治療	**acupuncture**	f	アキュポンクテューる
超音波療法	**ultrasonothérapie**	f	ユルトゥらソノテらピー
放射線治療	**radiothérapie**	f	らディオテらピー
遺伝子治療	**thérapie génétique**	f	テらピー ジェネティック
ホメオパシー療法	**homéopathie**	f	オメオパティー
転地療法	**cure d'air**	f	キューる デーる
湯治	**cure thermale**	f	キューる テるマル
救急車	**ambulance**	f	アンビュランス
担架	**brancard**	m	ブらンカーる
触診	**palpation**	f	パルパシオン
応急手当て	**premiers soins**	m pl.	プるミエ ソワン
心臓マッサージ	**massage cardiaque**	m	マサージュ かるディアック
人工呼吸	**respiration artificielle**	f	れスピらシオン アるティフィシエル
危篤の	**mourant(e)**		ムーらン (トゥ)
遺伝性の	**héréditaire**		エれディテーる
不治の	**incurable**		エンキュらーブル

7章●病気・トラブル

病気・トラブル［病気］
診療②

注射	injection	f	エンジェクシオン
注射器	seringue	f	スれング
点滴	instillation	f	エンスティラシオン
点滴注入器	goutte-à-goutte	m	グッタグットゥ
注入器の管	canule	f	カニュール
人工透析	dialyse	f	ディアリーズ
血清	sérum	m	セロム
浣腸	injection rectale	f	エンジェクシオン れクタル
入院	hospitalisation	f	オスピタリザシオン
絶対安静	immobilité complète	f	イモビリテ コンプレットゥ
面会謝絶	visites interdites	f pl.	ヴィジットゥ エンテるディットゥ
手術	opération	f	オペらシオン
緊急手術	opération à chaud	f	オペらシオン ア ショー
局所麻酔	anesthésie locale	f	アネステジー ロカル
全身麻酔	anesthésie générale	f	アネステジー ジェネラル
酸素マスク	masque à oxygène	m	マスク カ オクシジェーヌ
切開	incision	f	エンシジオン

● [病気] 診療②●

傷口の縫合	**points de suture**	m pl.	ポワン ドゥ シュテューる
抜糸	**extraction de fils**	f	エクストゥらクシオン ドゥ フィル
出血	**saignement**	m	セーニュマン
輸血	**transfusion sanguine**	f	トゥらンスフュジオン サンギーヌ
血液型	**groupe sanguin**	m	グるップ サンゲン
免疫	**immunité**	f	イミュニテ
拒絶反応	**réaction de rejet**	f	れアクシオン ドゥ るジェ
回復	**guérison**	f	ゲりゾン
再発	**récidive**	f	れシディヴ
転移	**métastase**	f	メタスターズ
リハビリテーション	**rééducation**	f	れエデュカシオン
脳死	**mort cérébrale**	f	モーる セれブらル
臓器移植	**greffe d'organes**	f	グれッフ ドるガーヌ

〈関連単語〉

心臓移植　transplantation cardiaque (f)
　　　　　トゥらンスプランタシオン　カるディアック

角膜移植　greffe cornéenne (f)
　　　　　グれッフ　コるネエンヌ

骨髄移植　greffe de moelle osseuse (f)
　　　　　グれッフ　ドゥ　ムワル　オズーズ

腎臓移植　transplantation rénale (f)
　　　　　トゥらンスプランタシオン　れナル

ドナー　donneur(se) (m, f)　　レシピエント　receveur(se) (m, f)
　　　　ドヌーる (ズ)　　　　　　　　　　　　るスヴーる (ズ)

病気・トラブル [病気]

歯科

歯科	**odontologie**	f	オドントロジー
口腔病学	**stomatologie**	f	ストマトロジー
歯科医院	**cabinet de dentiste**	m	カビネ ドゥ ダンティストゥ
歯科医	**dentiste**	m/f	ダンティストゥ
歯科技工士	**prothésiste dentaire**	m/f	プロテジストゥ ダンテール
歯が痛い	**avoir mal aux dents**		アヴォワール マ ロー ダン
歯を抜く	**arracher une dent**		アらシェ ユヌ ダン
歯が欠けている	**édenté(e)**		エダンテ
乳歯	**dent de lait**	f	ダン ドゥ レ
永久歯	**dent permanente**	f	ダン ぺるマナントゥ
前歯	**dent de devant**	f	ダン ドゥ ドゥヴァン
奥歯	**dent de dessous**	f	ダン ドゥ ドゥスー
親知らず	**dent de sagesse**	f	ダン ドゥ サジェス
切歯	**incisive**	f	エンシジヴ
犬歯	**canine**	f	カニーヌ
小臼歯	**prémolaire**	f	プれモレール
大臼歯	**molaire**	f	モレール

● [病気] 歯科 ●

歯茎	**gencive**	f	ジャンシヴ
顎関節	**articulation temporo-mandibulaire**	f	アるティキュラシオン タンポロマンディビュレーる
虫歯	**carie**	f	カりー
歯槽膿漏	**pyorrhée alvéolaire**	f	ピオれー アルヴェオレーる
歯周病	**périodontite**	f	ぺりオドンティットゥ
歯肉炎	**gingivite**	f	ジェンジヴィットゥ
人工歯冠	**couronne**	f	クーろンヌ
詰め物	**plombage**	m	プロンバージュ
セラミック	**céramique**	f	セらミック
アマルガム	**amalgame**	m	アマルガム
入れ歯	**dent artificielle**	f	ダン アるティフィシエル
総入れ歯	**dentier**	m	ダンティエ
歯科インプラント	**implant dentaire**	m	エンプラン ダンテーる

〈関連単語〉

歯ブラシ　brosse à dents (f)
　　　　　ブろッ　サ　ダン

歯磨き　dentifrice (m)
　　　　ダンティフりス

歯石　tartre dentaire (m)
　　　タるトゥる　ダンテーる

歯並び　dentition (f)
　　　　ダンティシオン

矯正　correction (f)
　　　コれクシオン

7章 ● 病気・トラブル

病気・トラブル [病気]
薬

薬	médicament		メディカマン
薬局	pharmacie	f	ファるマシー
薬剤師	pharmacien(ne)	m / f	ファるマシエン (ヌ)
処方する	prescrire (écrire型)		プれスクりーる
効能	efficacité	f	エフィカシテ
副作用	effets secondaires	m pl.	エフェ スゴンデーる
用量	dose	f	ドーズ
カプセル	cachet	m	カシェ
薬瓶	flacon à médicament	m	フラコ ナ メディカマン
内服薬	médicament interne	m	メディカマン エンテるヌ
粉薬	médicament en poudre	m	メディカマン アン プードゥる
錠剤	comprimé	m	コンプりメ
カプセル錠	capsule	f	カプシュル
糖衣錠	dragée	f	ドゥらジェ
トローチ	pastille	f	パスティーユ
シロップ	sirop	m	シろ
水薬	potion	f	ポシオン

310

● [病気] 薬 ●

日本語	フランス語	性	発音
外用薬	**médicament externe**	*m*	メディカマン エクステるヌ
軟膏	**pommade**	*f*	ポマードゥ
座薬	**suppositoire**	*m*	シュポジトワーる
解熱剤	**fébrifuge**	*m*	フェブりフュージュ
アスピリン	**aspirine**	*f*	アスピりヌ
鎮痛薬	**analgésique**	*m*	アナルジェジック
鎮静薬	**sédatif**	*m*	セダティフ
止血剤	**hémostatique**	*m*	エモスタティック
消化剤	**digestif**	*m*	ディジェスティフ
下剤	**laxatif**	*m*	ラクサティフ
精神安定剤	**tranquillisant**	*m*	トゥらンキリザン
睡眠薬	**somnifère**	*m*	ソムニフェーる
抗がん剤	**remède anticancéreux**	*m*	るメードゥ アンティカンせるー
抗生物質	**antibiotique**	*m*	アンティビオティック
ステロイド	**stéroïde**	*m*	ステロイドゥ
ワクチン	**vaccin**	*m*	ヴァクセン
目薬	**collyre**	*m*	コリーる
うがい薬	**gargarisme**	*m*	ガるガりスム
消毒薬	**désinfectant**	*m*	デゼンフェクタン

7章●病気・トラブル

病気・トラブル [健康]
出産

着床	**nidation**	f	ニダシオン
妊娠	**conception**	f	コンセプシオン
妊娠状態	**grossesse**	f	グロセス
子宮外妊娠	**grossesse extra-utérine**	f	グロセス エクストゥら ユテリーヌ
羊水	**liquide amniotique**	m	リキッドゥ アムニオティック
妊婦	**femme enceinte**	f	ファム アンセントゥ
胎児	**embryon**	m	アンブりオン
助産婦	**sage-femme**	f	サージュファム
陣痛	**contractions**	f pl.	コントゥらクシオン
出産	**accouchement**	m	アクッシュマン
無痛分娩	**accouchement sans douleur**	m	アクッシュマン サン ドゥルーる
帝王切開	**césarienne**	f	セザりエンヌ
誕生	**naissance**	f	ネサンス
新生児	**nouveau-né(e)**	m/f	ヌーヴォーネ
未熟児	**prématuré(e)**	m/f	プれマテュれ
流産	**fausse couche**	f	フォース クッシュ
死産児	**mort-né(e)**	m/f	モーるネ

[健康] 出産

妊娠中絶	**avortement**	m	アヴォるトゥマン
家族計画センター	centre de planification familiale	m	サントゥる ドゥ プラニフィカシオン ファミリアル
避妊	**contraception**	f	コントらセプシオン
コンドーム	**préservatif**	m	プれぜるヴァティフ
ピル	**pilule**	f	ピリュール
不妊症	**stérilité**	f	ステリリテ
人工受精	**fécondation artificielle**	f	フェコンダシオン アるティフィシエル
体外受精	**fécondation in vitro**	f	フェコンダシオン イヌ ヴィトゥろ
排卵誘発剤	médicament contre la stérilité	m	メディカマン コントゥる ラ ステリリテ
代理母	mère porteuse	f	メール ぽるトゥーズ
妊娠証明書	**certificat de grossesse**	m	せるティフィカ ドゥ グろセス
出産育児手当	allocation pour jeune enfant	f	アロカシオン プる ジュ ナンファン
母(父)親の産休	congé de <u>ma</u>(pa)ternité	m	コンジェ ドゥ <u>マ</u>(パ) テるニテ

〈関連単語〉

保育器	couveuse (f) クーヴーズ	産着	layette (f) レイエットゥ
授乳	allaitement (m) アレートゥマン	母乳	lait maternel (m) レ マテるネル
粉ミルク	lait en poudre (m) レ アン プードゥる		
離乳	sevrage (m) セヴらージュ		
おむつ	couche (f) クッシュ		

病気・トラブル [健康]
健康

健康	santé	f	サンテ
健康な、正常な	sain(e)		セン (ーヌ)
不健康な	malsain(e)		マルセン (ーヌ)
検診	dépistage	m	デピスタージュ
健康診断	examen médical	m	エグザメン メディカル
身長	taille	f	ターユ
体重	poids	m	ポワ
検眼	optométrie	f	オプトメトゥリー
聴力検査	audiométrie	f	オーディオメトゥリー
血圧	tension artérielle	f	タンシオン アるテリエル
血糖値	glycémie	f	グリセミー
体脂肪率	taux de graisse corporelle	m	トー ドゥ グれース コるポれル
肥満	obésité	f	オベジテ
貧血	anémie	f	アネミー
食物繊維	fibre alimentaire	f	フィーブる アリマンテーる
コレステロール	cholestérol	m	コレステろール
ストレス	stress	m	ストゥれス

● [健康] 健康

健康法、衛生	hygiène	f	イジエーヌ
フィットネス	mise en forme	f	ミ ザン フォるム
アロマセラピー	aromathérapie	f	アろマテらピー
タラソセラピー	thalassothérapie	f	タラソテらピー
紙巻き煙草	cigarette	f	シガれットゥ
葉巻	cigare	m	シガーる
喫煙者	fumeur(se)	m/f	フュムーる(ズ)
ニコチン中毒	nicotinisme	m	ニコティニスム
麻薬	drogue	m	ドゥろッグ
麻薬常習者	drogué(e)	m/f	ドゥろゲ
大麻	chanvre	m	シャンブる
コカイン	cocaïne	f	コカイヌ
長寿	longévité	f	ロンジェヴィテ
老化	sénescence	f	セネサンス
老人性痴呆	démence sénile	f	デマンス セニル
死	mort	f	モーる
自殺	suicide	m	シュイシッドゥ
自殺未遂	suicide manqué	m	シュイシッドゥ マンケ
安楽死	euthanasie	f	ウタナジー

7章 ● 病気・トラブル

病気・トラブル [トラブル]
災害

大事件	événement	m	エヴェヌマン
小事件	incident	m	エンシダン
事故	accident	m	アクシダン
災害	désastre	m	デザストゥる
大災害	catastrophe	f	カタストゥろフ
(具体的な)災害、被害	sinistre	m	シニストゥる
り災者	sinistré(e)	m / f	シニストゥれ
犠牲者	victime	f	ヴィクティム
避難民	réfugié(e)	m / f	れフュジエ
噴火	éruption	f	エりゅプシオン
地震	tremblement de terre	m	トゥらンブルマン ドゥ テーる
土砂崩れ	éboulement de terrain	m	エブルマン ドゥ テラン
雪崩 (なだれ)	avalanche	f	アヴァランシュ
山火事	incendie de forêt	m	エンサンディ ドゥ フォれ
水不足	pénurie d'eau	f	ペニュりー ドー
干ばつ	sécheresse	f	セシュれス
飢饉 (ききん)	famine	f	ファミーヌ

● [トラブル] 災害 ●

環境破壊	destruction de l'environnement	f	デストりュクシオン ドゥ ランヴィろヌマン
大気汚染	pollution atmosphérique	f	ポリューシオン アトゥモスフェリック
公害	nuisances publiques	f pl.	ニュイザンス ピュブリック
光化学スモッグ	smog photochimique	m	スモッグ フォトシミック
酸性雨	pluie acide	f	プリュイ アシッドゥ
汚染物質	substance polluante	f	シュブスタンス ポリュアントゥ
有害物質	substance nuisible	f	シュブスタンス ニュイジーブル
水質汚染	pollution de l'eau	f	ポリューシオン ドゥ ロー
地盤沈下	affaissement du sol	m	アフェスマン デュ ソル
土壌汚染	pollution du sol	f	ポリューシオン デュ ソル
産業廃棄物	déchets industriels	m pl.	デシェ エンデュストゥりエル
ダイオキシン	dioxine	f	ディオクシーヌ
放射性廃棄物	déchets radioactifs	m pl.	デシェ らディオアクティフ

環境問題に関連したことば

● écosystème (m) 生態系　● écologiste (m, f) 環境保護主義者
エコシステム　　　　　　　　　エコロジストゥ

● réchauffement climatique (m) 地球温暖化
れショーフマン　　　クリマティック

● effet de serre (m) 温室効果
エフェ ドゥ せる

● changement de climat (m) 気候変動
シャンジュマン ドゥ クリマ

● désertification (f) 砂漠化
デぜるティフィカシオン

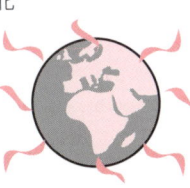

病気・トラブル [トラブル]
犯罪

事件	**affaire**	f	アフェーる
重大犯罪	**crime**	m	クりム
軽犯罪	**délit**	m	デリ
違反	**contravention**	f	コントゥらヴァンシオン
青少年非行	**délinquance juvénile**	f	デレンカンス ジュヴェニール
いざこざ、もめごと	**démêlés**	m pl.	デメレ
おどし	**menace**	f	ムナス
暴力行為	**violences**	f pl.	ヴィオランス
窃盗	**vol**	m	ヴォル
すり	**pickpocket**	m	ピックポケットゥ
恐喝	**chantage**	m	シャンタージュ
強盗	**cambriolage**	m	カンブりオラージュ
詐欺	**fraude**	f	フろードゥ
横領	**appropriation**	f	アプろプりアシオン
汚職	**corruption**	f	コりゅプシオン
賄賂 (わいろ)	**pot-de-vin**	m	ポドゥヴェン
偽造	**contrefaçon**	f	コントゥるファソン

● [トラブル] 犯罪 ●

小児性愛	**pédophilie**	f	ペドフィリー
セクハラ	**harcèlement sexuel**	m	アるセルマン セクシュエル
レイプ	**viol**	m	ヴィオル
誘拐	**kidnapping**	m	キドゥナッピング
人質	**otage**	m	オタージュ
身代金	**rançon**	m	らンソン
殺人	**meurtre**	m	ムるトゥる
殺す	**tuer**		テュエ
毒	**poison**	m	ポワゾン
毒殺する	**empoisonner**		アンポワゾネ
爆薬	**explosif**	m	エクスプロジフ
爆弾	**bombe**	f	ボンブ
爆発	**explosion**	f	エクスプロジオン

7章◆病気・トラブル

捜査に関連したことば

● témoin oculaire (m) 目撃者
　テモワン　オキュレーる

● malfaiteur (m) 犯人
　マルフェトゥーる

● suspect(e) (m, f) 容疑者
　シュスペ (クトゥ)

● opération (f) 捜査
　オペらシオン

● arrestation (f) 逮捕
　アれスタシオン

● détention (f) 留置
　デタンシオン

● libération (f) 釈放
　リベらシオン

319

À propos!

いつのまにかフランス語に定着した外国語

　世界各地では今も紛争が続いています。最近は、自らの命をも犠牲にする自爆テロが頻発していますが、これをフランス語で「kamikaze (m) カミカーズ」と呼んでいるのは、日本人にとって悲しいことです。

　フランスは自国の文化や言語を守るために、かなり厳しい法的処置をとっています。広告にフランス語以外の言葉を使うことは禁止で、テレビの外国番組の放送にも一定の制限があります。

　それにもかかわらず、いつのまにかフランス語にまぎれ込んで定着した言葉も多々あります。「サンドイッチ sandwich (m) サンドゥウィッチ」「ベストセラー best-seller (m) ベストゥセルーる」「趣味 hobby (m) オビー」などを、英語からの借用語と意識して使っている人はあまり多くないでしょう。

　かつての植民地地域である北アフリカのチュニジア、アルジェリア、モロッコ３国をマグレブと呼びます。そこから移住してきた人々および子孫のマグレブ系フランス人は数百万人に上ります。彼らの使うアラビア語の単語、例えば「同じ kifkif キフキフ」などは、日常でしばしば耳にします。

　"クールジャパン"はご存じでしょう。フランスに限らずヨーロッパ中で日本ブームが起きていますが、日本語の単語も徐々に入りこんでいます。日本の漫画は「フランスの漫画 bande dessinée (f) バンドゥ デシネ」と区別して "manga (m)" と呼ばれています。"otaku" はもう立派なフランス語です。ゴシックロリータなど、日本の若者ファッションもブームです。そして、これまでの "mignon" "joli" "beau" と少しニュアンスの異なる "kawaii" という美意識が認知されるようになりました。

　日本食はどこでも食べられます。sushi や yakitori を注文すると、パンの代わりなのか、甘いたれをかけたご飯が一緒に出されることがあります。

8章

政治・経済・時事用語

政治・経済・時事用語
公共機関

行政当局	administration	f	アドゥミニストゥらシオン
大蔵省	ministère des Finances	m	ミニステール デ フィナンス
文部省	ministère de l'Éducation nationale	m	ミニステール ドゥ レデュカシオン ナシオナル
内務省	ministère de l'Intérieur	m	ミニステール ドゥ レンテりユール
厚生省	ministère de la santé publique	m	ミニステール ドゥ ラ サンテ ピュブリック
外務省	ministère des Affaires étrangères	m	ミニステール デ ザフェール エトゥらンジェール
郵政省	P.T.T.		ペーテーテー
郵便局	bureau de poste	m	ビュろー ドゥ ポストゥ
警察署	commissariat de police	m	コミサりア ドゥ ポリース
派出所	poste de police	m	ポストゥ ドゥ ポリース
広域警察署	gendarmerie	f	ジャンダるムりー
消防署	caserne de sapeur-pompier	f	カゼるヌ ドゥ サプーるポンピエ
水道局	service des eaux	m	セるヴィス デ ゾー
清掃課	service du nettoiement	m	セるヴィス デュ ネトワマン
フランス電力公社	E.D.F		ウーデーエフ
フランス・ガス公社	Gaz de France		ガズ ドゥ フらンス
フランス・テレコム	France Télécom		フらンス テレコム

● 公共機関 ●

裁判所 (建物)	**palais de justice**	m	パレ ドゥ ジュスティス
税務署	**fisc**	m	フィスク
地方自治体	**collectivité locale**	f	コレクティヴィテ ロカル
県庁	**préfecture**	f	プれフェクテュール
知事	**commissaire de la République**	m	コミセール ドゥ ラ れピュブリック
パリ市役所	**Hôtel de Ville**	m	オテル ドゥ ヴィル
パリ区役所、市役所	**mairie**	f	メーりー
市(町・村)長	**maire**	m	メール
自治	**autonomie**	f	オトノミー
大使館	**ambassade**	f	アンバサードゥ
大使	**ambassadeur**	m	アンバサドゥール
領事館	**consulat**	m	コンシュラ
領事	**consul**	m	コンシュル

Column フランスは大統領制

フランスは日本と違って大統領制なので、大統領選挙によって国の代表が選ばれています。

Président (m) 大統領 / Palais de l'Élysée (m) 大統領官邸 /
プれジダン　　　　　　　　　パレ　ドゥ　レリゼ

élection présidentielle (f) 大統領
エレクシオン　プれジダンシエル

選挙 / Charles de Gaulle ドゴー
　　　シャるル　ドゥ　ゴール

ル / Nicolas Sarkozy サルコジ
　　ニコラ　　さるコジ

8章 ● 政治・経済・時事用語

政治・経済・時事用語
政治

政治	**politique**	f	ポリティック
政治家	**politicien(ne)**	m f	ポリティシエン（ヌ）
政府	**gouvernement**	m	グーヴェるヌマン
政権	**pouvoir politique**	m	プーヴォワール ポリティック
内閣	**cabinet**	m	カビネ
首相	**Premier ministre**	m	プるミエ ミニストゥる
大臣	**ministre**	m	ミニストゥる
任命	**nomination**	f	ノミナシオン
辞任	**démission**	f	デミシオン
国会	**Parlement**	m	パるルマン
上院	**Sénat**	m	セナ
国民議会	**Assemblée nationale**	f	アサンブレー ナシオナル
国会議員	**parlementaire**	m f	パるルマンテーる
上院議員	**sénateur**	m	セナトゥーる
国民議会の代議士	**député**	m	デピュテ
地方議会	**conseil**	m	コンセーユ
与党	**parti gouvernemental**	m	パるティ グーヴェるヌマンタル

● 政治 ●

野党	parti de l'opposition	m	パるティ ドゥ ロポジシオン
連立	coalition	f	コアリシオン
党首	chef de parti	m	シェフ ドゥ パるティ
党員	membre de parti	m	マンブる ドゥ パるティ
(政府からの)法案	projet de loi	m	プろジェ ドゥ ロワ
予算案	projet de budget	m	プろジェ ドゥ ビュドゥジェ
(議員からの)法案	proposition de loi	f	プろポジシオン ドゥ ロワ
審議	délibération	f	デリベらシオン
採決	décision	f	デシジオン
可決する	adopter		アドプテ
否決する	rejeter		るジュテ
採択	adoption	f	アドプシオン
公布	promulgation	f	プろミュルガシオン

政党に関連したことば

● parti conservateur (m) 保守政党
パるティ コンセるヴァトゥーる

● parti progressiste (m) 革新政党
パるティ プろグれシストゥ

● extrême droite (f) 極右
エクストゥれーム ドゥろワットゥ

● extrême gauche (f) 極左
エクストゥれーム ゴーシュ

● centre (m) 中道
サントゥる

● sans parti 無所属の
サン パるティ

政治・経済・時事用語
選挙

不信任案	motion de censure	f	モシオン ドゥ サンシュール
解散	dissolution	f	ディソリューシオン
総辞職	démission collective	f	デミシオン コレクティヴ
総選挙	élection générale	f	エレクシオン ジェネラル
直接選挙	suffrage direct	m	シュフらージュ ディれクトゥ
選挙区	circonscription électorale	f	シるコンスクりプシオン エレクトらル
(具体的な)選挙区	secteur	m	セクトゥール
比例代表制	représentation proportionnelle	f	るプれザンタシオン プろポるシオネル
選挙権	droit de vote	m	ドゥろワ ドゥ ヴォートゥ
選挙民	électeur(trice)	m / f	エレクトゥール(トゥりス)
被選挙権	droit d'éligibilité	m	ドゥろワ デリジビリテ
立候補者	candidat(e)	m / f	カンディダ(ットゥ)
選挙運動	campagne électorale	f	カンパーニュ エレクトらル
公約	engagement public	m	アンガジュマン ピュブリック
スローガン	slogan	m	スロガン
演説	discours	m	ディスクール
支持者	supporter	m	シュポるテール

● 選挙 ●

後援会	comité électoral	m	コミテ エレクトらル
投票用紙	bulletin de vote	m	ビュルテン ドゥ ヴォートゥ
投票	vote	f	ヴォートゥ
有効投票	suffrages exprimés	m pl.	シュフらージュ エクスプりメ
白票	bulletin blanc	m	ビュルテン ブラン
無効票	bulletin nul	m	ビュルテン ニュル
棄権	abstention	f	アプスタンシオン
開票	dépouillement du scrutin	m	デプイユマン デュ スクりゅテン
議席	siège	m	シエージュ
任期	mandat	m	マンダ
兼任	cumul	m	キュミュル
決選投票	scrutin de ballotage	m	スクりゅテン ドゥ バロタージュ
国民投票	référendum	m	れフェらンドム
世論調査	sondage	m	ソンダージュ
開票速報	flash sur le scrutin	m	フラッシュ シュる ル スクりゅテン
当選者	élu(e)	m f	エリュ
落選	défaite électorale	f	デフェットゥ エレクトらル
落選者	candidat(e) battu(e)	m f	カンディダ (ットゥ) バテュ
選挙違反	violation de la loi électorale	f	ヴィオラシオン ドゥ ラ ロワ エレクトらル

8章 ● 政治・経済・時事用語

政治・経済・時事用語
法律①

法律	**loi**	f	ロワ
法典	**code**	m	コードゥ
憲法	**constitution**	f	コンスティテューシオン
刑法	**droit pénal**	m	ドゥろワ ペナル
民法	**droit civil**	m	ドゥろワ シヴィル
私法	**droit privé**	m	ドゥろワ プリヴェ
少年法	**législation des mineurs**	f	レジスラシオン デ ミヌーる
労働基準法	**Code du travail**	m	コードゥ デュ トゥらヴァーユ
政令	**décret**	m	デクれ
条例	**arrêté**	m	アれテ
行政命令	**règlement administratif**	m	れグルマン アドゥミニストゥらティフ
制定	**institution**	f	エンスティテューシオン
改正	**révision**	f	れヴィジオン
廃止	**abolition**	f	アボリシオン
司法機関	**justice**	f	ジュスティス
司法警察	**police judiciaire**	f	ポリス ジュディシエーる
裁判権	**juridiction**	f	ジュりディクシオン

328

● 法律①

裁判所、法廷	tribunal	m	トゥりビュナル
破毀(はき)院	Cour de cassation	f	クール ドゥ カサシオン
控訴院	cour d'appel	f	クール ダペル
重罪院	cour d'assises	f	クール ダシーズ
軽罪裁判所	tribunal correctionnel	m	トゥりビュナル コれクシオネル
商事裁判所	tribunal de commerce	m	トゥりビュナル ドゥ コメるス
労働裁判所	conseil des prud'hommes	m	コンセーユ デ プりュードム
刑事訴訟	procès criminel	m	プろセ クりミネル
民事訴訟	procès civil	m	プろセ シヴィル
起訴	accusation	f	アキュザシオン
判事	juge	m	ジュージュ
検事	procureur	m	プろキュるール
審理	examen	m	エグザメン
告発する	accuser		アキュゼ
告訴する	porter plainte		ポるテ プレントゥ
弁護する	plaider		プレデ
立証する	prouver		プるーヴェ
証拠、証明	preuve	f	プるーヴ
状況証拠	preuve indirecte	f	プるーヴ エンディれクトゥ

8章 ● 政治・経済・時事用語

政治・経済・時事用語
法律②

原告	plaignant(e)	m / f	プレニアン（トゥ）
刑事被告人	accusé(e)	m / f	アキュゼ
民事被告人	défendeur(deresse)	m	デファンドゥーる（ドゥれス）
証人	témoin	m	テモワン
陪審員	juré(e)	m / f	ジュれ
求刑	demande de peine	f	ドゥマンドゥ ドゥ ペーヌ
弁論	plaidoirie	f	プレドワリー
判決	jugement	m	ジュジュマン
第一審	première instance	f	プるミエー れンスタンス
有罪	culpabilité	f	キュルパビリテ
無罪放免	acquittement	m	アキットゥマン
賠償金	indemnité	f	エンデムニテ
損害賠償	dommages-intérêts	m pl.	ドマージュゼンテれ
実刑	prison ferme	f	プりゾン フェるム
終身刑	condamnation à perpétuité	f	コンダナシオン ア ペるペテュイテ
懲役	réclusion	f	れクリュジオン
禁固	emprisonnement	m	アンプりゾヌマン

● 法律②

執行猶予	**sursis**	m	シュるシ
拘置所	**maison de détention**	f	メゾン ドゥ デタンシオン
刑務所	**prison**	f	プりゾン
刑期	**durée de la peine**	f	デュれー ドゥ ラ ペーヌ
出所	**libération**	f	リベらシオン
控訴	**appel**	m	アペル
棄却	**rejet**	m	るジェ
時効	**prescription**	f	プれスクリプシオン
恩赦	**grâce**	f	グらース
大赦	**amnistie**	f	アムニスティー
調停	**conciliation**	f	コンシリアシオン
示談	**compromis**	m	コンプろミ
競売	**vente judiciaire**	f	ヴァントゥ ジュディシエーる

8章 ● 政治・経済・時事用語

〈関連単語〉

財産　patrimoine (m)
　　　パトゥりモワーヌ

分与　partage (m)
　　　パるタージュ

相続　succession (f)
　　　シュクセシオン

贈与　don (m)
　　　ドン

放棄　renonciation (f)
　　　るノンシアシオン

政治・経済・時事用語
経済

日本語	フランス語	性	読み
国民所得	revenu national	m	るヴニュー ナシオナル
国民総生産	PNB	m	ペーエヌベー
経済情勢	conjoncture économique	f	コンジョンクテューる エコノミック
経済成長	croissance économique	f	クろワサンス エコノミック
市場経済	économie de marché	f	エコノミー ドゥ マルシェ
国内市場	marché national	m	マルシェ ナシオナル
国際市場	marché international	m	マルシェ エンテるナシオナル
シェア	part du marché	f	パーる デュ マルシェ
景気	situation économique	f	シテュアシオン エコノミック
景気の循環	cycle économique	m	シクル エコノミック
好況	prospérité	f	プろスペりテ
バブル	bulle économique	f	ビュル エコノミック
景気後退	récession	f	れセシオン
不況	dépression	f	デプれシオン
物価	prix	m pl.	プり
物価指数	indice des prix	m	エンディス デ プり
インフレ	inflation	f	エンフラシオン

● 経済 ●

デフレ	**déflation**	f	デフラシオン
利益	**profit**	m	プロフィ
損失	**perte**	f	ぺるトゥ
貿易	**commerce extérieur**	m	コメるス エクテリユーる
黒字	**excédent**	m	エクセダン
赤字	**déficit**	m	デフィシ
設備投資	**investissement en équipement**	m	エンヴェスティスマン アン ネキプマン
需要	**demande**	f	ドゥマンドゥ
供給	**approvisionnement**	m	アプろヴィジオヌマン
内需	**demande intérieure**	f	ドゥマンドゥ エンテリユーる
消費	**consommation**	f	コンソマシオン
個人消費	**consommation privée**	f	コンソマシオン プリヴェ
競争力	**compétitivité**	f	コンペティティヴィテ
自由化	**libéralisation**	f	リベらリザシオン
規制緩和	**déréglementation**	f	デれグルマンタシオン
雇用	**emploi**	m	アンプロワ
雇用統計	**statistique de l'emploi**	f	スタティスティック ドゥ ランプロワ
失業率	**taux de chômage**	m	トー ドゥ ショマージュ
人員削減	**compression du personnel**	f	コンプれシオン デュ ぺるソネル

8章 ● 政治・経済・時事用語

政治・経済・時事用語
金融

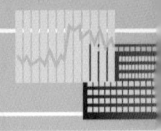

日本語	Français	性	カナ
金融、財政	finances	f pl.	フィナンス
株式市場	Bourse	f	ブるス
先物市場	cours à terme	m	クール ア テルム
証券会社	maison de titres	f	メゾン ドゥ ティトゥる
ヘッジファンド	fonds spéculatifs	m pl.	フォン スペキュラティフ
有価証券	valeur	f	ヴァルーる
流通証券	titre négociable	m	ティトゥる ネゴシアーブル
債券市場	marché secondaire	m	マるシェ スゴンデーる
小麦相場	spéculation sur le blé	f	スペキュラシオン シュる ル ブレ
国債	emprunt d'État	m	アンプれン デタ
デリバティブ	dérivé financier	m	デリヴェ フィナンシエ
売買	transaction	f	トゥらンザクシオン
投資	investissement	m	アンヴェスティスマン
投機	spéculation	f	スペキュラシオン
始値	cours d'ouverture	m	クール ドゥヴェるテューる
終値	cours de clôture	m	クール ドゥ クロテューる
CAC40指数	indice CAC 40	m	アンディス カック カらントゥ

334

● 金融

日本語	フランス語	性	カナ
ダウ平均	indice Dow-Jones	m	エンディス ダウジョーンズ
出来高	chiffre d'affaires	m	シフる ダフェーる
値動き	fluctuations	f pl.	フリュクテュアシオン
暴騰（落）	forte hausse(baisse) des cours	f	フォるトゥ オース（ベース）デ クーる
公定市場	marché officiel	m	マるシェ オフィシエル
公定歩合	taux d'escompte officiel	m	トー デスコントゥ オフィシエル
金利	taux d'intérêt	m	トー デンテれ
通貨市場	marché monétaire	m	マるシェ モネテーる
外国為替	devises	f pl.	ドゥヴィーズ
ディーラー	boursier(ère)	m f	ブるシエ（ーる）
基軸通貨	devise clé	f	ドゥヴィーズ クレ
変動相場制	système de changes flottants	m	システム ドゥ シャンジュ フロタン
ユーロ高	hausse de l'euro	f	オース ドゥ ルーろ

8章●政治・経済・時事用語

主な国際金融機関

● Banque mondiale (f)　世界銀行
　バンク　　モンディアル

● Banque centrale européenne (f)　欧州中央銀行（ECB）
　バンク　　サントゥらル　ウーろペエンヌ

● Banque de France (f)　フランス銀行
　バンク　ドゥ　フらンス

● Fed (f)　米連邦準備制度理事会（FRB）
　フェッドゥ

● FMI (m)　国際通貨基金（IMF）　● l'OMC (f)　世界貿易機構（WTO）
　エフエムイー　　　　　　　　　　　ローエムセー

335

政治・経済・時事用語
産業

日本語	フランス語	性	読み
食品産業	**industrie alimentaire**	f	アンデュストゥリー アリマンテール
食品加工業	**industrie agricole**	f	アンデュストゥリー アグリコル
農業	**agriculture**	f	アグリキュルテュール
牧畜業	**élevage**	m	エルヴァージュ
漁業	**industrie de la pêche**	f	アンデュストゥリー ドゥ ラ ペッシュ
手工業	**industrie artisanale**	f	アンデュストゥリー アルティザナル
軽工業	**industrie légère**	f	アンデュストゥリー レジェール
繊維業	**industrie textile**	f	アンデュストゥリー テクスティル
衣料品産業	**industrie vestimentaire**	f	アンデュストゥリー ヴェスティマンテール
鉱業	**industrie minière**	f	アンデュストゥリー ミニエール
重工業	**industrie lourde**	f	アンデュストゥリー ルルドゥ
鉄鋼業	**sidérurgie**	f	シデリュルジー
製造業	**industrie de fabrication**	f	アンデュストゥリー ドゥ ファブリカシオン
機械工業	**industrie mécanique**	f	アンデュストゥリー メカニック
化学工業	**industrie chimique**	f	アンデュストゥリー シミック
林業	**sylviculture**	f	シルヴィキュルテュール
建設業	**construction**	f	コンストゥリュクシオン

● 産業 ●

商業	**commerce**	*m*	コメるス
商社	**société commerciale**	*f*	ソシエテ コメるシアル
金融業	**finance**	*f*	フィナンス
運輸業	**entreprise de transports**	*f*	アントゥるプりーズ ドゥ トゥらンスポーる
不動産業	**immobilier**	*m*	イモビリエ
サービス業	**secteur tertiaire**	*m*	セクトゥール テるシエーる
出版業	**édition**	*f*	エディシオン
エレクトロニクス産業	**industrie électronique**	*f*	アンデュストゥりー エレクトゥろニック
IT産業	**industrie informatique**	*f*	アンデュストゥりー アンフォるマティック
石油産業	**industrie pétrolière**	*f*	アンデュストゥりー ペトゥろリエーる
航空機産業	**industrie aéronautique**	*f*	アンデュストゥりー アエろノティック
原子力産業	**industrie nucléaire**	*f*	アンデュストゥりー ニュクレエーる
軍需産業	**industrie d'armement**	*f*	アンデュストゥりー ダるムマン
輸出産業	**industrie d'exportation**	*f*	アンデュストゥりー デクスポるタシオン
金融機関	**établissement de crédit**	*m*	エタブリスマン ドゥ クれディ
金融グループ	**groupe financier**	*m*	グるップ フィナンシエ
シンジケート	**syndicat patronal**	*m*	センディカ パトゥろナル
財界	**milieux d'affaires**	*m pl.*	ミリウー ダフェーる
フランス企業運動（フランスの経団連）	**MEDEF**	*m*	メデフ

8章●政治・経済・時事用語

政治・経済・時事用語
企業

法人	**personne morale**	*f*	ぺるソンヌ モラル
公共企業	**entreprise publique**	*f*	アントゥるプりーズ ピュブリック
私企業	**entreprise privée**	*f*	アントゥるプりーズ プりヴェ
大企業	**grande entreprise**	*f*	グらン タントゥるプりーズ
中小企業	**PME**	*f pl.*	ペーエムーウー
株式会社	**société anonyme**	*f*	ソシエテ アノニム
有限会社	**SARL**	*f*	エスアーエるエル
合弁会社	**compagnie en participation**	*f*	コンパニー アン パるティシパシオン
複合企業	**conglomérat**	*m*	コングロメら
カルテル	**cartel**	*m*	カるテル
トラスト	**trust**	*m*	トゥるストゥ
実業家	**homme d'affaires**	*m*	オム ダフェール
企業家	**industriel(le)**	*m f*	エンデュストゥりエル
創業者	**fondateur(trice)**	*m f*	フォンダトゥーる(トゥりス)
親会社	**société mère**	*f*	ソシエテ メーる
子会社	**filiale**	*f*	フィリアル
下請け企業	**entreprise sous-traitante**	*f*	アントゥるプりーズ スートゥれタントゥ

338

● 企業 ●

資本金	**capital**	*m*	カピタル
社債	**obligation**	*f*	オブリガシオン
本社（店）	**siège social**	*m*	シエージュ ソシアル
支社（店）	**succursale**	*f*	シュキュるサル
営業所	**bureau**	*m*	ビュרー
工場	**usine**	*f*	ユジーヌ
合併	**fusion**	*f*	フュジオン
業務提携	**coopération commerciale**	*f*	コオぺらシオン コメるシアル
国営化	**nationalisation**	*f*	ナシオナリザシオン
民営化	**privatisation**	*f*	プりヴァティザシオン
決算	**règlement**	*m*	れグルマン
業績不振	**mauvaise marche des affaires**	*f*	モーヴェーズ マるシュ デ ザフェーる
倒産	**faillite**	*f*	ファイイットゥ

8章 ● 政治・経済・時事用語

〈関連単語〉

株式　action (f)
　　　アクシオン

上場株　valeur cotée (f)
　　　　ヴァルーる　コテ

株価　cours des actions (m)
　　　クーる　デ　ザクシオン

配当金　dividende (f)　　　株主　actionnaire (m, f)
　　　　ディヴィダンドゥ　　　　　アクシオネーる

株主総会　assemblée générale des actionnaires (f)
　　　　　アサンブレ　ジェネらル　デ　ザクシオネーる

政治・経済・時事用語
職場で

従業員	**personnel**	m	ペるソネル
経営者	**administra<u>teur</u>(trice)**	m / f	アドゥミニストゥらトゥーる(トゥりス)
管理職	**cadre**	m	カドゥる
社長	**P.-D.G.**	m	ペーデージェー
顧問	**conseiller(ère)**	m / f	コンセイエ(ーる)
部長	**direc<u>teur</u>(trice)**	m / f	ディれクトゥーる(トゥりス)
課長	**chef de bureau**	m	シェフ ドゥ ビュロー
係長	**chef de groupe**	m	シェフ ドゥ グるップ
経理部	**service de comptabilité**	m	セるヴィス ドゥ コンタビリテ
人事部	**service du personnel**	m	セるヴィス デュ ペるソネル
総務部	**service administratif**	m	セるヴィス アドゥミニストゥらティフ
営業部門	**département commercial**	m	デパるトゥマン コメるシアル
労働条件	**conditions de travail**	f pl.	コンディシオン ドゥ トゥらヴァーユ
年収	**revenu annuel**	m	るヴニュー アニュエル
給料	**salaire**	m	サレーる
(公務員の)給料	**traitement**	m	トゥれトゥマン
ボーナス	**treizième mois**	m	トゥれージエム モワ

● 職場で ●

住宅手当	indemnité de logement	*f*	エンデミニテ ドゥ ロジュマン
家族手当	allocations familiales	*f pl.*	アロカシオン ファミリアル
フレックスタイム	horaire flexible	*m*	オれーる フレキシーブル
ワークシェアリング	partage du travail	*m*	パルタージュ デュ トゥらヴァーユ
残業	heures supplémentaires	*f pl.*	ウーる シュプレマンテーる
出張、転勤	déplacement	*m*	デプラスマン
勤務評定	notation	*f*	ノタシオン
人事異動	mutation	*f*	ミュタシオン
昇進	promotion	*f*	プロモシオン
降格	dégradation	*f*	デグらダシオン
求人	offre d'emploi	*f*	オフる ダンプロワ
募集	recrutement	*m*	るクりゅットゥマン
応募	candidature	*f*	カンディダテューる
履歴書	curriculum vitae	*m*	キュりキュロム ヴィテ
採用	engagement	*m*	アンガジュマン
解雇	licenciement	*m*	リサンシマン
組合	syndicat	*m*	センディカ
パート	temps partiel	*m*	タン パるシエル
アルバイト	job	*m*	ジョブ

8章 ● 政治・経済・時事用語

政治・経済・時事用語
税金

国庫	**Trésor public**	m	トゥれゾーる ピュブリック
税制	**fiscalité**	f	フィスカリテ
納税者	**contribuable**	m f	コントゥりビュアーブル
納税申告書	**état contributif**	m	エタ コントゥりビュティフ
税金	**impôts**	m pl.	エンポ
（公共サービスの）税金	**taxe**	f	タクス
（特定のものへの）税金	**droit**	m	ドゥろワ
国税	**impôts d'État**	m pl.	エンポ デタ
地方税	**impôts locaux**	m pl.	エンポ ロコー
関税	**droits de douane**	m pl.	ドゥろワ ドゥ ドゥーアンヌ
社会保険税	**cotisation**	f	コティザシオン
所得税	**impôt sur le revenu**	m	エンポ シュる ル るヴニュー
住民税	**taxe d'habitation**	f	タクス ダビタシオン
固定資産税	**taxe immobilière**	f	タクス イモビリエーる
相続税	**droits de succession**	m pl.	ドゥろワ ドゥ シュクセシオン
税込み給与	**salaire brut**	m	サレーる ブりゅットゥ
税引き後の給与	**salaire net**	m	サレーる ネットゥ

● 税金

税込価格	prix T.T.C.		プリ テーテーセー
税抜き価格	prix H.T.		プリ アッシュテー
税率	taux de l'impôt	*m*	トー ドゥ レンポ
課税	imposition	*f*	エンポジシオン
分離課税	imposition séparée	*f*	エンポジシオン セパれ
源泉徴収	retenue à la source	*f*	るトゥニュー ア ラ スるス
徴収	perception	*f*	ぺるセプシオン
控除	abattement	*m*	アバットゥマン
免除	exemption	*f*	エグザンプシオン
脱税	fraude fiscale	*f*	フろードゥ フィスカル
滞納	retard dans le paiement	*m*	るターる ダン ル ペーマン
納税督促状	avertissement	*m*	アヴェるティスマン
差し押さえ	saisie	*f*	セジー

8章・政治・経済・時事用語

社会福祉に関連したことば

● État-providence (m) 福祉国家　● bien-être public (m) 社会福祉
　エタプろヴィダンス　　　　　　　　　ビエンネートゥる ピュブリック

● assurances sociales (f, pl)　社会保険
　アシュらンス　ソシアル

● pension de retraite (f)　退職者年金
　パンシオン　ドゥ るトゥれットゥ

● pension d'invalidité (f)　障害年金
　パンシオン　ダンヴァリディテ

● rente de vieillesse (f)　老齢年金　● rente viagère (f)　終身年金
　らントゥ ドゥ　ヴィエイエス　　　　　らントゥ　ヴィアジェーる

政治・経済・時事用語
国際関係

日本語	フランス語	性	カナ
国際法	**droit international**	m	ドゥロワ エンテるナシオナル
EU（欧州連合）	**l'Union européenne**	f	リュニオン ウーろペエンヌ
欧州委員会	**comité européen**	m	コミテ ウーろペエン
大会議、大会	**congrès**	m	コングれ
世界平和会議	**congrès international de la paix**	m	コングれ エンテるナシオナル ドゥ ラ ペ
国際会議	**conférence**	f	コンフェらンス
サミット	**conférence au sommet**	f	コンフェらンス オー ソメ
会談、対談	**entretien**	m	アントゥるティエン
使節団	**mission**	f	ミシオン
合意	**accord**	m	アコーる
条約	**traité**	m	トゥれーテ
議定書	**protocole**	m	プろトコル
協定	**convention**	f	コンヴァンシオン
共同宣言	**déclaration conjointe**	f	デクラらシオン コンジョワントゥ
締結	**conclusion**	f	コンクリュージオン
調印	**signature**	f	シニヤテューる
批准	**ratification**	f	らティフィカシオン

● 国際関係 ●

決裂	**rupture**	f	りゅプテューる
同盟	**alliance**	f	アリアンス
経済協力	**coopération économique**		コオペらシオン エコノミック
経済制裁	**sanction économique**		サンクシオン エコノミック
調停	**médiation**	f	メディアシオン
正常化	**normalisation**	f	ノるマリザシオン
緊張	**tension**	f	タンシオン
緊張緩和	**détente**	f	デタントゥ
国連	**l'ONU**	f	ロニュ
国連加盟国	**membre de l'ONU**	m	マンブる ドゥ ロニュ
代表	**représentant(e)**	m f	るプれザンタン（トゥ）

8章 ● 政治・経済・時事用語

国連に関連したことば

● secrétaire général de l'ONU (m)　国連事務総長
　スクれテーる　ジェネラル　ドゥ　ロニュ

● Assemblée générale de l'ONU (f)　国連総会
　アサンブレ　ジェネラル　ドゥ　ロニュ

● Conseil de sécurité (m)　安全保障理事会
　コンセーユ　ドゥ　セキュりテ

● Cour internationale de justice (f)　国際司法裁判所
　クーる　エンテるナシオナル　ドゥ　ジュスティス

● l'AIEA (f)　国際原子力機関（IAEA）
　ラーイーウーアー

● l'OMS (f) WHO（世界保健機構）　● l'OIT (f)　ILO（国際労働機関）
　ローエムエス　　　　　　　　　　　　ローイーテー

● l'UNESCO (f)　ユネスコ　　　　　● l'UNICEF (m)　ユニセフ
　リュネスコ　　　　　　　　　　　　　リュニセフ

政治・経済・時事用語
紛争

紛争	**conflit**	m	コンフリ
戦争	**guerre**	f	ゲール
デモ	**manifestation**	f	マニフェスタシオン
反乱	**révolte**	f	れヴォルトゥ
暴動	**émeute**	f	エムットゥ
蜂起	**insurrection**	f	エンシュれクシオン
内戦	**guerre civile**	f	ゲール シヴィル
クーデター	**coup d'État**	m	クー デタ
革命	**révolution**	f	れヴォリュシオン
治安	**ordre public**	m	オるドゥる ピュブリック
戒厳令	**état de siège**	m	エタ ドゥ シエージュ
外出禁止令	**couvre-feu**	m	クーヴるフー
民間人	**civil(e)**	m/f	シヴィル
軍	**armée**	f	アるメ
軍隊	**troupes**	f. pl.	トゥるップ
軍事介入	**intervention militaire**	f	エンテるヴァンシオン ミリテーる
戦闘	**combat**	m	コンバ

346

● 紛争 ●

空爆	**raid aérien**	*m*	れッドゥ アエりエン
侵略	**invasion**	*f*	エンヴァジオン
侵攻	**incursion**	*f*	エンキュるシオン
占領	**occupation**	*m*	オキュパシオン
休戦	**armistice**	*m*	アるミスティス
降伏	**reddition**	*f*	れディシオン
武装解除	**désarmement**	*m*	デザるムマン
駐留	**garnison**	*f*	ガるニゾン
撤退	**évacuation**	*f*	エヴァキュアシオン
人権	**droit humain**	*m*	ドゥろワ ユメン
迫害	**persécution**	*f*	ぺるセキュシオン
人種差別	**racisme**	*m*	らシスム
虐殺	**massacre**	*m*	マサークる
大量虐殺	**génocide**	*m*	ジェノシッドゥ
難民	**réfugié(e)**	*m pl.*	れフュジエ
国連警察軍	**Casques bleus**	*m pl.*	カスク ブルー
NATO (北大西洋条約機構)	**l'OTAN**	*f*	ロタン
国境なき医師団	**Médecins sans frontières**	*m*	メドゥセン サン フろンティエーる
ボランティア	**bénévole**	*m f*	ベネヴォル

8章 ● 政治・経済・時事用語

政治・経済・時事用語
マスコミ

日本語	フランス語	性	読み
出版物、ジャーナリズム	presse	f	プれス
マスメディア	mass-média	m pl.	マスメディア
報道	informations	f pl.	エンフォるマシオン
本	livre	m	リーヴる
(高級な) 雑誌	revue	f	るヴュー
(グラビアのある) 雑誌	magazine	m	マガジーヌ
新聞	journal	m	ジュるナル
日刊新聞	quotidien	m	コティディエン
記者	journaliste	m f	ジュるナリストゥ
編集者	éditeur(trice)	m f	エディトゥーる(トゥりス)
記事	article	m	アるティークル
見出し	titre	m	ティトゥる
新聞第一面	la *une* d'un journal	f	ラ ユヌ デン ジュるナル
社説	éditorial	m	エディトりアル
文芸欄	rubrique littéraire	f	りゅブりック リテてーる
放送局	station d'émission	f	スタシオン デミシオン
周波数	fréquence	f	フれカンス

● マスコミ ●

チャンネル	**chaîne**	f	シェーヌ
国営放送	**émission nationale**	f	エミシオン ナシオナル
民放	**émission privée**	f	エミシオン プリヴェ
衛星放送	**émission par satellite**	f	エミシオン パる サテリットゥ
ケーブルテレビ	**télévision par câble**	f	テレヴィジオン パる カーブル
番組表	**programme**	m	プログラム
番組	**émission**	f	エミシオン
テレビニュース	**journal télévisé**	m	ジュるナル テレヴィゼ
連続ドラマ	**feuilleton**	m	フユトン
ドキュメンタリー	**documentaire**	m	ドキュマンテーる
バラエティー	**variétés**	f pl.	ヴァりエテ
天気予報コーナー	**bulletin météorologique**	m	ビュルテン メテオロジック
コマーシャル	**publicité**	f	ピュブリシテ

8章 ●政治・経済・時事用語

〈関連単語〉

生放送	émission en direct (f) エミシオン アン ディれクトゥ	録画放送	émission enregistrée (f) エミシオン アンるジストれえ
アナウンサー	speaker(ine) (m, f) スピクーる (クリーヌ)		
司会者	présentateur(trice) (m, f) プれザンタトゥーる (トゥりス)		
特派員	envoyé(e) spécial(e) (m, f) アンヴォワイエ スペシャル		
テレビ受信料	redevance audiovisuelle (f) るドゥヴァンス オーディオヴィジュエル		

政治・経済・時事用語
宗教

宗教	**religion**	f	るリジオン
一神教	**monothéisme**	m	モノテイスム
多神教	**polythéisme**	m	ポリテイスム
キリスト教	**christianisme**	m	クりスティアニスム
キリスト教徒	**chrétien(ne)**	m/f	クれティエン(ヌ)
カトリック	**catholicisme**	m	カトリシスム
カトリック信者	**catholique**	m/f	カトリック
プロテスタント	**protestantisme**	m	プロテスタンティスム
プロテスタントの信者	**protestant(e)**	m/f	プロテスタン(トゥ)
イスラム教	**islam**	m	イスラム
イスラム教徒	**musulman(e)**	m/f	ミュジュルマン(ヌ)
ユダヤ教徒	**juif(ve)**	m/f	ジュイッフ(ヴ)
仏教	**bouddhisme**	m	ブッディスム
仏教徒	**bouddhiste**	m/f	ブッディストゥ
神道	**shintoïsme**	m	シントイスム
無神論者	**athée**	m/f	アテ
司祭	**prêtre**	m	プれートゥる

● 宗教 ●

司教	évêque	m	エヴェック
法王	pape	m	パップ
(プロテスタントの) 牧師	pasteur	m	パストゥーる
イスラム教指導者	imam	m	イマッム
ユダヤ教祭司	rabbin	m	らベン
僧侶	bonze	m	ボンズ
ミサ	messe	f	メス
祭壇	autel	m	オテル
十字架	croix	f	クろワ
祈り	prière	f	プりエーる
聖歌	hymne	f	イムヌ
(日曜ミサの)説教	prône	m	プろーヌ
聖体拝領	communion	f	コミュニオン
洗礼	baptême	m	バテム
懺悔 (ざんげ)	confession	f	コンフェシオン
罪／贖罪	péché/rédemption	m / f	ペシェ／れダンプシオン
聖書	Bible	f	ビブル
旧 (新) 約聖書	Ancien(Nouveau) Testament	m	アンシエン (ヌーヴォー) テスタマン
福音書	évangile	m	エヴァンジル

À propos!

略語が同じでも、違う意味のものがある

JR、JA、JTなど、現代の日本では英語のイニシャルをとった言い方がたくさんあります。フランス語にも数多く存在しますが、英語と対応していないので厄介です。例えばJO (m, pl.)は「オリンピック競技」の意味で、Jは日本を指していません。

「国連」を英語で略すとUNですが、フランス語ではONU、それに定冠詞がエリジオンするためl'ONU (f)と書き「ロニュー」と発音します。世界保健機構WHOはl'OMS (f)、国際労働機関ILOはl'OIT (f)、世界貿易機構WTOはl'OMC (f)、世界気象機関WMOはl'OMM (f)です。

エイズのことはSIDA (m)と書き「シーダ」と発音しますが、ウイルスのHIVはVIH (m)と記します。また、SARSはSRAS (m)になります。

同じ略語でいろんな意味を持つものは、さらに面倒です。PCは「共産党 parti communiste (m)」「軍司令部 poste de commandement (m)」や、株などの「時価 prix courant (m)」として頻繁に使われます。パリに留学経験のある方は、大学都市 Cité universitaire (f)の近くを走るバスPC（petite ceinture (f)）を思い浮かべるかもしれません。コンピュータの世界でのPCは、パソコン全体というより「ウインドウズ」の意味で用いられることが多いです。

手紙やメールにも、略した言葉が用いられます。メッセージの最後にRSVP.とあったら、Réponse, s'il vous plaît.の略で返信を要求していると気づかなければいけません。パソコンや携帯メールでは、"beaucoup"を"bcp"、"toujours"を"tjrs"と略して書くのが当たり前になっています。

外国人にとってはかなり面倒ですが、少しずつ覚えていくしかないでしょう。

ふろく

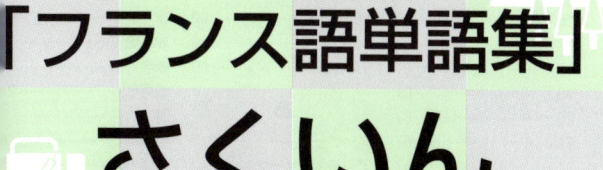

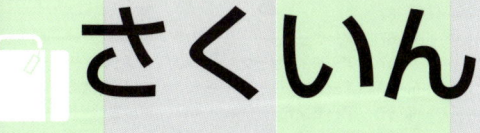

「フランス語単語集」
さくいん

数字

0	66
1	66
2	66
3	66
4	66
5	66
6	66
7	66
8	66
9	66
10	66
11	66
12	66
13	66
14	66
15	66
16	66
17	67
18	67
19	67
20	67
21	67
22	67
23	67
30	67
31	67
32	67
40	67
50	67
60	67
70	68
71	68
72	68
80	68
81	68
82	68
90	68
91	68
100	68
101	68
200	68
201	68
1000	68
1001	68
2000	68
10000	68
100万	68
10億	69
1兆	69
1番目の	67
20%	69
21番目の	67
2番目の	67
2分の1	69
3番目の	67
3分の1	69
4番目の	67
4分の1	69
4分の3	69
5分の1	69
5分の3	69

あ

アーケード	218
アーティチョーク	140
アーミン	127
アーモンド	149
アールヌーボー	251
愛	238
藍色の	83
ILO（国際労働機関）	345
あいさつする	34
アイシャドー	128
愛称	37
アイスクリーム	151
アイスコーヒー	152
アイスホッケー	228
アイスランド	93
アイスランド人	97
愛する	56
愛想がよい	44
間に	80
IT産業	3…
愛の告白	2…
アイライナー	12…
アイリス	27…
アイルランド	9…
アイルランド人	9…
アイロン	1…
アイロンをかける	1…
～（に）合う	…
会う	…
アヴィニオン	10…
亜鉛	26…
青あざ	3…
青い	8…
青カビチーズ	14…
青信号	2…
赤い	8…
アカウント	18…
赤くなる	8…
赤砂糖	15…
赤字	3…
赤信号	2…
暁	…
明るい	…
赤ワイン	15…
赤ワイン煮込み	13…
赤ん坊	…
秋	7…
あきらめる	…
悪意	…
握手を交わす	23…
悪性の	29…
アクセル	20…
アクセルグリップ	21…
あくびする	10…
アクリル繊維	12…
アゲハチョウ	28…
あけましておめでとう！	3…
開ける	…
上げる	5…
揚げる	13…
あご	10…

語	ページ
あごひげ	107
明	74
麻	126
あざ	302
戋い	52
朝顔	276
朝から晩まで	74
浅瀬	262
明後日	73
朝寝坊する	75
朝早く	75
あざみ	276
アザラシ	287
卻	108
足	108
味	133
アジア	90
アジア人	99
味が濃い	132
味がない	133
足首	108
あじさい	276
アシスト	231
明日	73
足の不自由な	111
足の指	108
味見	131
味をつける	139
預ける	215
アスパラガス	140
アスピリン	311
汗	110
あそこに	81
与える	58
暖かい	71
あだ名	37
頭	106
新しい	51
あちこちに	81
厚い	85
暑い	71
熱い	133

語	ページ
厚かましい	46
圧縮タイプのチーズ	147
あっそう	55
厚手のセーター	119
圧力鍋	161
アテネ	102
あとで	75
アトピー	131
後戻りする	60
アドリア海	265
アトリエ	250
アナウンサー	349
アナグマ	285
あなご	145
あなたたちは	36
あなたは	36
アニス	155
アニメ映画	240
亜熱帯	90
アネモネ	276
アフターシェービングローション	129
油絵	250
脂気のない	133
脂っこい	133
アフリカ	90
アフリカ人	99
アフリカ連合	105
あふれる	263
アホウドリ	281
アボカド	148
甘い	132
甘口の	132
雨靴	121
雨どい	165
あまりに	54
アマルガム	309
網棚	199
網戸	167
アミノ酸	270
編み物	116
編む	117

語	ページ
アムステルダム	103
雨	259
雨が降る	258
アメジスト	125
アメリカ合衆国	95
アメリカ人	99
米連邦準備制度理事会(FRB)	335
アメリカンコーヒー	152
あやめ	276
洗う	117
粗切りにする	138
アラビア語使用者	105
アラブ連盟	105
霰が降る	258
蟻	283
ありがとう	34
ある	61
歩く	59, 219
アルコール飲料	130
アルコール依存症	300
アルザス地方	101
アルザス地方の人	101
アルジェ	105
アルジェリア	95
アルジェリア人	99
アルゼンチン	95
アルゼンチン人	99
アルツハイマー病	296
アルバイト	341
アルペンスキー	229
アルマニャック	153
アルミ箔	161
アレルギー	131
アロマセラピー	315
淡い	83
泡立て器	161
泡立てる	138
憐み	45
アンコール	243
アンゴラ	126
暗証番号	89
安心している	49

見出し	ページ
あんず	148
アンズ茸	141
安全な	52
安全地帯	207
安全保障理事会	345
アンチョビ	144
アントワープ	103
案内標識	209
アンプ	173
安楽死	315
アンリ4世	254

い

見出し	ページ
胃	109
いいえ	35
イースター島	265
eメール	191
EU（欧州連合）	344
言い寄る	239
イール＝ド＝フランス	101
言う	63
家へ帰る	115
イエローカード	231
家を出る	114
胃炎	298
胃潰瘍	298
医学	181
医学博士	291
いかだ	263
胃カメラ	304
錨	213
息切れ	294
行き止まり	209
〜行きの	201
イギリス	92
イギリス人	96
生きる	64
息を吐く	109
行く	57
池	262
胃痙攣	298
生垣	163
いざこざ	318

見出し	ページ
遺産	79
石	266
維持管理費	163
意識不明	297
医師団	291
遺失物取扱所	200
イシビラメ	144
いじめ	47
医者	290
異常な	52
衣装部屋	166
意地悪な	44
イス	168
イスタンブール	104
泉	262
イスラエル	94
イスラエル人	98
イスラム教	350
イスラム教指導者	351
イスラム教徒	350
伊勢エビ	145
以前	73
急ぐ	57
いたいた	41
イタチ	286
いためる	138
イタリア	92
イタリア人	96
至るところに	81
1月	70
イチゴ	148
イチジク	149
1ダース	69
一日中	74
1日乗り放題券	201
市場	156
一卵性双生児	41
いつか	73
1階	163
1階席	247
1か月	70
1戸建て	162

見出し	ページ
一昨日	73
1週間後	73
一緒に行く	56
一神教	350
1等	201
一般医	291
一方通行	209
いつも	75
遺伝	270
遺伝子	270
遺伝子組み換え	271
遺伝子組み換え野菜	141
遺伝子工学	271
遺伝子治療	305
遺伝性の	305
緯度	260
移動祝日	76
いとこ	39
糸杉	274
田舎パン	157
稲光り	259
犬	285
犬小屋	287
イノシシ	285
祈り	351
威張っている	47
違反	318
イブ・サンローラン	255
イブニングドレス	118
イブ・モンタン	255
居間	164
今	75
今のところ	73
イミテーション	125
移民	99
（学校などの）医務室	290
いやがらせ	47
イヤリング	124
いらいらしている	49
イラク	94
イラク人	98
イラン	94

項目	ページ
イラン人	98
入り江	264
入口	162
衣料品産業	336
いる	61
衣類	118
イルカ	287
イル・フロタント	151
入れ歯	309
色	82
色合い	82
色鉛筆	182
岩	266
イワシ	144
岩場	262
陰鬱な	49
陰気な	45
陰茎	108
いんげん豆	146
インコ	280
印刷する	189
印刷物	216
印象派	251
インストールする	189
隕石	269
インターチェンジ	207
インターネット	190
インターネット接続ができる	235
インターフェロン	271
インターン	291
インテリア雑貨売り場	220
インド	94
インド人	98
インドネシア	94
インドネシア人	98
インド洋	265
院内感染	301
インフルエンザ	294
インフレ	332
韻文詩	249

う

項目	ページ
ウィーン	103
ウィーンの人	103
ウィーン風菓子パン店	157
ヴィシソワーズ	134
ウイルス	271
ウイルス性の	299
ウイルス対策ソフト	191
ウインカー	205
ウインタータイヤ	209
ウインドーショッピングをする	221
ウインドブレーカー	118
ウール	126
ウエイター	185
ウエイトレス	185
植木鉢	277
ウエストポーチ	123
ウェディングケーキ	78
ウェディングドレス	78
上に	80
ウェブカメラ	173
ヴェルサイユ	100
ウエルダン	143
ウォン（韓国の）	89
うがい薬	311
雨季	71
ウクライナ	93
ウクライナ人	97
受け入れる	56
受取人	217
受け取る	64
うさぎ肉	142
失う	63
後ろに	80
薄味の	132
薄い	85
薄い仕切り壁	166
薄切り	136
薄切りにする	138
薄地のカーテン	170
薄紫の	82
嘘	47
嘘つきな	46
歌	242

項目	ページ
歌う	56
宇宙ステーション	269
宇宙飛行士	269
打つ	64
美しい	43
腕	107
腕時計	123
鰻	145
うに	145
産着	313
うまく	54
海	264
膿（うみ）	303
海の幸の盛り合わせ	135
裏書き	215
裏ごしする	138
ウラン	267
売る	63
うるさい	52
うろこを落とす	138
運河	263
運行時刻表	202
うんち	41
運賃	200
運転する	207
運転席	202
運転免許証	206
運動靴	121
雲母	266
運輸業	337

え

項目	ページ
(1枚1枚の) 絵	250
(全体としての) 絵	250
エアコン	172
エアターミナル	194
エアロビクス	247
エイ	144
(1本1本の) 映画	240
(全体としての) 映画	240
映画館	240
映画監督	241
映画祭	241

映画に携わる人 … 241	エディット・ピアフ … 255	王 … 91
映画ファン … 241	エナメル靴 … 121	応急手当て … 305
映画を撮影する … 241	NATO（北大西洋条約機構）… 347	王国 … 91
永久にさようなら … 35	NGO（非政府組織）… 95	王子 … 91
永久歯 … 308	絵の具 … 250	雄牛肉 … 142
営業所 … 339	絵筆 … 251	欧州委員会 … 344
営業部門 … 340	エプロン … 139	欧州中央銀行（ECB）… 335
英語 … 180	エボラ出血熱 … 301	王女 … 91
英語国 … 105	エメラルド … 124	横断歩道 … 218
エイズ … 301	選ぶ … 61	嘔吐（おうと）… 298
衛星 … 269	襟 … 119	往復 … 200
衛生 … 315	LL教室 … 178	応募 … 341
衛星放送 … 349	エルサレム … 104	オウム … 280
栄養 … 131	エレガントな … 43	横領 … 318
栄養学 … 131	エレクトロニクス産業 … 337	終える … 60, 61
栄養のある … 131	エレベーター … 197	覆う … 62
エーゲ海 … 265	円 … 89	オオカミ … 286
エーデルワイス … 276	遠近法 … 251	大きい … 84
駅 … 200	園芸栽培 … 273	大きい湾 … 264
駅員 … 201	エンゲージリング … 78	大きな目 … 42
エキストラ … 241	演劇 … 246	大きな建物 … 162
液体 … 88	演出家 … 246	多く … 54
駅長 … 201	エンジン … 204	大蔵省 … 322
駅の軽食堂 … 156	エンスト … 209	オーケストラ … 243
エクス=アン=プロバンス … 100	演説 … 326	おおざっぱな … 51
エクレア … 151	演奏 … 242	大皿 … 158
エコノミークラス … 196	演奏者 … 242	大潮 … 265
エコノミー料金で … 217	エンター … 189	オーストラリア … 94
えさ … 287	えんどう豆 … 146	オーストラリア人 … 98
エジプト … 95	煙突 … 163	オーストリア … 92
エジプト人 … 99	鉛筆 … 182	オーストリア人 … 96
エシャロット … 154	鉛筆削り … 182	大太鼓 … 245
SF映画 … 240		オーデコロン … 129
エスカルゴ … 135	**お**	大通り … 206
エスカレーター … 197	オアシス … 261	オードトワレ … 129
エスカロープ … 136	甥（おい）… 39	オートバイの免許 … 210
エステティックサロン … 223	追い越し禁止 … 209	オートバイレース … 211
エスプレッソ用コーヒーメーカー … 159	追い越す … 207	オートマ車 … 204
	おいしい … 132	オーナードライバー … 206
枝 … 272	置いていく … 58	オーブン … 167
枝毛 … 222	オイリー肌 … 223	オーベルニュ地方 … 101
枝の主日 … 77	オイル交換 … 209	オーボエ … 244
	オイル漬けにした … 135	

項目	ページ
晦日	77
山猫	286
喜びしている	48
	261
買い得の	51
かしい	50
菓子屋	157
金	88
川	262
	264
時計	171
気に入り	191
物	171
きる	114
く	59, 63
に	80
歯	308
病な	45
る	58
る	62
元気でいらっしゃいますか？	34
こす	59
っている	49
りっぽい	46
かなじみ	238
父、叔父	39
幸せに！	79
じいちゃん	41
入れ	166
鹿	285
しっこ	41
しべ	273
しゃべりする	219
しゃべりな	44
職	318
す	59
おすすめ料理	135
ヤギ	285
ラバ	284
オセアニア	90
汚染物質	317
遅く	75
恐れる	64
恐ろしい	50
おたふく風邪	294
オタマジャクシ	286
穏やかな	46
落ち着いている	46
落ちる	60
夫	38
オットセイ	287
おつまみ	130
お釣り	88, 221
男の子	40
おどし	318
大人	41
大人の	41
踊り場	165
踊る	57
驚いている	48
おなかがすいている	130
同じの	53
鬼ごっこ	253
尾根	260
お願いします	55
おねむ	41
各々	36
伯母、叔母	39
おばあちゃん	41
オパール	124
おはよう	34
オフサイド	231
オフロード車	204
オペラ	242
オペレッタ	242
覚えておく	62
オマールエビ	145
おみやげ	237
おむつ	313
おめでとう！	79
重い	84
思い出す	62
思う	61, 64
おもしろい	45, 50
おもちゃ箱	171
おもちゃ屋	187
おやっ！	55
親会社	338
親知らず	308
おやすみなさい	35
おやつ	130
オランダ	92
オランダ人	96
オリーブ	149
オリーブ油	146
オリーブの木	275
オリーブ畑	275
折りたたみ式乳母車	117
折りたたみ式ベッド	169
織物	126
織物繊維	126
下りる	203
オリンピック	229
オルガン	245
オルゴール	171
オレンジ	148
オレンジ色の	82
オレンジソースの	137
おろし金	160
終わった。	61
終値	334
終わる	60, 61
音階	243
音楽	242
温室	273
温室効果	317
恩赦	331
恩知らずな	47
温泉	233
温帯	90
雄鶏の肉	142
女の子	41
音符	243
オンラインゲームをする	191

か

語	ページ
蚊	282
蛾	282
ガーゼ	303
カーソル	189
カーディガン	119
ガーデニング	253
カーテン	170
カーテンレール	170
カート	197
カード	183
カートリッジ	182
ガードル	120
ガードレール	207
カートン（煙草の）	87
カーナビ	205
カーネーション	276
ガーネット	125
カーブ	208
カーマインローション	129
カーラー	222
カールクリップ	222
ガールフレンド	238
回	86
階	163
海王星	268
開花	273
外貨	88
海外県	91
海外便特急サービス	217
海外旅行	232
海岸	237, 264
海岸線	264
海峡	264
戒厳令	346
解雇	341
蚕（かいこ）	283
外交	95
外交官	95
外国	91
外国為替	335
外国語	180
外国人	232
解散	326
会社員	185
外出禁止令	346
外出する	115
(医学用語で) 外傷	302
海水	264
海水パンツ	237
海水浴	225
改正	328
凱旋門賞	77
会談	344
階段	165
快適な	50
回転	229
ガイド	202
街灯	218
ガイドブック	233
海抜	260
開票	327
開票速報	327
回復	307
開放的な	44
外務省	322
買い物用カート	220
買い物をする	115
外用薬	311
海流	264
カイロ	104
会話	239
買う	56
替え芯	182
返す	63
かえで	274
蛙	145
帰る	60
変える	56
顔	106
香り	133
顔を洗う	114
画家	250
化学	181
化学工業	33
化学肥料	14
かかと	10
鏡	129, 16
課長	34
花冠	27
牡蠣（かき）	13
鍵	16
書留	21
書き取り	17
書く	6
家具	16
顎関節	30
角砂糖	5
学士号	17
角質	22
革新政党	32
隠す	5
学生	17
隔世遺伝	27
学生食堂	17
家具製造人	18
拡大する	19
家具付きの	16
家具店	18
家具なしの	16
学費	17
楽譜	243
学部	17
学部登録	17
角膜移植	30
革命	346
革命記念日（7月14日）	76
楽屋	243
隔離	30
隔離病棟	30
かくれんぼ	253
崖	26
陰口	239
掛け算	69
可決する	325
掛け時計	17

語句	ページ
掛けぶとん	169
欠ける	59
籠（野菜など）	87
河口	263
花崗岩	266
加工食品	130
傘	123
カササギ	280
カサブランカ	105
飾り気がない	47
傘を取る	59
火山	260
冠詞	243
菓子	150
鍛冶	274
蛇	213
カジキマグロ	144
貸金庫	214
賢い	43
カシスのシャーベット	151
果実	273
貸付け	215
カジノ	224
貸し別荘	234
カシミア	126
歌手	242
果樹園	275
過食症	300
貸す	60
ガス入りミネラルウオーター	152
ガス欠	209
ガスコーニュ地方	101
カスタネット	245
ガスなしのミネラルウオーター	152
ガスパッチョ	134
カスレ	137
ガスレンジ	167
風	259
風邪	294
火星	268
課税	343
火成岩	266
風が吹く	258
風邪をひいている	295
河川交通	263
家族	38
家族計画センター	313
加speedする	203
家族手当	341
ガソリン	208
ガソリンスタンド	208
型	160
肩	106
固い	133
硬い	84
形をそろえて切る	138
片手鍋	161
片道	200
片目	106
花壇	163
価値がある	64
課長	340
ガチョウ	281
カツオ	144
（大使などに）〜閣下	37
がっかりさせられる	50
学期	176
楽曲	243
かっこいい	43
カッコウ	280
滑降	229
学校に着く	114
学校の敷地	178
カッシュナッツ	149
合唱	243
合唱団	243
滑走路	194
カッター	183
かつては	73
活動的な	47
カップの受け皿	158
カップル	238
合併	339
家庭	38
家庭用品売り場	220
ガトーショコラ	150
角に	80
カトリック	350
カトリック信者	350
悲しむべき	50
悲しんでいる	48
カナダ	95
カナダ人	99
金づち	174
金物店	187
かなり	54
カナリア	280
カナリア諸島	265
カニ	145
カヌー	225
カヌレ	151
金持ちの	89
化膿	303
可能な	51
彼女たちは	36
彼女は	36
カバ	284
（器具などの）カバー	170
カバン	123
画びょう	183
花瓶	171
寡夫（婦）	79
かぶ	140
カフェ	156
カフェレストラン	156
株価	339
株式	339
株式会社	338
株式市場	334
カフスボタン	122
カプセル	310
カプセル錠	310
カブトムシ	282
株主	339
株主総会	339
花粉	273

花粉症 … 294	借り入れ … 215	眼科医 … 293
壁 … 163	借りている … 63	考える … 59
壁紙 … 170	カリフラワー … 140	考えを言う … 219
かぼちゃ … 141	下流 … 263	管楽器 … 242
カマキリ … 282	借りる … 58	乾季 … 79
カマンベール … 147	軽い … 84	寒気 … 79
かみ傷 … 302	軽いねんざ … 303	換気扇 … 169
紙製の … 159	カルシウム … 271	観客 … 247
かみそり … 129, 222	カルテ … 304	環境破壊 … 311
カミツレ茶 … 152	カルテル … 338	環境保護主義者 … 311
雷 … 259	カルパッチョ … 134	缶切り … 159
雷が鳴る … 258	カルバドス … 153	感激している … 44
髪の毛 … 107	カレー … 154	観光案内所 … 230
紙袋 … 220	ガレージ … 168	観光客 … 232
紙巻き煙草 … 315	彼は … 36	観光地 … 232
髪を染める … 223	彼らは … 36	観光バス … 202
髪をとかす … 114	カレンダー … 171	肝硬変 … 298
かむ … 133, 287	画廊 … 251	観光旅行 … 232
亀 … 287	川 … 262	観光ルート … 232
カメラ … 253	皮 … 273	韓国 … 94
カモシカ … 285	可愛い … 43	韓国人 … 95
～かもしれない … 63	かわいそうな … 48	看護師 … 291
貨物船 … 212	乾いた … 52	感じがいい … 44
貨物輸送機 … 195	カワウソ … 286	患者 … 291
貨物列車 … 199	乾かす … 117	(病院側から見た) 患者 … 291
鴨肉 … 142	河岸 … 219	感情 … 48
カモメ … 281	川岸 … 262	勘定書 … 234
かゆみ … 297	革靴 … 120	感じる … 62
火曜日 … 72	為替 … 215	関税 … 342
カラー見本 … 223	為替レート … 88	岩石植物 … 279
カラーリング … 223	変わっている … 49	管制塔 … 194
カラオケ … 224	皮むき器 … 161	関節 … 110
からかい … 47	瓦屋根 … 167	幹線 … 198
カラカス … 105	変わる … 56	感染 … 300
ガラガラヘビ … 283	川を渡る … 263	幹線道路 … 207
辛口の … 132	缶 … 87	完全な … 53
カラス … 281	がん … 299	肝臓 … 109
ガラス製の … 159	雁 … 281	乾燥機 … 172
身体 … 106	簡易寝台車両 … 199	乾燥肌 … 223
身体がだるい … 295	肝炎 … 298	寒帯 … 90
カラット … 125	岩塩 … 154	カンタル … 147
からまつ … 274	眼科 … 293	元旦（1月1日）… 76

陽 … 306	喜劇 … 246	切手 … 216
定書 … 125	棄権 … 327	切手シート … 216
動的な … 50	危険な … 52	切手収集 … 253
んな … 175	危険防止の柵 … 219	キッドの … 127
ンヌ映画祭 … 77	危険防止の手すり … 219	狐 … 286
波 … 71	気候 … 258	切符売り場 … 200
ンバス … 250	寄港する … 213	切符を買う … 59
ばつ … 316	寄航地 … 194	議定書 … 344
ンバリ … 153	気候変動 … 317	着ている … 119
板 … 218	聞こえる … 63	機転が利く … 49
板 … 212	既婚の … 78	軌道 … 269
葉植物 … 277	記事 … 348	起動する … 188
理職 … 340	技師 … 184	危篤の … 305
埋人 … 165	基軸通貨 … 335	気取っている … 47
冷前線 … 259	きじ肉 … 143	機内食 … 196
き	記者 … 348	気に入る … 64
… 274	奇術 … 252	記念切手 … 216
ア … 205	気象衛星 … 269	記念碑 … 236
ー … 189, 245	黄信号 … 218	気の滅入った … 48
イチゴ … 148	傷 … 302	厳しい … 51
ーボード … 188	傷跡 … 302	ギブス … 303
ーホルダー … 123	傷口 … 302	気分 … 48
ール … 153	傷口の縫合 … 307	木べら … 160
色い … 82	キスをする … 238	気前がいい … 89
ーを打つ … 190	規制緩和 … 333	気まぐれな … 49
オスク … 200	犠牲者 … 316	君たちは … 36
温 … 258	寄生植物 … 279	君は … 36
械工学 … 181	議席 … 327	奇妙な … 52
械工業 … 336	季節 … 70	決める … 57
替え … 233	起訴 … 329	客 … 220
褐色の … 82	偽造 … 318	虐殺 … 347
管支 … 109	北 … 81	客室乗務員（女） … 194
管支炎 … 294	ギター … 244	客車 … 199
関車 … 199	北アメリカ … 90	客席 … 247
き知る … 62	期待する … 58	客船 … 212
却 … 331	北の … 81	客間 … 164
業家 … 338	北半球 … 90	キャスティング … 241
曲 … 246	喫煙コーナー … 197	脚立（きゃたつ） … 175
饉（ききん） … 316	喫煙者 … 315	キャッシュカード … 89
金属 … 124	キックオフ … 230	キャビア … 145
う … 276	キッシュ … 135	キャベツ … 140
く … 58	キツツキ … 280	ギャル … 239

キャンセル … 233	教室 … 178	キリスト教徒 … 3
キャンセルする … 195	狭心症 … 295	キリスト昇天祭 (復活祭か
キャンセル待ちの … 233	矯正 … 309	39日後の木曜日) …
キャンディー … 151	行政当局 … 322	切り取る … 1
キャンピングカー … 204	行政命令 … 328	義理の兄弟 …
キャンプ場 … 225	業績不振 … 339	義理の姉妹 …
休暇 … 76	胸像 … 251	キリン … 2
牛革の … 127	協奏曲 … 243	着る … 1
救急車 … 305	競争力 … 333	切れ (ハムなど) …
求刑 … 330	鏡台 … 168	きれいな …
急行列車 … 198	兄弟 … 38	切れ長の目 …
求婚 … 78	夾竹桃 (きょうちくとう) … 276	キログラム …
旧市街 … 219	協定 … 344	キロメートル …
休日 … 76	共同宣言 … 344	金 … 1
球状の … 84	器用な … 49	銀 … 1
給食 … 178	今日の午後 … 72	金色の …
求人 … 341	強迫神経症 … 300	銀色の …
急性の … 299	興味深い … 50	銀河 … 2
休戦 … 347	業務提携 … 339	緊急医療救助サービス … 2
宮殿 … 236	教養のある … 43	緊急手術 … 3
牛肉店 … 157	恐竜 … 287	金銀細工品 … 1
牛乳 … 146	共和国 … 91	禁固 … 3
キュービズム … 251	漁業 … 336	銀行 … 2
救命胴衣 … 196	極右 … 325	銀行員 … 2
救命ボート … 213	極左 … 325	銀行家 … 2
旧約聖書 … 351	局所麻酔 … 306	近郊線 … 1
給油する … 208	曲線の … 85	金鉱脈 … 2
きゅうり … 140	極東 … 90	金婚式 …
急流 … 262	局留め郵便 … 217	銀婚式 …
給料 … 340	虚言癖 … 300	近視 … 1
(公務員の) 給料 … 340	拒食症 … 300	金星 …
今日 … 72	拒絶反応 … 307	きんせんか … 2
教育学 … 180	漁船 … 212	金属 … 2
教員 … 177	距離 … 87, 229	緊張 … 3
教会 … 236	嫌う … 57	緊張緩和 … 3
(カトリック以外の) 教会 … 236	錐 (きり) … 175	筋肉 … 1
恐喝 … 318	霧が出ている … 258	筋肉質の …
競技場 … 230	切り株 … 273	金貨の …
供給 … 333	切り傷 … 302	きんぽうげ … 2
狂犬病 … 287	ギリシャ … 92	勤務評定 … 3
峡谷 … 261	ギリシャ人 … 96	金メダル … 2
共済組合 … 291	キリスト教 … 350	銀メダル … 2

語	ページ
融	334
融機関	337
融業	337
融グループ	337
曜日	72
利	335

く

語	ページ
いしん坊	131
ウェート	94
ウェート人	98
港	194
港案内所	194
室	234
ーデター	346
爆	347
ーベルタン	255
話	248
月	70
	273
	175
ぎ抜き	174
(くさ)い	133
し	129
	160
雀	280
しゃみをする	109
	287
ズ入れ	161
ずかご	219
スクス	137
	310
瓶	310
(水・ガスなどの) 管	165
物	148
物屋	157
	106
当たりの柔らかい	133
がきけない	111
ちばし	281
ひげ	107
	106
紅	128

語	ページ
クッキー	151
靴下	120
靴修理店	186
クッション	170
靴墨	121
靴店	186
靴のサイズ	121
靴ひも	121
靴ブラシ	121
靴べら	121
靴を脱ぐ	121
靴を履く	121
国	91
クネル	135
首	106
熊	285
くましで	275
熊手	174
組合	341
クミン	154
雲	258
蜘蛛	282
曇っている	258
くも膜下出血	296
暗い	83
クラクション	205
クラゲ	287
グラジオラス	276
クラシック	242
暮らす	64
グラス	158
グラタンにした	137
クラッチ	205
グラニュー糖	155
クラブ	224
比べる	57
グラム	86
クラリネット	244
栗	149
クリーニング店	187
クリーム色の	82
クリーム煮	136

語	ページ
栗色の	82
グリーンサラダ	134
グリーンピース	146
クリスチャン・ディオール	255
クリスマス(12月25日)	77
クリックする	190
クリップ	183
グリップ	211
栗の木	275
グリルで焼く	138
来る	62
クルージング	212
苦しい	50
グルノーブル	100
車椅子	111
くるみの実	149
くるみの木	275
グレーの	82
クレープ	150
グレープフルーツ	148
クレーム	221
クレームキャラメル	150
クレームシャンティイ	151
クレームブリュレ	151
クレジットカード	83
クレマティス	276
クレヨン	182
クレンジング	129
黒い	82
クローク	247
クローネ（北欧の）	88
クローバー	276
クローン	271
黒字	333
クロスワードパズル	252
クロゼット	168
クロッカス	276
クロッキー	251
クロワッサン	157
クワガタ	282
詳しい	51
軍	346

軍事介入 … 346	警報 … 259	結婚披露宴 …
君主国 … 91	刑務所 … 331	結婚指輪 …
軍需産業 … 337	契約 … 163	傑作 … 2
軍人 … 184	軽油 … 208	決算 … 3
軍隊 … 346	経由で … 201	決して～ない …
け	経理部 … 340	決勝 … 2
経営者 … 340	計量カップ … 160	月食 … 2
経営する … 62	競輪場 … 211	決心する …
刑期 … 331	ケーキ … 150	血清 … 3
景気 … 332	ケーキ屋 … 157, 185	決選投票 … 3
景気後退 … 332	ケース … 87	血糖値 … 3
景気の循環 … 332	ケーブルカー … 198	結膜炎 … 2
軽工業 … 336	ケーブルテレビ … 349	月曜日 …
蛍光灯 … 171	外科 … 292	決裂 … 3
警告 … 231	外科医 … 292	～（を）けなす … 2
経済学 … 180	毛皮 … 127	解熱剤 … 3
経済協力 … 345	劇場 … 246	ゲノム … 2
軽罪裁判所 … 329	劇団 … 246	下品な …
経済情勢 … 332	激痛 … 302	毛虫 … 2
経済水域 … 93	激怒している … 49	獣 … 2
経済制裁 … 345	激怒する … 83	下痢（げり） … 2
経済成長 … 332	激流 … 262	ゲルマン人 …
経済的な … 51	今朝 … 72	ケルン … 10
警察署 … 322	下剤 … 311	けれど …
計算書 … 89	けし … 277	ゲレンデ … 2
刑事 … 184	夏至 … 71	鍵（けん） … 2
刑事訴訟 … 329	消印 … 217	元（中国の） …
刑事被告人 … 330	消しゴム … 182	弦 … 2
芸術家 … 185	化粧品 … 55	けんか … 2
軽傷 … 302	化粧品店 … 186	見学する …
軽食 … 130	化粧をする … 114	弦楽器 … 2
形成外科 … 292	ケチャップ … 155	検眼 … 3
携帯電話 … 172	血圧 … 314	玄関 … 1
携帯メール … 191	血液型 … 307	玄関の階段 … 1
経度 … 260	血液検査 … 304	元気？ …
軽トラック … 205	血管 … 110	元気です …
競売 … 331	結局 … 55	元気ですか？ … 3
軽薄な … 45	月桂樹 … 274	研究する …
競馬場 … 224	結婚 … 78	謙虚な …
軽犯罪 … 318	結婚記念日 … 79	元気を出して！ …
警備する … 58	結婚式 … 78	現金 …
刑法 … 328	結婚届 … 78	現金化する … 89, 2

現金自動預け払い機 …… 89	広域警察署 …………… 322	鉱山作業員 …………… 267
健康 …………………… 314	豪雨 …………………… 259	高山植物 ……………… 272
健康診断 ……………… 314	公園 …………………… 219	子牛肉 ………………… 142
健康な ………………… 314	公演 …………………… 247	子牛の胸腺 …………… 142
健康法 ………………… 315	後援会 ………………… 327	控除 …………………… 343
健康保険カード ……… 291	航海 …………………… 212	工場 …………………… 339
言語学 ………………… 180	公害 …………………… 317	公証人 ………………… 184
原告 …………………… 330	光化学スモッグ ……… 317	香辛料のきいた ……… 132
検索エンジン ………… 190	降格 …………………… 341	洪水 …………………… 259
検札 …………………… 201	工学 …………………… 181	降水量 ………………… 259
犬歯 …………………… 308	合格する ……………… 61	恒星 …………………… 268
検事 …………………… 329	甲殻類 ………………… 136	厚生省 ………………… 322
原子力産業 …………… 337	高価な ………………… 51	合成皮革 ……………… 127
検診 …………………… 314	抗がん剤 ……………… 311	抗生物質 ……………… 311
原生林 ………………… 261	交換する ……………… 221	鉱石 …………………… 266
建設する ……………… 64	高級婦人服デザイナー … 185	降雪量 ………………… 259
建設業 ………………… 336	高級宝飾品 …………… 125	控訴 …………………… 331
源泉徴収 ……………… 343	好況 …………………… 332	酵素 …………………… 271
現像 …………………… 253	鉱業 …………………… 336	控訴院 ………………… 329
現代的な ……………… 53	公共企業 ……………… 338	高速道路 ……………… 207
現代文学 ……………… 248	交響曲 ………………… 243	拘置所 ………………… 331
建築家 ………………… 184	合金 …………………… 267	紅茶 …………………… 152
県庁 …………………… 323	航空会社 ……………… 194	紅茶を飲む …………… 59
県道 …………………… 207	航空機産業 …………… 337	交通違反 ……………… 208
兼任 …………………… 327	航空券 ………………… 195	交通事故 ……………… 203
鍵盤 …………………… 245	航空書簡 ……………… 216	交通法規 ……………… 208
鍵盤楽器 ……………… 245	口腔医学 ……………… 308	校庭 …………………… 178
玄武岩 ………………… 266	航空便で ……………… 217	皇帝 …………………… 91
憲法 …………………… 328	工芸品 ………………… 171	公定市場 ……………… 335
倹約している ………… 89	攻撃的な ……………… 46	公定歩合 ……………… 335
こ	高血圧 ………………… 299	鋼鉄 …………………… 267
個 ……………………… 86	高原 …………………… 261	公転 …………………… 269
鯉 ……………………… 145	考古学 ………………… 180	後天的な ……………… 299
濃い …………………… 83	皇后 …………………… 91	強盗 …………………… 318
恋 ……………………… 238	高校生 ………………… 177	高等学校 ……………… 176
子犬 …………………… 285	光合成 ………………… 270	高等教育教授資格者 … 177
子イノシシの肉 ……… 143	広告ポスター ………… 218	高等師範学校の学生 … 177
恋人 …………………… 238	口座 …………………… 214	高等師範学校の卒業生 … 177
コインランドリー …… 187	(2本の道路の)交差点 … 208	口頭試問 ……………… 178
コインロッカー ……… 200	口座番号 ……………… 214	高等専門学校 ………… 176
合意 …………………… 344	口座を開く …………… 215	口頭発表 ……………… 179
広域警察官 …………… 184	鉱山 …………………… 267	口内炎 ………………… 295

校内食堂	178	
公認会計士	184	
光年	268	
更年期	40	
効能	310	
コウノトリ	281	
公布	325	
降伏	347	
鉱物資源	267	
公平無私な	46	
合弁会社	338	
子馬	285	
高慢な	47	
鉱脈	266	
公務員	185	
コウモリ	287	
肛門	108	
公約	326	
広葉樹	272	
公立学校	176	
高齢者	41	
航路	212	
口論	239	
小枝	272	
小エビ	145	
コート	118	
コード	173	
コートジボワール	95	
コートジボワール人	99	
コートダジュール	101	
コーナーキック	231	
コーヒー	152	
コーヒーカップ	158	
コーヒーポット	159	
コーラ	153	
ゴール	231	
ゴールキーパー	230	
コオロギ	283	
コーンに入ったアイスクリーム	151	
誤解	239	
子会社	338	
コカイン	315	
小型のスーパー	156	
小型のタルト	150	
5月	70	
黄金虫	282	
五感	111	
小切手	88	
小切手帳	214	
ゴキブリ	282	
呼吸	270	
呼吸する	109	
国営化	339	
国営放送	349	
国語	180	
国債	334	
国際会議	344	
国際原子力機関(IAEA)	345	
国際市場	332	
国際司法裁判所	345	
国際線	194	
国際通貨基金（IMF）	335	
国際法	344	
国税	342	
国籍	99, 197	
告訴する	329	
国道	207	
国内市場	332	
国内線	194	
国内便特急サービス	291	
こくのある	132	
告発する	329	
黒板	178	
子熊	285	
国民	91	
国民議会	324	
国民議会の代議士	324	
国民所得	332	
国民総生産	332	
国民投票	327	
国立行政学院の卒業生	177	
国立病院	290	
国立理工科学校の学生	177	
国立理工科学校の卒業生	17	
国連	34	
国連加盟国	34	
国連警察軍	34	
国連事務総長	34	
国連総会	34	
コケットリーがある	4	
午後	7	
ココア	15	
御公現の祝日	7	
ココ・シャネル	25	
心地よい	5	
ここに	8	
腰	10	
孤児	4	
子鹿	28	
腰掛けクッション	170	
小島	26	
ご愁傷さまです。	7	
50cc以下のミニバイク	21	
こしょう	15	
こしょうで焼いた	13	
故人	7	
個人消費	333	
ご親切に	34	
個人旅行	23	
梢	272	
コスモス	27	
戸籍		
小銭	88	
小銭入れ	123	
午前中	74	
コソボ	95	
コソボ人	97	
コダール	255	
小太鼓	243	
答える	245	
国家	91	
国歌	93	
国会	324	
国会議員	324	

格	108
旗	93
境	93
境なき医師団	347
ック	185
庫	342
髄移植	307
折	303
包	216
董品店	187
ットン	126
ップ	158
て	175
定資産税	342
定祝日	76
典主義	249
典文学	248
独な	49
とこと煮立たせる	139
年	73
ども	38
ども部屋	164
おしろい	128
薬	310
砂糖	155
ミルク	313
ニャック	153
猫	285
珀（こはく）	125
0グラム	86
ぶ	302
豚	285
舟	212
ペンハーゲン	103
麻	154
マーシャル	349
かく切る	138
膜	297
ミ収集車	205
みを捨てる	116
麦粉をまぶす	138
麦相場	334

ごめんなさい	34
顧問	340
小屋	162
雇用	333
雇用統計	333
子ライオン	285
ゴリラ	285
コルシカ島	265
ゴルフ	229
これから〜する	57
コレステロール	314
これは私のものだ。	61
コレラ	301
殺す	319
転ぶ	60
壊す	56
壊れやすい	85
紺色の	83
今月	73
混合肌	223
コンサート	242
今週	73
コンセント	173
コンソメ	134
コンタクトレンズ	122
昆虫	282
コンテ	147
コンドーム	313
コントラバス	244
コントロール・パネル	188
こんにちは	34
コンパートメント	199
コンパス	183
今晩	72
こんばんは	34
コンピュータウイルス	191
コンフィ	136
混紡	126
今夜	72
婚約	78
婚約者	78
コンロ	161

さ

さあ行こう	57
サーキット	211
サーバー	188
サービスエリア	208
サービス業	337
サーフィン	225
さあやろう	57
サーロイン	143
サイ	284
菜園	277
再会する	64
災害	316
（具体的な）災害	316
財界	337
細菌	271
細菌汚染	300
採掘現場	267
サイクリスト	211
サイクリング	211
採決	325
債券市場	334
最後の	67
再婚	79
財産	331
再上映	240
最初の	67
菜食主義者	131
サイズ直しをする	221
財政	334
採択	325
祭壇	351
サイト	190
サイドボード	168
再発	307
裁判権	328
裁判所	329
裁判所（建物）	323
財布（札入れ）	123
裁縫	116
細胞	271
細胞分裂	271

語	ページ
債務	215
採用	341
サイレントスペース	199
サイン	221
サインする	215
サヴォワ地方	101
サウジアラビア	94
サウジアラビア人	98
～さえ	54
探す	57
魚	136
魚屋	157
酒屋	157
砂岩	266
詐欺	318
鷺	281
先物市場	334
砂丘	261
砂金	266
柵	167
裂く	57
昨日	73
削除する	190
作品	248
昨夜	72
桜	275
桜草	277
サクランボ	148
ザクロ	148
ざくろの木	275
サケ	144
酒飲み	131
避ける	58
さしあたり	73
差し押さえ	343
刺し傷	302
指し示す	58
差出人	217
差し出す	60
サスペンダー	122
座席	196
座席番号	196
～させる	58
冊	87
撮影所	241
作家	248
サッカー	230
サッカー選手	230
さっき	75
作曲	242
殺菌	301
(グラビアのある)雑誌	348
(高級な)雑誌	348
殺人	319
さっぱりした	132
さつまいも	141
さて	57
砂鉄	267
砂糖	155
サドル	210
蛹(さなぎ)	283
サバ	144
砂漠	261
砂漠化	317
サバラン	150
サファイア	124
サフラン	155, 277
サポーター	230
サミット	344
寒い	71
寒気がする	295
冷めている	133
座薬	311
さようなら	35
皿	158
皿洗い機	172
ざらざらした	85
サラダボール	160
さらに	54
ザリガニ	145
猿	285
ざる	160
サルコジ	323
サルジニア島	265
サルトル	25
(既婚女性に)～さん	3
(男性に)～さん	3
(未婚女性に)～さん	3
～山	26
産院	29
産科	29
産科医	29
三角形の	8
三角定規	18
三角州	26
3月	7
三脚	26
残業	34
産業廃棄物	31
サングラス	12
懺悔(ざんげ)	35
サンケアクリーム	12
珊瑚	12
残酷な	5
さんざし	27
残暑	7
三色すみれ	27
3食付き	23
算数	18
酸性雨	31
酸性の土	27
山荘	16
酸素マスク	196, 30
残高	
サンダル	12
サンチーム	8
山頂	26
サンテグジュペリ	25
3倍	6
散髪ばさみ	22
サンプル	22
散文詩	24
サンクトペテルスブルク	10
散歩する	21
散歩道	21

項目	ページ
ナン=マロ	100
山脈	260
三輪車	225

し

項目	ページ
死	315
寺	298
試合	230
幸せな	48
CAC40指数	334
シーソー	225
シーツ	169
CTスキャン	304
CDプレーヤー	173
CD-ROM	189
シート	210
シートベルト	196, 205
寺院	236
ジーンズ	118
シェア	332
シェービングクリーム	129
ジェット機	195
ジェットコースター	224
シェパード	285
塩	154
塩辛い	132
歯科	308
歯科医	308
歯科医院	308
司会者	349
歯科インプラント	309
歯科技工士	308
視覚	111
四角の	84
しかし	55
4月	70
鹿肉	142
叱る	117
敷金	163
指揮者	243
磁器製の	159
ジギタリス	277
色調	82
子宮外妊娠	312
司教	351
仕切り壁	166
しくじった	53
ジグソーパズル	171
シクラメン	277
止血剤	311
試験	178
事件	318
試験に合格する	179
試験に失敗する	179
試験を受ける	179
事故	316
時効	331
子午(しご)線	260
～時ごろ	74
時差	232
司祭	350
自殺	315
自殺未遂	315
死産児	312
私企業	338
支持者	326
支社	339
試写会	240
刺繍	253
歯周病	309
思春期	40
市場経済	332
私書箱	217
シシリア島	265
詩人	248
地震	316
静かな	52
史跡	233
歯石	309
次世代新幹線	199
使節団	344
自然	260
自然科学	181
自然現象	258
自然主義	249
自然食品	130
歯槽膿漏	309
時速	87
舌	106
～したい	63
下請け企業	338
従う	61, 64
下書き	251
下ごしらえする	138
下に	80
舌ビラメ	144
シダレヤナギ	274
示談	331
自治	323
7月	70
七面鳥の肉	142
試着室	220
試着する	221
シチュー	136
市長	323
漆器製の	159
実業家	338
失業者	185
失業率	333
漆喰(しっくい)	175
しつけ	287
実刑	330
執行猶予	331
失神	297
湿疹	297
実存主義	249
湿度	258
湿度が高い	258
室内楽	242
実は	54
失敗する	59
湿布薬	303
疾病保険	291
失礼	35
～してもよい	63
支店	339

市電 … 198	私法 … 328	ジャズ … 24
自転 … 269	脂肪 … 270	ジャズダンス … 24
自伝 … 249	司法機関 … 328	ジャスミンティー … 15
自転車 … 211	司法警察 … 328	社債 … 33
自転車競技 … 211	司法書士 … 184	社説 … 34
自転車競技選手 … 211	資本金 … 339	車線 … 20
自転車店 … 211	島 … 264	車線を変更する … 20
自動改札機 … 201	姉妹 … 38	車体 … 20
自動車 … 204	シマウマ … 284	社長 … 34
自動車教習所 … 206	字幕 … 240	シャツ … 12
自動車書類全部 … 206	しみったれ … 89	シャッター … 25
自動車保険証 … 206	地味な … 53	シャットダウンする … 18
自動販売機 … 200	事務机 … 168	シャツブラウス … 11
しとやかな … 43	示す … 59	車道 … 20
市内観光 … 233	湿っている … 52	シャトルバス … 20
市内地図 … 218	(ネクタイを)しめる … 123	謝肉祭 … 7
市内バス … 202	(ベルトを)しめる … 123	ジャム入れ … 15
～しなければならない … 63	霜が下りる … 258	シャム猫 … 28
シナゴーグ … 236	ジャージ … 126	シャワー … 16
シナモン … 155	ジャーナリズム … 348	シャワー付き … 23
シナリオライター … 241	シャープペンシル … 182	シャワールーム … 16
～時に … 74	シャーベット … 151	シャワーを浴びる … 59, 11
～しに行く … 57	社会科学 … 181	ジャンクション … 20
歯肉炎 … 309	社会学 … 180	ジャングルジム … 22
シニヨン … 222	社会福祉 … 343	シャンデリア … 17
辞任 … 324	社会保険 … 343	ジャンヌ・ダルク … 25
芝 … 167	社会保険税 … 342	ジャンパー … 11
芝刈り機 … 174	社会保障 … 291	シャンパーニュ地方 … 10
しばしば … 75	じゃがいも … 141	上海 … 10
芝生 … 167	市役所 … 323	シャンパン … 15
支払い … 221	蛇口 … 167	ジャンプ … 22
支払う … 89	しゃくなげ … 277	シャンプー … 12
芝を刈る … 116	釈放 … 319	種(しゅ) … 27
地盤沈下 … 317	借家人 … 165	週 … 7
耳鼻咽喉科 … 292	ジャケット … 118	獣医 … 28
耳鼻咽喉科医 … 292	車検証 … 206	11月 … 7
渋い … 133	車庫 … 202	自由化 … 33
私服警察官 … 184	写実主義 … 249	臭覚 … 11
シフト … 189	車掌 … 201	修学旅行 … 23
ジブラルタル海峡 … 265	写真立て … 171	自由形 … 22
自分勝手な … 46	写真店 … 187	10月 … 7
紙幣 … 88	写真をとる … 237	宗教 … 35

372

従業員	340
シュークリーム	150
シュークルート	137
重工業	336
修道院	329
修士号	179
十字架	351
重傷	302
十字路	208
終身刑	330
終身年金	343
ジュース	152
修正液	182
渋滞	203
重大犯罪	318
住宅手当	341
集中治療室	293
終点	201
シュート	231
柔道	236
柔道の選手	227
12月	71
十二指腸	109
十二指腸炎	298
自由に使える	53
集配	216
周波数	348
十分	71
十分に	54
週末	72
住民税	342
重要な	52
修理	209
修理工	185
修理する	169, 221
重量	87
重量挙げ	227
重量オーバー	195
主演俳優	241
授業	178
授業に出席する	114
授業をさぼる	178

縮小する	190
宿題	179
熟年	40
宿泊カード	234
手芸	253
手工業	336
種子	273
手術	306
手術室	293
主審	230
受信箱	191
受精させる	273
首相	324
(映画に) 出演する	241
出血	307
出航する	213
出産	312
出産育児手当	313
十種競技	226
出所	331
出席をとる	178
出張	232, 341
出入国審査	195
出発する	62
出版業	337
出版物	348
首都	218
首都圏高速交通網	198
授乳	313
授乳する	117
ジュネーブ	102
樹皮	272
趣味	252
需要	333
棕櫚 (しゅろ)	275
手話	111
準決勝	231
準備する	60
春分	71
純毛	166
錠	166
上院	324

上院議員	324
上映	240
女王	91
しょうが	141
紹介する	60
障害年金	343
障害のある	111
傷害保険	291
商学	180
奨学金	177
小学生	177
消化剤	311
小学校	176
小学校以上の教授	177
小学校以上の先生	177
消化のよい	131
消化不良	131, 298
定規	183
小規模診療所	290
乗客	202
小臼歯	308
商業	337
状況証拠	329
消極的な	47
証券会社	334
証拠	329
正午だ。	61
城塞	236
錠剤	310
正直な	46
小事件	316
商事裁判所	329
商社	337
乗車券	200
証書	179
肖像画	250
上場株	339
昇進	341
小数点 (,)	69
小説家	248
冗談	47
小腸	109

語	ページ
象徴派	249
商店街	219
消毒	301
消毒薬	311
衝突	203
小児科	292
小児科医	292
小児性愛	319
商人	185
証人	330
少年法	328
乗馬	225
上半身像	251
消費	333
上品な	44
丈夫な	42, 85
小便	111
消防士	184
消防署	322
情報処理	181
静脈	110
証明	329
正面に	80
条約	344
しょうゆ	154
将来は	73
上流	263
常緑樹	272
条例	328
じょうろ	174
小論文	179
ショーツ	120
ショートパンツ	118
ショール	123
序曲	243
ジョギングをする	252
職業学校	176
職業教育免状	177
職業適性証明書	177
職業ドライバー	206
食後酒	153
贖罪	351
食事	130
食事療法	131
触診	305
食前酒	153
燭台(しょくだい)	171
食中毒	298
食堂	164
食道	109
食堂車	199
職人	185
食品加工業	336
食品産業	336
植物	272
植物園	224
植物学	272
植物採集	253
植物相	279
植民地	91
食物繊維	314
食欲	131
食欲をそそる	131
食料品売り場	220
食料品店	156
徐行する	203
ショコラガナーシュ	150
書斎	164
如才ない	49
助産婦	312
叙事詩	249
女性	37
女性主人公	249
諸聖人の大祝日(11月1日)	76
女性用スーツ	118
触覚	111, 283
食器洗い	116
食器棚	166
食器を片づける	116
食器を並べる	116
ショッピングセンター	187
ショッピングをする	115
女帝	91
書店	186
所得税	342
処方する	310
処方せん	302
署名する	213
しらかば	272
知らせる	58
調べる	58
シラミ	285
尻	107
シリア	93
シリア人	94
私立学校	176
自律神経失調症	300
市立病院	291
私立病院	291
支流	263
(経験的に)知る	63
(知識として)知る	63
シルク	124
シルクハット	122
城	162, 231
白い	83
白カビチーズ	147
シロップ	311
城巡り	233
白ワイン	153
しわ取りクリーム	127
人員削減	335
腎盂炎	299
腎炎	299
進化	275
新学期	176
シンガポール	104
新幹線	197
審議	327
進級試験	178
心筋梗塞	297
深紅の	83
シングルス	115
シングルルーム	231
シンクロナイズド スイミング	227

項目	ページ
神経	110
神経科	293
神経科医	293
神経質な	47
神経衰弱	252
神経痛	297
人権	347
侵攻	347
信号	199
信号機	208
人工呼吸	305
人工歯冠	309
人工受精	313
人工受精する	273
進行する	59
人工繊維	126
人工透析	306
人工の	125
申告なし者用出口	197
新婚旅行	78
診察	304
診察室	293
人事異動	341
シンジケート	337
寝室	164
人事部	340
真珠	125
人種	99
人種差別	347
信じる	64
人身事故	199
新星	269
人生	40
新生児	312
親戚	38
親切な	44
心臓	109
腎臓	109, 142
心臓移植	307
腎臓移植	307
心臓病	295
心臓弁膜症	295
心臓マッサージ	305
心臓マヒ	295
親族	38
寝台車	199
診断	304
診断書	304
身長	314
慎重な	45
新陳代謝	270
陣痛	312
心電図	305
神道	350
人道的援助	95
進入禁止	209
心配している	49
心拍	294
シンバル	245
新品の	51
心不全	295
新聞	348
人文科学	181
新聞第一面	348
新聞連載小説	248
じんましん	297
深夜に	74
新約聖書	351
深夜バス	202
針葉樹	272
審理	329
心理学	180
侵略	347
診療所	290
心療内科	292
心理療法	305
森林	261
人類	37
人類学	180
新郎新婦	78
神話	248

す

項目	ページ
酢	154
スイートルーム	235
水泳	226
水泳選手	227
スイカ	148
すいかずら	277
水球	228
水牛	284
水銀	267
水源	262
水彩画	250
水質汚染	317
水晶	125
推奨速度	209
スイス	93
スイス人	97
スイスのフランス語地域	103
スイスフラン	88
水星	268
彗星	269
水仙	277
膵臓	109
吹奏楽団	243
水族館	224
水中翼船	212
スイッチ	173
水道局	322
吸い取り紙	182
随筆	249
睡眠薬	311
水曜日	72
推理小説	248
睡蓮	277
スウェーデン	93
スウェーデン人	97
数学	181
ずうずうしい	46
スーツケース	233
スーパーマーケット	156
スープ	134
スープ皿	158
スエード靴	120
末っ子	38
スカート	119

スカーフ ……… 122	ステロイド ……… 311	スローガン ……… 32
頭蓋骨 ……… 108	ステンレス製の ……… 159	スロットマシン ……… 22
姿見 ……… 169	ストッキング ……… 120	スロバキア ……… 9
姿を現す ……… 63	ストック ……… 237	スロバキア人 ……… 9
姿を消す ……… 63	ストライキ ……… 199	スロベニア ……… 9
好き ……… 56	ストラスブール ……… 100	スロベニア人 ……… 9
スキー板 ……… 237	ストレス ……… 314	座る ……… 6
スキー場 ……… 237	砂場 ……… 225	澄んでいる ……… 26
杉林 ……… 275	スノーボード ……… 229	**せ**
スキャナー ……… 190	スパークリングワイン ……… 153	星雲 ……… 26
スキューバダイビング ……… 225	スパイクタイヤ ……… 209	聖歌 ……… 35
スクーター ……… 210	スパゲティー ……… 137	世界遺産 ……… 23
スクールバス ……… 202	スパナ ……… 175	生化学 ……… 27
すぐに ……… 75	スピーカー ……… 173	性格 ……… 4
スクリーン ……… 240	スピード違反 ……… 208	生活 ……… 4
すぐりの実 ……… 149	スピードスケート ……… 229	聖カトリーヌ祭 ……… 7
スクリュー ……… 213	スプーン ……… 159	税関 ……… 19
スケッチ ……… 251	スフレ ……… 135	税関申告書 ……… 19
少し ……… 54	スペイン ……… 92	請求 ……… 22
少ししか ……… 54	スペイン人 ……… 96	請求書 ……… 8
過ごす ……… 59	スペース ……… 189	税金 ……… 34
スコップ ……… 174	スペースシャトル ……… 269	(公共サービスの) 税金 ……… 34
筋書き ……… 246	すべてを楽観視する ……… 83	(特定のものへの) 税金 ……… 34
錫（すず）……… 267	滑り台 ……… 225	整形外科 ……… 29
スズキ ……… 144	スポーツ ……… 226	整形外科医 ……… 29
(淡水の) スズキ ……… 145	スポーツカー ……… 204	清潔な ……… 5
涼しい ……… 71	スポーツ選手 ……… 227	政権 ……… 32
雀 ……… 280	ズボン ……… 118	成功する ……… 6
すずらん ……… 277	すみません ……… 34	税込価格 ……… 34
スター ……… 241	すみれ ……… 278	税込み給与 ……… 34
頭痛 ……… 294	住む ……… 58	星座 ……… 26
スツール ……… 168	スモークした ……… 135	政治 ……… 32
ズッキーニ ……… 140	すらっとしている ……… 42	政治家 ……… 32
ズック靴 ……… 120	スラブ人 ……… 97	政治学 ……… 18
酸っぱい ……… 132	すり ……… 318	誠実な ……… 4
酸っぱくなっている ……… 132	スリーピース ……… 118	聖書 ……… 35
スティックチョコアイス ……… 151	すり下ろす ……… 138	正常化 ……… 34
ステーキ ……… 136	すり傷 ……… 302	正常な ……… 52, 314
ステッキ ……… 123	スリップ ……… 120	青少年 ……… 4
ステップ ……… 210, 247	スリラー映画 ……… 240	青少年期 ……… 40
すでに ……… 54	する ……… 62	青少年非行 ……… 318
ステレオセット ……… 173	スローイン ……… 230	生殖 ……… 270

成人	41
精神安定剤	311
精神科	293
精神科医	293
精神障害	300
成人に達した	41
精神病院	290
精神分析	293
精神分析医	293
精神療法医	291
税制	342
精製塩	154
成績	179
成績表	179
清掃課	322
製造業	336
生態系	317
聖体拝領	351
成虫	283
成長期	40
成長する	61
制定	328
生徒	177
性同一性障害	39
税抜き価格	343
生年月日	197
青年期	40
聖バレンタインデー	77
税引き後の給与	342
性病	301
性病科	293
性病科医	293
政府	324
制服警察官	184
生物学	181
静物画	250
性別	36
聖母マリアの被昇天記念日 (8月15日)	76
税務署	323
生命	40
生命保険	79

声優	241
西洋ねぎ	140
西洋の	81
西洋わさび	155
生理	111
税理士	184
整理ダンス	168
税率	343
生理痛	299
政令	328
精霊降臨主日の翌日の月曜日	76
精霊降誕の主日（復活祭から 7週間後の日曜日）	76
セージ	155
セーター	119
セーヌ川の遊覧船	212
セープ茸	141
セーフティーボックス	235
背泳ぎ	227
世界記録	227
世界銀行	335
世界選手権	229
世界平和会議	344
世界貿易機構（WTO）	335
背が高い	42
背が低い	42
石英	266
赤十字社	290
石炭	267
赤道	260
せき止める	263
石油産業	337
赤痢（せきり）	301
せきをする	109
セクハラ	319
セザンヌ	255
世代	40
切開	306
石灰岩	266
（日曜ミサの）説教	351
セックスをする	238
赤血球	110

石工	185
石膏（せっこう）	175
切歯	308
絶対安静	306
セット	223, 241
窃盗	318
セットメニュー	135
切羽	267
設備投資	333
絶壁	261
絶望している	48
絶滅	270
背中	107
セネガル	95
セネガル人	99
背骨	108
狭い	85
セミ	282
ゼラニウム	278
セラミック	309
ゼリー	151
台詞	246
セロテープ	183
セロリ	140
世論調査	327
世話をする	58, 117
繊維業	336
繊維腫	303
全医療保険	291
船員	184
選挙違反	327
選挙運動	326
選挙区	326
（具体的な）選挙区	326
選挙権	326
選挙民	326
宣言する	57
専攻	181
前菜	134
前歯	308
船室	212
先日	73

先週	73	
染色体	270	
煎じる	279	
線審	230	
先進国	91	
全身像	251	
全身麻酔	306	
(医者に)〜先生	37	
(弁護士などに)〜先生	37	
戦争	346	
前奏曲	243	
喘息(ぜんそく)	294	
センターライン	207	
センターリング	231	
全体敷きのジュウタン	170	
洗濯	116	
洗濯機	172	
センチメートル	86	
船長	213	
センチリットル	86	
せんていばさみ	174	
先天的な	299	
戦闘	346	
セントバーナード	285	
セントラルヒーティング	167	
洗髪する	223	
扇風機	172	
潜伏期	301	
全仏オープン	77	
洗面所	164	
洗面台	166	
専門医	291	
前立腺肥大	299	
全粒小麦パン	157	
占領	347	
善良な	44	
洗礼	351	
洗礼名	37	
洗練された	44	
線路	199	

そ

象	284	
総入れ歯	309	
躁うつ病	300	
臓器移植	307	
創業者	338	
雑巾	174	
送金する	215	
草原	261	
総合病院	290	
走行料金	203	
捜査	319	
惣菜店	157	
掃除	116	
葬式	79	
掃除機	172	
掃除機をかける	116	
総辞職	326	
そうじゃない?	55	
痩身	223	
総選挙	326	
相続	331	
相続税	342	
相談する	239	
早朝に	74	
総務部	340	
臓物の煮込み	137	
贈与	331	
僧侶	351	
ソウル	104	
葬列	79	
ソース	154	
ソーセージ	134	
速達	217	
速度制限	209	
ソケット	173	
祖国	91	
そこに	81	
そそっかしい	45	
育てる	117	
卒業	176	
卒業生	177	

率直な	44	
そで	11	
ソテー	13?	
ソテーする	13?	
外に	8	
ソナタ	24?	
そのうえ	5?	
祖父	3?	
ソファー	16?	
ソフトウェア	18?	
祖父母	3?	
祖母	3?	
素朴な	4?	
粗野な	4?	
そよ風	25?	
そら豆	14?	
それから	5?	
それで?	5?	
それゆえ	5?	
損害賠償	33?	
損失	33?	
村長	32?	
村立病院	29?	

た

タイ	94	
鯛(たい)	14?	
第1次世界大戦休戦記念日(11月11日)	76	
第一審	33?	
ダイエット	13?	
ダイオキシン	31?	
体温	29?	
退化	27?	
大河	26?	
大会	34?	
大海	26?	
対外援助	95	
大会議	34?	
体外受精	31?	
大学	17?	
大学医療センター	29?	
大学入学資格試験	17?	

項目	ページ
大学の履修単位	181
大学の寮	178
大気汚染	317
大企業	338
大気圏	269
大臼歯	308
大教室	178
大工	185
退屈な	45
大根	141
大災害	316
滞在期間	234
滞在目的	197
大使	323
胎児	312
大使館	323
大事件	316
体脂肪率	314
大赦	331
体重	314
大修道院	236
退場	231
大丈夫？	57
大丈夫です	34
退職者	185
退職者年金	343
タイ人	98
大臣	324
大豆	146
大聖堂	236
大西洋	265
体積	87
堆積岩	266
体操	227
大体	54
対談	344
大胆な	45
大腸	109
大腸カタル	298
大邸宅	162
大統領	323
大統領官邸	323
大統領選挙	323
台所	139
第2次世界大戦戦勝記念日 (5月8日)	76
滞納	343
タイピスト	184
代表	345
台風	259
太平洋	265
大便	110
逮捕	319
台本	246
大麻	315
タイム	155
タイムトライアルレース	211
体毛	107
タイヤ	204
ダイヤモンド	124
太陽	268
太陽系	268
平らな	85
大陸	260
大理石	266
代理母	313
大量虐殺	347
対話	239
ダウ平均	335
ダウン	127
ダウンロードする	189
だ円の	84
鷹	281
ダカール	105
高い	84
高い鼻	42
高潮	265
打楽器	245
打楽器全体	245
滝	262
タキシード	118
タクシー	203
タクシーの運転手	203
タクシー乗り場	203
卓上スタンド	170
タクト	245
たくましい	43
タコ	145
足し算	69
多神教	350
タスクバー	188
助ける	56
たずねる	57
訪ねる	61
黄昏	74
戦う	64
叩く	58, 64
たたむ	117
立ち去る	57
たちの悪い	44
ダチョウ	280
卓球	228
脱臼	303
脱税	343
脱線	199
脱毛	223
建物	162
例えば	55
棚	166
谷	261
楽しいバカンスを！	35
楽しい夜を	35
楽しむ	56
頼む	57
タバコ屋	186
タバコを吸う	115
タピスリー	170
ダブリン	103
WHO（世界保健機構）	345
ダブルクリックする	190
ダブルス	228
ダブルルーム	235
多分	54
食べ物	130
食べられる	131
食べる	133

打撲傷	302
卵	146
卵形の	84
玉じゃくし	160
ダマスカス	104
たまに	75
玉ねぎ	140
ダム	263
試す	221
保つ	62
タラ	144
タラソセラピー	315
タラップ	195
ダリア	278
タルト	150
タルト・タタン	150
だれ？	36
だれか	36
だれも〜ない	36
タロット	252
タン	142
段	165
タンカー	212
担架	305
短距離走	226
短距離用ディーゼル車	198
タンクトップ	119
ダンサー	247
単純な	51
誕生	312
誕生日おめでとう！	35
たんす	168
炭水化物	271
男性	37
男性主人公	249
男性用スーツ	118
胆石	299
断層撮影法	304
団体旅行	232
団体割引	237
団地	162
短調	243
たんぱく質	270
ダンプカー	205
短編小説	248

ち

担保	215
たんぽぽ	278
暖炉	167
血	110
治安	346
小さい	84
小さい湾	264
小さな茂み	261
小さな店	187
小さな目	42
小さな森	261
チーズ	147
チーズ屋	157
チーター	284
チーム	228
チェーン	209
チェーンソー	174
チェックインする	194
チェコ	92
チェコ人	96
チェス	252
チェックアウト	234
チェックイン	234
チェックインカウンター	194
チェロ	244
チェンバロ	245
地階	163
〜（に）違いない	63
近くに	80
地下倉庫	165
地下鉄	198
地下鉄に乗る	59
地下鉄の駅	201
地下鉄の回数券	201
地下鉄の切符	201
地下鉄の定期券	201
地下墓所	236
地球	260
地球温暖化	31
地球儀	17
蓄膿（ちくのう）	29
チコリ	14
知事	32
地質学	18
知人	23
地図	21
チタン	26
父	3
父親の産休	31
地中海	26
チップ	203, 23
知的な	4
乳房	10
チフス	30
地平線	26
地方	9
地方議会	32
地方自治体	323
地方税	342
致命傷	302
地名表示板	218
チャーター便	194
チャイルドシート	205
茶褐色の	82
着床	312
着生植物	279
着陸	197
チャットをする	191
チャンネル	349
注意深い	47
中央分離帯	207
中学修了書	177
中学生	177
中学校	176
中間スイッチ	173
中ぐらいの身長	42
中国	94
中国人	98
忠告する	239
中耳炎	297

項目	ページ
射	306
射器	306
車禁止	209
車	208
車する	207
車メーター	208
像画	250
小企業	338
食	130
食をとる	114
東	90
道	325
入器の管	306
年	40
ューバ	244
編小説	248
文する	135
文服仕立店	186
ューリッヒ	102
ューリップ	278
留	347
チュチュ	247
ニジア	95
ニジア人	99
ニス	104
葉	282
印	344
役	330
音波診断法	304
音波療法	305
覚	111
期休暇	76
距離走	226
距離トラックの運転手	206
距離バス	202
現実主義	251
高層ビル	162
彫刻	251
彫刻家	250
ちょうざめ	145
長寿	315
徴収	343
朝食	130
朝食をとる	114
聴診器	304
町長	323
長調	243
調停	331, 345
蝶ネクタイ	123
腸ねん転	298
腸閉塞	298
長編小説	248
調味料	154
調理台	167
町立病院	290
聴力検査	314
超レア	143
チョーク	178
直接選挙	326
直線の	85
直腸	109
チョコレート店	157
著者	248
直行便	194
地理学	180
ちりとり	174
治療法	305
鎮静薬	311
賃貸する	59
鎮痛薬	311
チンパンジー	285
沈没する	213

つ

項目	ページ
追加料金	195
ついて行く	64
追突	203
ついに	55
ツインルーム	235
通貨市場	335
通貨統合	89
通常郵便で	217
痛風	297
ツーリング	210
ツール・ド・フランス	77
通路側	196
使い古された	51
つかむ	61
疲れる	50
月	268
(暦の) 月	70
次に	55
次の火曜日に	72
(傾斜した) 机	168
ツグミ	280
作る	62
繕う	117
つげ	278
付け合せ	136
付けまつげ	128
続く	57
続ける	57
つつじ	278
包み	87
津波	265
つば	110
椿	278
翼	281
ツバメ	281
壷	158
妻	38
つまらない	50
つまり	55
罪	351
積み木	171
積み立て	214
爪	108
詰め物	309
詰め物にした	137
詰め物をする	139
通夜	79
強い	85
つらい	50
釣り	225
吊り下げ型の灯り	170
吊り橋	263
つる	272

鶴 … 281	出来高 … 335	テレビゲーム … 17
連れて行く … 58	できもの … 303	テレビ受信料 … 34
連れてくる … 56	～できる … 63	テレビ付き … 23
て	手首 … 107	テレビで映画を観る … 25
手 … 107	でこぼこの … 85	テレビニュース … 34
出会い … 239	手ごろな値段の … 51	テレビを観る … 11
出会う … 60	デジタルカメラ … 173	貂（てん）… 12
DNA … 270	手品 … 252	転移 … 30
ティーサロン … 156	手数料 … 88	店員 … 22
Tシャツ … 119	デスクスタンド … 170	(王族、皇族に)～殿下 … 3
DVDプレーヤー … 173	デスクトップ … 188	電化製品売り場 … 22
ティーポット … 159	すり … 165	てんかん … 30
ディーラー … 335	手相占い … 252	伝記 … 24
定員 … 202	手帳 … 183	天気が悪い … 25
帝王切開 … 312	鉄 … 267	電気技師 … 18
低気圧 … 259	哲学 … 180	電気シェーバー … 17
締結 … 344	鉄筋コンクリートの … 163	電気ストーブ … 17
帝国 … 91	鉄鋼業 … 336	電機店 … 18
低脂肪乳 … 146	鉄柵 … 167	電球 … 17
ディジョン … 100	デッサン … 251	天気予報 … 25
ディスクドライブ … 188	撤退 … 347	天気予報コーナー … 34
ディスプレー … 188	手伝う … 56	転勤 … 34
ティッシュペーパー … 129	鉄道 … 198	天候 … 25
ディナーショー … 233	鉄道員 … 184	電子マネー … 8
丁寧な … 49	徹夜する … 83	電車 … 19
定年後世代 … 40	テニス … 228	天井 … 16
停泊する … 213	手荷物 … 196	添乗員 … 23
ディフェンダー … 230	手荷物一時預かり所 … 197	電子レンジ … 16
堤防 … 263	手のひら … 107	電信振替 … 21
低家賃住宅 … 162	手の指 … 107	伝染病 … 30
ティンパニ … 245	デパート … 187	天体 … 26
データ … 189	手袋 … 122	電卓 … 18
デートをする … 115, 238	手袋店 … 186	転地療法 … 30
テーブル … 168	デフレ … 333	点滴 … 30
テーブルクロス … 158	テヘラン … 104	点滴注入器 … 30
テールランプ … 210	出迎える … 57	テント … 22
デオドラント … 129	デモ … 346	テントウ虫 … 28
手形 … 215	テラス … 164	天然繊維 … 12
手形割引 … 215	テリーヌ … 135	天皇 … 9
手紙 … 216	デリバティブ … 334	天王星 … 26
デカルト … 254	テレアビブ … 104	転覆する … 21
できそこないの … 53	テレビ … 172	添付ファイル … 19

語	ページ
～んぶん	271
～報	217
～望台	219
～ンマーク	93
～ンマーク人	97
～文学	181
～文台	269
～覧会	237
～話	172
～話する	56, 115
～話をかける	60
～(気温、角度など)	87

と

語	ページ
～ア	162, 204
～イツ	92
～イツ人	96
～イレ	164
～イレ付き	235
～イレに行く	114
～等	236
～胴	267
～唐衣装	310
～どういたしまして	34
～党員	325
～トゥールーズ	100
～唐辛子	155
～唐辛子のきいた	132
～投函する	216
～投機	334
～陶器製の	159
～同居人	78
～同窓	237
～峠	261
～道経	81
～陶芸	253
～倒産	339
～投資	334
～冬至	71
～湯治	305
～党首	325
～搭乗ゲート	195
～搭乗券	195

語	ページ
同情心	45
登場人物	249
搭乗する	195
同性愛	39
同棲中の	78
当選者	327
灯台	213
到着する	56
どうってことありません	35
糖尿病	299
投票	327
投票用紙	327
動物	284
(人間以外の)動物	284
動物園	224
動脈	110
動脈硬化	299
透明の	83
同盟	345
銅メダル	229
どうもありがとう	34
とうもろこし	141
東洋の	81
同僚	238
道路散水清掃車	205
道路標識	209
童話	249
遠くに	80
トーシューズ	247
トースター	172
トーナメント	231
ドーバー海峡	265
ドーピング	227
通り	206
通る	59
都会人	218
トカゲ	282
尖った	85
ときどき	75
ときには	75
土器の	159
ドキュメンタリー	349

語	ページ
ドキュメンタリー映画	240
毒	319
特技	252
毒殺する	319
特集	240
特殊効果	241
特殊な	52
読書	253
読書する	115
独身の	78
得点	231
特派員	349
とげ	273
時計店	186
ドゴール	323
ところで	55
登山靴	121
年上の	38
年下の	38
年の初め	71
土砂崩れ	316
土壌汚染	317
図書館	178
閉じる	58
年をとった	51
土星	268
特急列車	198
突然変異	270
とっつきにくい	44
突風	259
トップページ	190
土手	263
とても	54
とどまる	60
ドナー	307
隣に	80
とにかく	55
トパーズ	124
トビ	281
飛び級する	179
飛び込み	227
ドビッシー	255

土木工学	181	
トマト	140	
トマトサラダ	134	
止まる	203	
止める	56	
友だち	238	
友だちとおしゃべりする	115	
友だちの家へ寄る	114	
友だちを招く	253	
土曜日	72	
虎	284	
トライアスロン	226	
トライアングル	245	
ドライバー	175, 206	
ドライブ	225	
ドラクロワ	255	
トラスト	338	
トラック	205	
トラック競技	226	
ドラッグストアー	186	
ドラッグする	190	
トラックの運転手	206	
トラックレース	211	
トラベラーズチェック	88	
ドラマ	246	
ドラム	245	
(車の)トランク	205	
トランク	233	
トランクス	120	
トランプ占い	252	
トランプをする	252	
トランペット	244	
鳥	280	
トリートメント	223	
取り付ける	59	
砦	236	
ドリブル	230	
トリュフ	141	
ドリル	175	
とりわけ	54	
ドル	88	
トルコ	94	

トルコ人	98
トルソー	251
トレイ	158
トレーラー	204
トーチ	310
とろっとした	132
とろ火で煮込む	139
トロリーバス	202
トロンボーン	244
トン	86
鈍痛	302
トンネル	208
トンボ	283
内科	292

な

内閣	324
内視鏡	304
内需	333
内戦	346
内線	235
ナイチンゲール	280
ナイトガウン	120
ナイトクラブ	156
ナイフ	159
内服薬	310
内部に	81
内務省	322
ナイロン	126
長い	85
長い顔	42
長い髪	42
長イス	168
流し	167
長そで	119
仲直りする	239
中に	80
中庭	163
仲のよい	239
仲の悪い	239
仲間	238
長枕	169
流れ	262

流れ星	26
流れる	26
泣く	10
なす	14
なぜならば	5
菜種	27
なたね油	14
雪崩（なだれ）	31
夏	7
名付ける	3
夏時間	7
ナット	17
ナツメヤシ	14
ナプキン	15
鍋つかみ	16
ナポリ	10
ナポレオン１世	25
名前	3
名前を持つ	3
生クリーム	14
怠け者	4
ナマコ	28
生ハム	13
生ビール	15
生放送	34
生焼けの	13
生野菜	13
鉛	26
波	26
並木道	20
涙	11
なめし革	12
滑らかな	85
悩んでいる	49
なら	274
なる	62
南極	90
南京錠	166
軟膏	311
なんですって？	55
なんでもありません	34
ナント	100

んということだ。 …… 55	日程 …… 232	妊娠状態 …… 312
人か …… 36	似ている …… 60	妊娠証明書 …… 313
ンバープレート …… 206	2等 …… 200	妊娠中絶 …… 313
ンパする …… 239	2倍 …… 69	にんにく …… 141
破する …… 213	日本 …… 94	妊婦 …… 312
仏の …… 81	日本人 …… 98	任命 …… 324
民 …… 347	日本列島 …… 265	ぬいぐるみ …… 171
（に）似合う …… 57	荷物 …… 195	**ぬ**
に	荷物入れ …… 196	縫う …… 117
ース …… 100	荷物受取所 …… 197	ヌーボーロマン …… 249
ースの人 …… 101	荷物の引換券 …… 197	ヌガー …… 151
ース風サラダ …… 134	入院 …… 306	沼 …… 262
OK …… 164	乳液 …… 128	濡れている …… 52
い …… 132	入学志願者 …… 176	根 …… 273
月 …… 70	入学試験 …… 176	**ね**
通った …… 53	入居 …… 163	値動き …… 335
…… 136	入国カード …… 197	ネクタイ …… 122
感的な …… 43	乳歯 …… 308	ネクタイピン …… 122
しみ …… 45	乳児 …… 40	ネグリジェ …… 120
汁 …… 137	二卵性双生児 …… 41	猫 …… 286
汁をかける …… 139	入場無料 …… 237	ねじ …… 175
ひき器 …… 161	入場料金 …… 237	ネズミ …… 286
コチン中毒 …… 315	乳製品店 …… 157	値段 …… 220
…… 81	ニューデリー …… 104	値段が高い …… 51
シキヘビ …… 283	ニューヨーク …… 105	値段が安い …… 51
の …… 81	尿検査 …… 304	熱 …… 294
週間後 …… 73	尿毒症 …… 299	熱愛する …… 56
食付き …… 234	煮る …… 138	熱気 …… 71
シン …… 144	にれ …… 274	ネックレス …… 124
にする …… 63	庭 …… 163	熱帯 …… 90
台 …… 211	にわか雨 …… 259	熱帯植物 …… 272
段ベッド …… 169	にわとこ …… 278	ネット …… 228
日後 …… 73	人 …… 86	ネットサーフィンをする …… 115
常生活 …… 114	任期 …… 327	値引き …… 221
没 …… 75	人気ダンサー …… 247	寝袋 …… 225
日前 …… 73	人形 …… 171	値札 …… 221
曜日 …… 72	人形劇 …… 224	ネフローゼ …… 299
曜大工 …… 116	人間 …… 37	眠る …… 115
曜大工をする …… 169	妊娠 …… 312	寝る …… 115
刊新聞 …… 348	にんじん …… 141	念願する …… 60
射病 …… 296			ねんざ …… 303
食 …… 269			年収 …… 340

粘土 … 266	のみの市 … 187	肺結核 … 29
粘膜 … 110	飲み物 … 130	灰皿 … 17
年末 … 71	飲む … 133	廃止 … 32
燃料タンク … 204	飲むことができる … 131	ハイシーズン … 23
燃料を満タンにする … 207	のり … 183	賠償金 … 33
年輪 … 273	乗り遅れる … 203	陪審員 … 33
ノイローゼ … 300	乗り換え … 202	配達 … 21
の	乗り換える … 201	配置する … 16
脳 … 108	乗組員 … 213	配当金 … 33
脳炎 … 296	乗り継ぎ … 197	梅毒 … 30
農家 … 162	乗る … 203	パイナップル … 14
農学 … 181	ノルウェー … 93	ハイパーマーケット … 15
農業 … 336	ノルウェー人 … 97	バイバイ … 3
農業従事者 … 185	ノルディックスキー … 229	売買 … 33
脳外科 … 292	ノルマンディー地方 … 101	バイパス … 20
脳血栓 … 296	のんきな … 47	ハイヒール … 12
脳梗塞 … 296	歯 … 106	俳優 … 24
野兎の肉 … 143	**は**	排卵誘発剤 … 31
脳死 … 307	葉 … 272	入る … 5
脳出血 … 296	バー … 156	パイロット … 19
脳腫瘍 … 296	パーキンソン病 … 296	バインダー … 18
納税者 … 342	ハーグ … 103	ハエ … 28
納税申告書 … 342	バーゲンセール … 230	墓 … 6
納税督促状 … 343	バーチャルカード … 191	破壊する … 6
脳卒中 … 296	パート … 341	歯が痛い … 30
脳軟化症 … 296	ハードウェア … 188	歯が欠けている … 30
脳波 … 304	バードウォッチング … 253	葉書 … 21
脳貧血 … 296	パートナー … 247	バカな … 4
脳膜炎 … 296	ハードル競技 … 226	秤（はかり）… 16
農薬 … 141	ハーブ … 244	バカンス … 7
ノート … 182	ハーフタイム … 230	破毀（はき）院 … 32
ノートパソコン … 188	ハーブティー … 152	吐き気がする … 29
ノートをとる … 59	パーマ … 223	掃（は）く … 11
のこぎり … 174	はい … 35	迫害 … 34
残す … 58	肺 … 109	歯茎 … 30
残る … 60	ハイエナ … 286	博士号 … 17
望む … 57, 63	肺炎 … 295	爆弾 … 31
のど … 106	バイオテクノロジー … 271	白鳥 … 28
のどが渇いている … 130	バイオリン … 244	白糖 … 15
上る … 59	廃墟 … 236	白内障 … 29
ノミ … 283	ハイキング … 224	爆発 … 31
飲み込む … 133	バイク店 … 210	白票 … 32

386

爆薬 … 319	パスポート … 233	花束 … 79
博覧会 … 237	バスローブ … 120	バナナ … 148
刷毛（はけ）… 175	パセリ … 141	花びら … 273
ハゲタカ … 281	パソコン本体 … 188	鼻水 … 110
ハゲツ … 174	バター … 146	花屋 … 186
ハゲット … 157	バター入れ … 158	歯並び … 309
はげている … 42	バターで焼いた … 137	離れ … 165
派遣する … 58	バタフライ … 227	離れる … 60
箱 … 87	働き者 … 44	馬肉 … 142
はさみ … 182	働く … 115	羽根 … 281
橋 … 219	バチ … 245	ハノイ … 104
箸（はし）… 159	8月 … 70	母 … 38
はしか … 294	ハチミツ … 154	パパ … 41
はしご … 175	罰課 … 179	母親の産休 … 313
始まる … 57	ハッカー … 191	ババ抜き … 252
始値 … 334	ハツカネズミ … 286	母の日 … 77
はじめまして … 34	罰金 … 201	ババロワ … 150
始める … 57	バック … 87	パフ … 128
パジャマ … 120	パック（美容）… 129	パフェ … 151
派出所 … 322	バックスキンの … 127	歯ブラシ … 309
破傷風 … 297	バックミラー … 205	バブル … 332
柱 … 166	白血球 … 110	歯巻き … 315
走り高跳び … 226	白血病 … 301	歯磨き … 309
走り幅跳び … 226	発見する … 62	ハムオムレツ … 147
走る … 64	抜糸 … 307	ハムソーセージ盛り合わせ … 134
バジル … 141	発進する … 203	葉むら … 272
橋をかける … 263	バッタ … 282	早起きの … 75
バス … 230	発着時刻表 … 200	早く … 75
パスカル … 254	バッテリー … 204	腹 … 107
バスク地方 … 101	発展途上国 … 91	ばら … 278
バスケットシューズ … 121	一発の … 201	払い込む … 215
バスケットボール … 228	パテ … 134	払い戻し … 221
パスタ … 137	派手な … 53	バラエティー … 349
バスターミナル … 202	鳩 … 280	腹が出ている … 42
バスツール … 255	鳩の肉 … 142	パラグライダー … 225
バス付き … 235	波止場 … 213	パラリンピック … 229
バス停 … 202	バドミントン … 228	パリ … 100
パスティス … 153	花 … 276	バリウム … 304
パステル画 … 137	鼻 … 106	バリカン … 222
バスの回数券 … 201	鼻が詰まる … 295	パリ区役所 … 323
バスの切符 … 201	花が咲く … 61	ハリケーン … 259
バスの定期券 … 201	話す … 219	パリ交通公団 … 198

語	ページ
パリ市役所	323
パリ・ダカール	77
鍼治療	305
パリの人	101
パリ・ブレスト	150
春	70
バルコニー	164
バルザック	254
バルセロナ	102
腫れ	297
バレエ	247
バレエシューズ	121
バレエ団	247
バレーボール	228
パレスチナ	94
パレスチナ人	98
晴れている	258
腫れ物	303
バレル	87
ハロウィーン	77
バロック	251
歯を抜く	308
歯を磨く	114
晩	74
版画	251
ハンカチ	123
ハンガリー	92
ハンガリー人	96
パンク	209
番組	349
番組表	349
判決	330
バンコク	104
判事	329
半熟卵	147
番線	201
伴奏	242
絆創膏	303
反則	227
半そで	119
ハンチング	122
パンツ	118
パンティーストッキング	120
ハンド	231
半島	264
ハンドバッグ	123
ハンドボール	228
ハンドル	204, 210
ハンドルバー	210
犯人	319
万能細胞	271
バンパー	205
ハンバーグステーキ	136
パンプス	121
ハンブルク	102
パンフレット	233
半分	69
ハンマー投げ	226
パン屋	157
反乱	346
万力	174
日	72

ひ

語	ページ
ピアス	124
ピアノ	245
ヒース	278
ビーチパラソル	237
ビーバー	286
ピーマン	140
ひいらぎ	278
ビール	153
ビール等の栓抜き	159
ビール用ジョッキ	158
ビオヨーグルト	146
ビオラ	244
(具体的な) 被害	316
被害妄想	300
控えめな	46
東	81
東の	81
皮革	127
皮革製品店	187
悲観主義者	46
ヒキガエル	286
引き算	69
干き潮	265
引き出し	168
引き出す	214
引き止める	62
低い	84
低い鼻	42
ピクニック	224
悲劇	248
否決する	325
ひげを剃る	114
飛行機	194
膝 (ひざ)	10
ピザ	137
肘	10
ひじ掛けイス	168
ビジネスクラス	197
美術	251
批准	347
秘書	183
非常口	197
非常に	57
非常においしい	133
美食	133
ヒスイ	127
ビスク	137
ビスケット	151
ビストロ	155
ビズをする	238
微生物	271
被選挙権	325
額	10
ビタミン	271
左に	82
悲嘆に暮れている	48
ひっかき傷	303
羊	284
羊のもも肉	141
ヒッチハイク	222
ピッチャー	159
～(する)必要がある	63
～(が)必要だ	63

見出し	ページ
必要な	52
必要不可欠な	52
ビデ	167
ビデオカメラ	173
ビデオデッキ	173
ひとロケーキ	151
一組（ハサミ、靴など）	87
ヒトコブラクダ	284
人質	319
人付き合いのよい	49
ヒトデ	287
人々	36
人々は	36
一人っ子	38
一人分の席	135
ひな	
ひなぎく	278
非難	239
避難民	316
ビニール	127
ビニール袋	220
泌尿器科	293
泌尿器科医	293
妊娠	313
非のうちどころのない	53
日の出	74
皮膚	223
ヒバリ	280
皮膚	108
皮膚炎	297
皮膚科	292
皮膚科医	292
被扶養者	40
暇つぶし	252
ヒマラヤ杉	274
ひまわり	278
ひまわり油	147
暇	314
肥満した	42
ヒメジ	144
125cc以下のバイク	210
125cc以上のオートバイ	210

見出し	ページ
百日咳	294
日焼け	237
ヒヤシンス	278
ヒューズ	173
ピューレ	155
ビュッフェ車両	199
ヒョウ	284
美容院	222
氷河	261
費用がかかる	51
病気	294
表札	166
表示する	190
美容師	222
病室	293
病棟	293
病人	291
漂白する	117
表明する	57
日除け	167
ひよこ	281
ひよわな	43
平泳ぎ	227
ぴりっと辛い	132
ビリヤードをする	252
肥料	277
ビル	162
ビル	313
昼顔	278
昼寝をする	114
昼の12時に	74
昼も夜も	74
比例代表制	326
卑劣な	45
広い	85
ビロード	126
広口瓶	158
広場	219
瓶	87, 158
便	194
ピン	124
ピンクの	82

見出し	ページ
貧血	314
品質	221
貧乏な	89
ファーストクラス	196

ふ

見出し	ページ
ファーストフード店	156
ファイバースコープ	304
ファイル	189
ファゴット	244
ファッションデザイナー	185
ファッションモデル	185
ファンデーション	128
不安な	49
ファンヒーター	172
フィールド競技	226
フィギュアスケート	229
フィットネス	315
ブイヤベース	137
ブイヨン	155
ブイヨンを作る	139
フィレ	143
フィレンツェ	102
フィンランド	93
フィンランド人	97
封切り	240
風景画	250
ブーケガルニ	154
風疹（ふうしん）	294
風速	259
ブーツ	121
封筒	216
フードプロセッサー	161
夫婦	39, 238
風味	133
風味のある	133
フーリガン	230
フェイクファー	127
フェーン現象	259
ブエノスアイレス	105
フェリー	212
フェルトペン	182
フォーク	159

フォックス … 127	婦人科 … 292	ブドウ糖 … 27
フォルダー … 189	婦人科医 … 293	ブドウの木 … 149
フォワード … 230	不信任案 … 326	ブドウの種 … 149
フォワグラ … 135	ブス … 43	ブドウの粒 … 149
フォンダンショコラ … 150	不誠実な … 47	ブドウの房 … 149
フォンドボー … 137	不整脈 … 295	ブドウ畑 … 149
フォンを作る … 139	武装解除 … 347	太っている … 43
深い … 52	ふた … 161	太もも … 107
不快な … 44	舞台 … 246	フロント係 … 233
付加価値税 … 221	舞台監督 … 246	ぶな … 279
不可能な … 51	舞台照明 … 246	船着場 … 213
不完全な … 53	舞台装置 … 246	船便で … 217
吹き替え … 240	舞台そで … 247	不妊症 … 311
吹き出物 … 303	双子 … 41	船 … 213
不況 … 332	フタコブラクダ … 284	部分敷きのジュウタン … 170
不器用な … 49	2つ星ホテル … 234	不法労働をする … 8
不器量な … 43	豚肉 … 142	不満な … 44
布巾 … 174	豚肉店 … 157	踏み切り … 199
布巾でふく … 116	ブダペスト … 103	不眠症 … 303
拭（ふ）く … 116	2部屋以上のマンション … 162	譜面台 … 244
福音書 … 351	縁なし帽 … 122	冬 … 75
複合 … 229	部長 … 340	フュエールタンク … 211
複合企業 … 338	普通列車 … 198	扶養者 … 4
複雑な … 51	物価 … 332	腐葉土 … 7
副作用 … 310	物価指数 … 332	フライにした … 13
福祉国家 … 343	復活祭（春分後最初の満月の	フライパン … 160
服地店 … 186	次の日曜日）… 76	ブラインド … 169
副署する … 88, 215	復活祭おめでとう！ … 35	ブラウザ … 191
腹痛 … 298	復活祭翌日の月曜日 … 76	ブラウス … 111
服のサイズ … 119	二日酔いをする … 131	プラグ … 170
副鼻腔炎 … 295	仏教 … 350	ブラジャー … 122
ふくらはぎ … 108	仏教徒 … 350	ブラジル … 96
複利 … 214	ブッシュ・ド・ノエル … 150	ブラジル人 … 96
袋 … 87	物理学 … 181	ブラシをかける … 116
フクロウ … 280	仏領アンティル諸島 … 265	プラスチック製の … 154
服を着る … 114	ふで箱 … 183	プラタナス … 279
服を作る … 253	太い … 84	プラチナ … 129
不健康な … 314	ブドウ … 149	ブラッサンス … 255
藤 … 279	ブドウ栽培 … 149	フラッシュ … 255
不幸せな … 48	不動産業 … 337	プラネタリウム … 259
不治の … 305	不動産業者 … 165	プラハ … 103
不正直な … 46	不動産屋 … 187	ぶらぶら歩く … 219

項目	ページ
プラム	149
プラムの木	275
フランクフルト	102
フランス	92
フランス・ガス公社	322
フランス企業運動（フランスの経団連）	337
フランス銀行	335
フランス国有鉄道	198
フランス語圏アフリカ	105
フランス人	96
フランス・テレコム	322
フランス電力公社	322
フランス南部	81
フランス北部	81
フランソワ1世	254
プランター	277
ブランド	220
ブリー	147
フリーキック	231
ブリーフ	223
ブリーフ	120
ブリーフケース	123
ブリオッシュ	157
振替	214
振込	215
振り込む	215
振りっ子	239
ブリュッセル	103
不良品	221
プリンター	189
ふるい	160
古い	51
プルースト	254
フルート	244
ブルーベリー	149
ブルガリア	93
ブルガリア人	97
ブルゴーニュ地方	101
ブルゾン	118
ブルターニュ地方	101
ブルターニュ地方の人	101
ブルドッグ	285
プルトニウム	267
無礼な	49
ブレーカー	173
ブレーキ	204
ブレーキをかける	207
プレーンオムレツ	147
ブレザー	118
フレスコ画	250
ブレスト	100
ブレスレット	124
プレゼント	79
フレックスタイム	341
フレッシュチーズ	147
触れる	60
フレンチドレッシング	154
フロアスタンド	170
ブロー	223
ブローチ	124
ブロードバンド	191
ブログ	190
プログラマー	184
プロセスチーズ	147
ブロッコリー	140
フロッピーディスク	189
プロテスタント	350
プロテスタントの信者	350
プロデューサー	241
風呂に入る	115
プロバイダー	191
プロバンス地方	101
プロペラ機	195
フロマージュブラン	151
フロント	234
フロントブレーキ	210
噴火	316
文学	180
文学賞	249
文学双書	248
文芸欄	348
文書	189
噴水	219
紛争	346
分度器	183
分泌	110
文房具店	186
分与	331
分離課税	343
ヘアカット	222

へ

項目	ページ
ヘアスタイル	222
ヘアスプレー	129
ヘアダイ	223
ヘアトニック	129
ヘアピン	222
ヘアブラシ	129, 222
(君主に)～陛下	37
平原	261
平日	76
平方メートル	86
平凡な	50
ベーコンエッグ	147
ベージュの	82
ペーストする	190
ヘーゼルナッツ	149
ペーパータオル	161
ペーパーナイフ	183
壁灯	170
北京	104
ヘクタール	86
ベゴニア	279
へこんだ	85
ベジャール	255
ベスト	118
ペスト	301
ベストセラー	249
ペダル	211
ペタンクをする	252
ヘッジファンド	334
別荘	162
ベッド	169
ベッドカバー	169
ベッド台	169
ヘッドフォン	196

語句	ページ
ベッドメイキングする	169
ヘッドライト	205
別の	53
ヘディング	231
ベトナム	94
ベトナム人	98
ペナルティーキック	231
ベニス	102
ベネズエラ	95
ベネズエラ人	99
蛇	283
ベビーベッド	117
へび革の	127
へまな	49
(1つ1つの) 部屋	164
部屋履き	121
へら	175
ベラドンナ	279
ベランダ	164
ペリカン	281
ヘリコプター	195
ベルギー	92
ベルギー人	96
ベルギーのフランス語地域	103
ペルシャ猫	286
ベルト	122
ヘルニア	297
ヘルペス	301
ヘルメット	211
ベルリオーズ	254
ベルリン	102
ベルン	102
ベレー帽	122
ペン	182
ペンキ	175
勉強する	58, 115
編曲	243
ペンキを塗る	169
ペンギン	281
変更する	195
弁護士	184
弁護する	329
返済	215
編集	241
編集者	348
変速機	211
ペンダント	124
ベンチ	219
ベンチ	175
弁当	130
扁桃腺炎	295
変動相場制	335
ペンネーム	37
便秘	298
便利な	52
弁論	330
帆	213

ほ

語句	ページ
ボア	283
保育器	313
(議員からの) 法案	325
(政府からの) 法案	325
貿易	333
望遠鏡	269
法王	351
砲丸投げ	226
方眼ノート	182
ほうき	174
放棄	331
蜂起	346
芳香	133
膀胱炎	299
帽子	122
帽子店	186
放射性廃棄物	317
放射性物質	267
放射線治療	305
宝飾品	125
法人	338
宝石	124
宝石店	187
宝石箱	125
放送局	348
包装する	221
包帯	30
棒高跳び	22
包丁	15
法廷	32
法典	32
報道	34
暴騰	33
暴動	34
防波堤	21
暴落	33
法律	32
法律学	18
暴力行為	31
ボウリングをする	25
ほうれん草	14
吠える	28
頬	10
ボーイフレンド	23
ポーカーをする	25
ホース	17
ポーター	23
ポーチドエッグ	14
ボート	20
ボーナス	34
ほお紅	12
ホーム	20
ホーム入口	20
ホームドクター	29
ポーランド	9
ポーランド人	9
(大きな) ボール	22
(小さな) ボール	22
ボールペン	18
保温トレー	16
北緯	8
ボクサー	22
(プロテスタントの) 牧師	35
ボクシング	22
牧畜業	33
ポケット	11
ポケットチーフ	12
ほこりを払う	11

欲しい … 63	ポプラ並木 … 275	マウス … 189
星占い … 252	微笑む … 64	マウスピース … 245
保持する … 58	ホメオパシー療法 … 305	マウンテンバイク … 211
募集 … 341	ほめる … 59	前髪 … 222
保守政党 … 325	〜（を）ほめる … 239	前髪をそろえる … 222
保証書 … 125	ほら … 57	前に … 80
保証人 … 215	ほら話 … 47	前の土曜日に … 72
ポスト … 216	ボランティア … 347	曲がる … 207
ボストンバッグ … 123	オリーブ … 299	巻き毛 … 222
ホスピス … 290	ポリエステル … 127	幕 … 247
囲い … 84	ボルト … 175	幕間 … 247
ホソスズキ … 144	ボルドー … 101	枕 … 169
保存する … 190	ポルトガル … 92	枕カバー … 169
ポタージュ … 134	ポルトガル人 … 96	マグレブ（アフリカ北西部）… 90
菩提樹 … 274	ホルン … 244	マグレブ人 … 99
帆立貝 … 145	ボレー … 231	マグロ … 144
ボタン … 122	ポロシャツ … 119	マケドニア … 93
牡丹 … 279	幌つき乳母車 … 117	マケドニア人 … 97
墓地 … 79, 219	ほろほろ鳥の肉 … 142	マコガレイ … 144
補聴器 … 111	ほろ酔いの … 83	孫息子 … 39
北極 … 90	ポワレ … 137	孫娘 … 39
ホッケー … 228	本 … 348	まじめな … 45
発作 … 294	香港 … 104	マス … 145
まっそりしている … 42	本社 … 339	まず … 55
ホッチキス … 183	本籍地 … 197	まずい … 132
ぽっちゃりした … 42	本棚 … 166	マスカラ … 128
ホットワイン … 153	盆地 … 261	マスタード … 154
ポップス … 242	本店 … 339	マスト … 213
ホテル … 234	ポンド（イギリスの）… 88	マスメディア … 348
歩道 … 218	本当？ … 55	まだ … 54
歩道橋 … 218	ボンネット … 205	また明日 … 35
ポトフー … 136	本物の … 125	また近いうちに … 35
ほとんど … 54	翻訳する … 64	町 … 218
ポニーテール … 222	ボンレスハム … 134	待合室 … 200
母乳 … 313	マーカー … 178	間違える … 60
哺乳びん … 117	**ま**	マチス … 255
ほ乳類 … 284	まあまあです … 34	松 … 274
骨 … 108	枚 … 87	待つ … 62
骨付きあばら肉 … 143	マイクロバス … 202	まつげ … 107
（子牛、豚などの）骨付きあばら肉 … 143	埋蔵量 … 267	マッサージ … 223
	毎日 … 75	マッシュルーム … 141
ポプラ … 274	マイル … 86	マットレス … 169

松葉杖	303	
松林	275	
祭	77	
窓	163	
窓側	196	
窓際	201	
マドリッド	102	
まな板	160	
学ぶ	62	
マニキュア	128	
マニキュアを塗る	223	
マニュアル車	204	
招く	58	
マヒしている	111	
マフラー	122	
(車などの) マフラー	210	
ママ	41	
ままごとの道具	171	
～(の) ままでいる	62	
マムシ	283	
間もなく	75	
麻薬	315	
麻薬常習者	315	
眉	107	
繭 (まゆ)	283	
眉墨	128	
マヨネーズ	154	
マラソン	226	
マラリア	301	
マリー=アントワネット	254	
マリネした	135	
マリネする	139	
丸い	84	
丸顔	42	
マルセーユ	100	
マルセーユの人	101	
マルセル・マルソー	255	
マルディ・グラ	77	
マルティニ	153	
マロニエ	275	
周りに	80	
マンガン	267	

満期	214	
慢性の	299	
満足している	48	
マンドリン	244	
真ん中に	80	
万年雪	261	
味覚	111	
み		
三日月	268	
ミカン	148	
幹	272	
ミキサー	161	
右に	80	
ミサ	351	
岬	264	
短い	85	
短い髪	42	
惨めな	50	
未熟児	312	
ミシン	172	
水	152	
湖	262	
水着	120	
水切り	160	
水薬	310	
水差し	159	
水鳥	280	
水ぶくれ	303	
水不足	316	
水ぼうそう	297	
店	187	
未成年	41	
未成年の	41	
店の主人	220	
見せる	59	
見出し	348	
満たす	61	
満ち潮	264	
三つ編み	222	
見つける	61	
三つ子	41	
ミッドフィルダー	230	

蜜蜂	283	
ミディアム	145	
緑色の	87	
港	213	
南	81	
南の	81	
南半球	90	
ミニスカート	119	
身につけている	59	
身につける	63, 119	
ミニバー	235	
身代金	319	
見本	220	
見本市	237	
耳	106	
耳あか	297	
耳が聞こえない	111	
ミミズ	283	
ミミズク	280	
ミモザ	275	
脈拍	294	
ミュージカル	246	
ミュンヘン	102	
名字	37	
ミラノ	102	
ミラノの人	103	
ミリメートル	86	
魅力的な	43	
観る	60	
見る	64	
ミルクコーヒー	152	
ミルフィーユ	135, 150	
民営化	339	
民間人	346	
民間療法	279	
ミンク	127	
民事訴訟	329	
民事被告人	330	
民宿	234	
ミント	155	
ミントティー	152	
みんな	36	

放	349
法	328
謡	242
ース	150

む

ール貝	145
える	64
,カついている	49
,わら帽子	122
,口な	44
くみ	297
効票	327
罪放免	330
,ざされ	297
煮蒸する	139
,歯	309
蒸焼き用両手鍋	161
無重力	269
無色の	83
無所属の	325
無神論者	350
,しい	51
息子	38
娘	38
無駄な	53
ムチ打ち症	303
無知な	43
無痛分娩	312
ムニエルにした	137
胸	107
束	162
無名の	53
夢遊病	300
村	218
紫色の	82
村人	218
無理して笑う	83
無料診療所	290
芽	272

め

姪（めい）	39
名所	232

迷惑メール	191
メインディッシュ	136
牡牛肉	142
メーキャップベース	128
（タクシー）メーター	203
メーター	210
メーデー（5月1日）	76
メートル	86
メーリングリスト	191
メールアドレス	191
メールを送る	115
眼鏡	122
眼鏡店	186
目が見えない	111
メキシコ	95
メキシコ人	99
メキシコシティー	105
目薬	311
目覚まし時計	169
目覚める	114
雌鹿	285
雌しべ	273
雌ヤギ	285
雌ラバ	284
メッカ	104
メッセージ	191
めまいがする	295
メモパッド	183
メモリーカード	237
メリークリスマス！	35
メリーゴーランド	224
メルボルン	104
メレンゲ	151
メロドラマ	246
メロン	148
免疫	307
面会謝絶	306
免除	343
免状	179
免税手続きカウンター	195
免税の	221
免税品	196

面積	87
めん棒	160
めん類	137
～も	54

も

モイスチャークリーム	128
猛暑	71
もうすぐ	75
盲腸	109
盲腸炎	298
毛布	169, 196
網膜はく離	297
モーグル	229
モーターボート	212
モーテル	234
モーニングコール	235
目撃者	319
木星	268
木造の	163
目的地	232
木馬	171
木曜日	72
モグラ	286
木蓮	279
モスク	236
モスクワ	103
モスクワの人	103
モダンダンス	247
もちろんです	35
持つ	62
持っていく	59
持っている	59
持ってくる	56
モップ	174
モデル	250
モトクロス	211
戻る	62
モニター	188
モネ	255
（屋根裏の）物置	165
物置部屋	165
ものもらい	296

モノレール	198	夜行列車	199
喪服	119	野菜	140
もみの木	274	野菜くりぬき器	161
もめごと	318	野菜の皮をむく	138
桃	148	易しい	51
もも肉	143	椰子の木	275
桃の木	275	夜食	130
森	261	野心家	47
盛り付け	139	やすり	175
モルモット	287	やせている	42
もろい	85	やせる	61
モロッコ	95	家賃	163
モロッコ人	99	薬局	310
門	162	野党	325
紋甲イカ	145	家主	165
モンシロチョウ	282	屋根	163
モントリオール	105	屋根裏部屋	165
文部省	322	破る	57
モンブラン	150	山	260
やあ	34	やまうずらの肉	143

や

八百屋	156	山火事	316
やかん	160	ヤマシギ	143
焼き網	160	山のふもと	260
焼き串	159	ヤリイカ	145
焼き付け	253	軟らかい	84
山羊のチーズ	147	柔らかいフィレ	143
野球	229	遺言	79
焼く	138, 189		

ゆ

役	246	憂鬱な	48
薬学	181	USBメモリー	189
薬剤師	310	遊園地	224
役者	246	誘拐	319
約10	69	有害物質	317
薬草	279	有価証券	334
約束する	63	夕方	74
約束手形	215	勇気がある	45
役に立つ	53	有機肥料	141
薬物依存症	300	有限会社	338
矢車草	279	有効投票	327
焼けすぎ	133	ユーゴー	254
やけど	297	有罪	330
		融資	215

友情	23
夕食	13
夕食の支度をする	11
夕食をとる	11
ユースホステル	23
郵政省	32
郵送料込みの封筒	
Uターン禁止	20
郵便受け	16
郵便為替	21
郵便局	32
郵便局員	21
郵便配達人	21
郵便番号	21
郵便物	21
郵便振替	21
郵便振替口座	21
郵便料金	21
有名な	5
遊覧船	212
ユーロ	8
ユーロスター	19
ユーロ高	33
誘惑する	23
誘惑的な	4
床	16
雪が降る	258
輸血	307
輸出産業	337
ユダヤ教祭司	351
ユダヤ教徒	350
ユダヤ人	97
ゆでてアクを抜く	139
ゆで煮する	139
ゆでる	139
ユニセフ	345
ユネスコ	345
指輪	124
弓	245
弓形の	85
百合	279
ゆりかご	117

す ……………………… 63	夜中 ……………………… 74	ラビオリ ……………… 137	
い一日を ……………… 35	ヨハネスブルグ ……… 105	ラベル ………………… 183	
よ	呼ばれる ………………… 37	ラベル（人名）………… 255	
い香りのする ………… 133	呼び鈴 ………………… 166	ラベンダー …………… 279	
い午後を ……………… 35	呼ぶ ……………………… 56	ラム …………………… 142	
い夜を ………………… 34	予防接種 ……………… 301	蘭 ……………………… 279	
革の …………………… 127	予約 …………………… 135	欄干 …………………… 219	
疑者 …………………… 319	予約する ………………… 62	乱視 …………………… 111	
気な ……………… 45, 48	予約窓口 ……………… 200	ランス ………………… 100	
子 ………………………… 38	より好む ………………… 59	ランドセル …………… 183	
女 ………………………… 39	夜の12時に …………… 74	ランドリーサービス … 235	
氷 ……………………… 312	よろい戸 ……………… 167	ランプの傘 …………… 170	
積 ………………………… 87	喜んでいる ……………… 48	乱暴な …………………… 46	
稚園 …………………… 176	弱火で蒸し煮する …… 138	リーグ戦 ……………… 231	
稚園の先生 …………… 177	ラード ………………… 146	**り**	
虫 ……………………… 283	**ら**	リール ………………… 100	
梨 ……………………… 148	雷雨 …………………… 259	リウマチ ……………… 297	
ナシの木 ……………… 275	ライオン ……………… 284	利益 …………………… 333	
(の)ように思われる … 63	来週 ……………………… 73	リエット ……………… 135	
(の)ように見える …… 63	ライター ……………… 171	リオデジャネイロ …… 105	
年期 …………………… 40	ライダー ……………… 210	理解する ………………… 62	
品店 …………………… 186	ライトバン …………… 202	リキュール …………… 153	
服売り場 ……………… 220	ライ麦パン …………… 157	陸上競技 ……………… 226	
量 ……………………… 310	落選 …………………… 327	陸地 …………………… 260	
ーグルト ……………… 146	落選者 ………………… 327	リクライニングシート … 202	
ーグルトメーカー …… 161	楽天家 …………………… 46	リクライニングチェアー … 168	
ーロッパ ………………… 90	ラグビー ……………… 228	離婚 ……………………… 79	
ーロッパ人 ……………… 97	落葉樹 ………………… 272	り災者 ………………… 316	
ーロッパ共通参照枠 … 179	ラケット ……………… 228	リサイタル …………… 242	
金 ……………………… 214	ラジオ ………………… 173	リシュリュー ………… 254	
金通帳 ………………… 214	ラジオを聴く ………… 115	リス …………………… 286	
く考える ………………… 61	ラジカセ ……………… 173	リスボン ……………… 102	
室 ……………………… 164	らせん状の ……………… 84	リズム ………………… 243	
槽 ……………………… 166	ラタトゥイユ ………… 136	リゾート地 …………… 233	
告編 …………………… 240	落花生 ………………… 149	利息 …………………… 214	
れている ………………… 53	落花生油 ……………… 146	立候補者 ……………… 326	
算案 …………………… 325	ラッコ ………………… 287	立証する ……………… 329	
選 ……………………… 231	ラッシュアワー ……… 203	リットル ………………… 86	
だれかけ ……………… 117	ラテン人 ………………… 97	リップクリーム ……… 128	
ヨット ………………… 212	ラテンアメリカ ………… 90	リップグロス ………… 128	
党 ……………………… 324	ラテンアメリカ人 ……… 99	立法メートル …………… 86	
どんでいる …………… 263	ラバト ………………… 105	リトアニア ……………… 92	

リトアニア人 … 96	旅行かばん店 … 187	ル・マン24時間 … 7
リトグラフ … 251	旅行者 … 232	レア … 14
離乳 … 313	旅行傷害保険 … 233	

れ

リハーサル … 243	旅費 … 233	冷酷な … 4
リハビリテーション … 307	リヨン … 100	冷蔵庫 … 17
リフト … 237	リヨンの人 … 101	冷凍庫 … 17
リブロース … 143	リラ … 274, 279	冷凍食品 … 13
リモコン … 172	離陸 … 195	礼拝堂 … 23
流域 … 262	利率 … 214	レイプ … 31
流行遅れの … 53	履歴書 … 341	礼服 … 11
流産 … 312	臨海学校 … 232	レインコート … 11
留置 … 319	林間学校 … 232	レーシングシャツ … 21
流通証券 … 334	林業 … 336	レーシングドライバー … 20
留年する … 179	リンク … 191	レーシングパンツ … 21
リュックサック … 123	リンゴ … 148	レース … 12
理容院 … 222	リンゴの木 … 275	レーヨン … 12
領海 … 93	リンゴ畑 … 275	歴史学 … 18
両替所 … 197	臨床医 … 291	歴史小説 … 24
両替する … 88	臨床検査所 … 290	レコード店 … 18
両側に … 80	リンス … 129	レジ … 22
料金所 … 208	りんどう … 279	レシート … 8
料金を支払う … 234	リンパ液 … 110	レジ係 … 22
領空 … 93	リンパ腺 … 110	レシピ … 13
漁師 … 185	淋病 … 301	レシピエント … 30
理容師 … 222	ルイ14世 … 254	レストラン … 15
領事 … 323		レストランシアター … 22

る

領事館 … 323	ルーアン … 100	レスラー … 22
領収書 … 89	ルーズリーフ … 182	レスリング … 22
両親 … 38	ルーブル(ロシアの) … 89	レタス … 14
良性の … 299	ルーマニア … 93	レッカー車 … 20
稜線 … 260	ルーマニア人 … 97	列車 … 19
両手鍋 … 161	ルームサービス … 235	列島 … 26
領土 … 91	ルームメード … 235	レッドカード … 23
両目 … 106	ルール … 227	レバー … 14
料理 … 116, 139	ルーレット … 224	レバノン … 9
(皿に盛られた)料理 … 139	ルクセンブルク … 92	レバノン人 … 9
料理上手 … 139	ルクセンブルク人 … 96	レモン … 15
料理ばさみ … 160	ルソー … 254	レモンスカッシュ … 15
料理法 … 139	ルネサンス … 251	レモンソーダ … 15
旅客機 … 195	ルノアール(映画監督) … 255	恋愛映画 … 24
緑茶 … 152	ルノアール(画家) … 255	恋愛小説 … 24
緑内障 … 296	ルビー … 124	レンズ … 25

ンズ豆 … 146	録画放送 … 349	鷲 … 281
続ドラマ … 349	ロケ … 241	ワシントン … 105
ンタカー … 206	ロケット … 269	忘れな草 … 279
ンタルビデオ店 … 186	ロケット (アクセサリー) … 124	忘れる … 59
ントゲン検査 … 304	ロココ … 251	私たちは … 36
ントゲン室 … 293	ロサンゼルス … 105	私は … 36
ントゲンセンター … 290	ロシア … 93	渡し船 … 263
ントゲン専門医 … 291	ロシア人 … 97	ワックスをかける … 116
帯市民協約 (PACS法) … 39	ロゼワイン … 153	ワニ … 287
立 … 325	六角形の … 84	ワニ革の … 127
下 … 165	ロッキングチェアー … 168	笑う … 64

ろ

化 … 315	ロック … 242	わらぶき屋根 … 167
人 … 41	ロッククライミング … 225	割り算 … 69
人性痴呆 … 315	ロックフォール … 147	割引 … 200
人ホーム … 290	肋骨 … 108	割増料金 … 200
	露店 … 187	悪くないです … 34
	ロバ … 284	ワルシャワ … 103
	ロビー … 234	碗 … 158
	ロベスピエール … 254	ワンピース … 118
	ロマン主義 … 249	ワンボックスカー … 204
働基準法 … 328	ロンドン … 103	ワンルームマンション … 162
働裁判所 … 329	ロンドンの人 … 103	
働条件 … 340	ワークシェアリング … 341	
年期 … 40		

わ

費家の … 89	ワープロ … 189	
齢年金 … 343	ワールドカップ … 229	
ーシーズン … 233	ワイシャツ … 119	
ーストする … 138	ワイパー … 205	
ースト肉専門レストラン … 156	賄賂 (わいろ) … 318	
ーストビーフ … 136	ワイングラス … 158	
ーズマリー … 155	ワインの栓抜き … 159	
ータリー … 208	ワインバー … 156	
ードショー … 240	ワインレッドの … 82	
ードレース … 211	和音 … 243	
ーヒール … 121	若い … 41	
ーファー … 121	若鶏の肉 … 142	
ープウェイ … 198	若者 … 41	
ーマ … 102	別れ … 239	
ーラー … 175	別れる … 60	
ーリエ … 155	惑星 … 269	
格肩 … 207	ワクチン … 311	
グアウトする … 188	わくわくする … 50	
グインする … 188		
録音 … 241		
6月 … 70		

● 著者プロフィール

佐原隆雄（さはらたかお）

東京外国語大学フランス語科卒業。東京外国語大学大学院外国語研究科ロマンス系言語専攻修了。専門はフランス19世紀文学とフランス語教育法、スイス文学。
著書に「CD付き初めてのフランス語会話」「CD付き　文法から学べるフランス語」「CD付き　文法から学べるフランス語ドリル」「絵でわかる旅行会話帳　フランス」（ナツメ社）、共著書に「完全予想仏検3級」「デュエット」「ファッション・キュイジーヌ」（駿河台出版社）、翻訳書に「アルプス高地での戦い」「アルプスの恐怖」（国書刊行会）などがある。
Email：amico_studenti@yahoo.co.jp

本書に関するお問い合わせは、書名・発行日・該当ページを明記の上、下記のいずれかの方法にてお送りください。電話でのお問い合わせはお受けしておりません。
・ナツメ社webサイトの問い合わせフォーム
　https://www.natsume.co.jp/contact
・FAX（03-3291-1305）
・郵送（下記、ナツメ出版企画株式会社宛て）
なお、回答までに日にちをいただく場合があります。正誤のお問い合わせ以外の書籍内容に関する解説・個別の相談は行っておりません。あらかじめご了承ください。

ナツメ社Webサイト
https://www.natsume.co.jp
書籍の最新情報（正誤情報を含む）は
ナツメ社Webサイトをご覧ください。

すぐに役立つ
フランス語の基本単語集

2009年2月9日　初版発行
2024年6月20日　第14刷発行

著　者	佐原隆雄	©Sahara Takao, 2009
発行者	田村正隆	
発行所	株式会社ナツメ社	
	東京都千代田区神田神保町1-52　ナツメ社ビル1F（〒101-0051）	
	電話　03(3291)1257(代表)　FAX　03(3291)5761	
	振替　00130-1-58661	
制　作	ナツメ出版企画株式会社	
	東京都千代田区神田神保町1-52　ナツメ社ビル3F（〒101-0051）	
	電話　03(3295)3921(代表)	
印刷所	ラン印刷社	

ISBN978-4-8163-4644-6　　　　　　　　　　　　Printed in Japan
〈定価は表紙に表示してあります〉
〈落丁・乱丁本はお取り替えします〉